高等院校小学教师培养（初中起点）规划教材

基础生物学

JICHU SHENGWUXUE

黄　文　庄远红◎主　编

陈锋菊　廖海艳◎副主编

北京师范大学出版集团
BEIJING NORMAL UNIVERSITY PUBLISHING GROUP
北京师范大学出版社

图书在版编目(CIP)数据

基础生物学/黄文，庄远红主编. —北京：北京师范大学出
版社，2016.7(2025.8 重印)
高等院校小学教师培养(初中起点)规划教材
ISBN 978-7-303-19417-9

Ⅰ.①基… Ⅱ.①黄… ②庄… Ⅲ.①生物课－小学－高
等师范学校－教材 Ⅳ.①G623.9

中国版本图书馆 CIP 数据核字(2015)第 186427 号

出版发行：北京师范大学出版社 https://www.bnupg.com
　　　　　北京市西城区新街口外大街 12-3 号
　　　　　邮政编码：100088
印　　刷：北京虎彩文化传播有限公司
经　　销：全国新华书店
开　　本：787 mm×1092 mm　1/16
印　　张：15.5
字　　数：296 千字
版　　次：2016 年 7 月第 1 版
印　　次：2025 年 8 月第 12 次印刷
定　　价：39.80 元

策划编辑：路　娜　　　　　责任编辑：刘文平　张静洁
美术编辑：焦　丽　　　　　装帧设计：焦　丽
责任校对：李　菡　　　　　责任印制：马　洁

高等院校小学教师培养（初中起点）规划教材

编 委 会

本册编写人员

主　　编　　黄　文　　庄远红

副主编　　陈锋菊　　廖海艳

编　　委　　黄　文　　庄远红　　陈锋菊

　　　　　　廖海艳　　陈颖卓　　邹立军

　　　　　　许银丰　　吉　璐　　黄美玲

序 一

顾明远[*]

百年大计，教育为本；教育大计，教师为本。

基础教育新课程改革的不断深化和素质教育的推进，对教师的能力和素质提出了更高的要求。而当前小学教师队伍特别是农村小学教师队伍，普遍存在着年龄老化、知识老化、学历偏低、数量不足、优质师资流失严重等问题，农村小学教师队伍建设面临严峻挑战。

《新时代基础教育强师计划》中明确指出，要"以习近平新时代中国特色社会主义思想为指导，贯彻党的十九大和十九届历次全会精神，全面贯彻党的教育方针""坚持把教师队伍建设作为基础工作来抓""全面提高教师培养培训质量，整体提升中小学教师队伍教书育人能力素质"。

《国家中长期教育改革和发展规划纲要（2010—2020 年）》明确提出，要"加强教师教育，深化教师教育改革，创新培养模式""以农村教师为重点，提高中小学教师队伍整体素质。创新和完善农村教师补充机制。积极推进师范生免费教育，进一步完善制度政策，吸引更多优秀人才从教"。

为加强小学教师队伍建设，进一步优化农村师资队伍，湖南省在 2010 年率先开始了"初中起点六年制本科农村小学教师公费定向培养"试点工作，该项改革被列入国家教育体制改革试点项目。湖南第一师范学院作为最先承担该试点项目的培养学校。湖南第一师范学院素有"千年学府、百年师范"的美誉，在小学教师的培养上积累了丰富的经验，做了许多探索性的工作。目前，该项目在小学教师培养领域产生了广泛影响，并已辐射至全国多个地区。

---

* 作者系北京师范大学资深教授，国家教育咨询委员会委员，中国教育学会名誉会长。

从初中毕业起点培养小学教师，我非常赞同。小学教师需要的是宽广而不是专深的知识，而且他们最好在体育、艺术方面有所专长，会唱善跳，能适应儿童活泼的天性。特别是农村小学教师应是全科性的，什么课程都能胜任。但是高中毕业生，可塑性就不如中师生，艺术素养和技能都不如原来的中师生。再加上高等学校那种专业的导向作用，不利于培养小学教师。而且当年中师都提前招生，师范生都是初中毕业生中最优秀的。因此，从初中毕业起点培养小学教师是明智的，是符合实事求是精神的。记得 2007 年我访问湖南第一师范学院时就和该校校长讨论过这个问题。

初中起点本科学历小学教师培养模式在培养目标、培养规格、课程体系、教学内容和教学方式方法等方面均有其特殊性。教材作为教学内容和教学方法的重要载体，是实现人才培养目标的重要保障。本套系列教材就是为初中起点本科学历小学教师培养而专门编写的。

这套教材针对培养对象初中学历起点、教师综合素质可塑性强的特点及培养目标，从学生认知发展规律和能力培养规律入手，不仅关注了学生作为小学教师基本知识、基本技能需求，而且关注了他们未来的职业可持续发展能力的培养，帮助学生构建合理的知识结构，提高教师综合素养。同时，这套教材又充分借鉴了国内外小学教师培养教材的成功经验，吸收了学科的最新研究成果，注重了对学生学习主动性和积极性的调动，对学生学习、思考、研究能力的培养。这对于全面有效地达成初中起点本科学历小学教师培养的预期目标、有效地促进教育教学改革，必将起着十分重要的作用。

希望该系列教材的编撰者们密切关注当今世界教师教育的发展趋势，力求使新编写的教材与学生的全面发展需求相适应，与高等教育大众化条件下多样化的学习需求相契合，与国家基础教育课程改革要求相衔接，具有足够的广度、深度和梯度，成为一套富有特色的精品教材。

序 二

彭小奇*

党的十九大指出，要加强师德师风建设，培养高素质教师队伍。《国家中长期教育改革和发展规划纲要（2010—2020 年）》提出，有好的教师，才有好的教育，要以农村教师为重点，深化教师教育改革，创新人才培养模式，提高教师培养质量。

教育之关键在基础教育，教育之质量在教师，教师之培养在师范。随着高等教育大众化，师范教育对优质生源的吸引力越来越弱。而对于培养小学教师来说，高中起点的本科师范生虽然有文化知识优势，但其生理和心理条件都错过了高素质小学教师所应有的艺体综合素养和教师技能发展的最佳时期，培养潜质相对不足，导致小教师范生教学技能弱化、专业情意降低，不少毕业生"站不稳三尺讲台"，不能适应小学教学岗位需求。

为提高小学教师培养质量，促进城乡义务教育均衡发展和教育公平，湖南省人民政府在全国率先恢复免费师范教育，于 2006 年启动了"农村小学教师专项培养计划"，按照"初中起点，五年一贯，综合培养，分向发展"的思路实施专科学历农村小学教师定向免费培养。这一培养模式吸引了一大批优秀初中毕业生积极报考，走上了小学教师岗位，其中的许多毕业生迅速成长为学校的教学、管理骨干。

在初中起点五年制专科学历小学教师的培养实践中发现，初中毕业生年龄小、可塑性强、培养潜质大，特别是艺体综合素质养成教育效果好，有利于培养出"三能三会"（"能说会道""能写会画""能唱会跳"）、富有爱心和亲和力的小学教师，但其学科知识水平、教育教学研究能力和校本课程的开发能力等相对不足。而且，随着本科教育的日益普及，专科学历对优质生源的吸引力日益减弱。为此，2010 年，

---

* 作者系湖南第一师范学院教授、党委书记，中南大学博士生导师。

湖南省又按照"自愿报名，择优录取，定向培养，公费教育，定期服务"的招生原则，采取"初中起点，六年一贯，分科培养，综合发展，定向就业"的模式，率先启动实施了初中起点六年制本科学历农村小学教师公费定向培养计划，每年面向省内县市区招收1 500名优秀初中毕业生，为农村小学免费定向培养热爱教育事业、基础知识宽厚、专业知识扎实、德智体美全面发展、综合素质高、发展潜力大、具有实施素质教育能力和一定的教育教学研究及管理能力的优秀骨干教师。几年来的培养实践证明，六年制本科学历小学教师培养模式所采取的免费教育、定向就业和适度缩短学制等措施，有效吸引了具有较大培养潜质的优秀初中毕业生，特别是品学兼优的农村学生，显著提高了生源质量。而长达六年的系统培养和训练使学科教育与师范技能培养能实现统筹兼顾、齐头并进，使师范生的教师专业情意明显强化、教学教研能力显著增强。这种培养模式作为我国免费师范教育的重大创举，2010年被教育部列为国家教育体制改革试点项目，相关的改革成果不仅获得了各级领导的充分肯定，而且受到社会各界的广泛关注和赞誉，产生了深远影响，不少省市教育行政部门和众多兄弟院校纷纷来校考察交流，学习、借鉴并付诸实践。

湖南第一师范学院作为这项国家教育体制改革试点项目的具体组织和实施单位，在六年制本科学历小学教师的培养中，按照"定格在本科，定性在教育，定向在小学"的思路，立足于基础教育实际与改革发展趋势，紧紧围绕人才培养目标，科学设计人才培养方案，构建了由"通识课程""专业课程""任选课程""辅修课程""实践课程"五大板块构成的融"高等教育共性""高师教育个性""小学教育特性"和"知识、能力、素质"为一体的六年制人才培养课程体系。该体系以"立足小学、服务小学、研究小学"为主线，从小学教师所必需的知识、技能及素养出发，依照各阶段培养目标和知识发展的逻辑顺序统筹兼顾、整体设计，重点突出教育教学能力、课程实施与开发能力、教育教学创新与研究能力、终身学习能力、现代教育技术应用能力等小学教师核心职业能力的培养，使毕业生能较好适应小学教育教学岗位的特殊要求。

由于初中起点本科学历小学教师培养是一种全新的人才培养模式，它在培养目标、培养规格、课程体系、教学方法等方面均有其特殊性，很多课程尤其是基础阶段的文化课程和技能课程没有现成的教材。因此，湖南第一师范学院举全校之力、聚内外资源，组织校内外精干力量编写了这套规划教材。总体上看，这套教材有如下显著特点：一是科学性。每本教材都在精心研制教学大纲的基础上编写，力求从培养基础知识宽厚、专业知识扎实、综合素质高、具有实施素质教育能力和一定的教育教学研究及管理能力的小学教师的培养目标出发，既注重选取学生必需的知识，又注重学科内容的相对系统性和完整性，既注重学科知识内在体系的逻辑完整性，又注重吸收学科最新研究成果，反映国内外教师教育的发展趋势。二是针对性。针对培养对象初中起点、综合素质可塑性强的特点及专业培养目标需要，教材力求符合学生认知发展规律和能力培养规律，注重与学生已有知识经验、生活环境的联系，重视知识的传授及课程资源开发能力的培养，帮助学生构建合理的知识和能力结构；针对优秀小学教师基本知识、基本技能需求，切实提高学生的专业化水平，强化学生未来可持续发展能力的培养。三是时代性。教材注重吸收学科最新研究成果，力求反映当今教师教育发展趋势，与国家基础教育课程改革相衔接，力求与人的全面发展相适应，与高等教育大众化条件下多样化学习和就业相适应，具有足够的广度、深度和梯度，凸显多样化、开放性和可选择性的特点。四是综合性。根据现代科技发展和基础教育课程改革综合化的趋势，教材强化综合素质教育，加强文理渗透，体现人文精神，注重科学素养，注重课程之间的相互渗透和知识整合，形成内容互补、相互融通的知识体系，确保了学制内知识体系的一贯性。

正因为本套教材具有上述鲜明特点，所以，这项既有传承性又有开创性的工作，对于推动小学教育专业建设和课程教学改革、实现高素质小学教师培养目标、提高基础教育教学水平等具有重要意义，同时也为国内兄弟院校开展小学教师培养提供了课程教学参考。愿此举在我国教师教育史上画上浓墨重彩的一笔。

目录

第一章　认识生命科学

▶第一节　生命的基本特征

物质世界有生物和非生物之分。不难确定，花草树木、虫鱼鸟兽等是有生命的，属于生物。沙、石、水、土等是无生命的，属于非生物。由于生物种类非常多、数量非常大，生命现象错综复杂，要给生命下一个科学的定义是很难的。那么，怎么才能判断一个物体是不是具有生命呢？"活的东西就有生命""有生命的物体可以进行新陈代谢（metabolism）"……这些回答虽然没有错，但要系统地回答什么是生命这个问题，就必须了解生命的基本特征。

一、细胞是生命的基本单位

除了病毒（virus）以外，所有的生物体都是由细胞（cell）组成的。

细胞是生物体结构和功能的基本单位。例如，单个细胞可以构成原生动物、单细胞藻类、细菌等单细胞生物；多个细胞可以构成复杂的多细胞动物、植物等多细胞生物。在多细胞生物中，细胞间出现分工与协作。并且，细胞内的结构是有序的，细胞膜内有细胞核或拟核，细胞质中的细胞器都有特定的结构和功能。生命过程就是细胞内部及细胞与环境之间一切物理变化和化学反应的总和，是组成细胞的物质的一种运动形式。

细胞具有独立的、有序的自控代谢系统，它是生物代谢的主要场所；细胞是有机体生长与发育的基础，生物体通过细胞分裂和分化进行生长、发育和繁殖；细胞还是遗传的基本单位，细胞核是遗传物质储存和复制的场所，是细胞遗传的控制中心。原核细胞（prokaryotic cell）的遗传物质分布于核区，真核细胞（eukaryotic cell）具有真正的细胞核，遗传物质主要分布于细胞核内。没有细胞就没有完整的生命。

二、生物体都有新陈代谢作用

生物体与环境是不可分割的，生物体为了维持生命必须与外界环境进行物质及能量的交换。生物体从外界摄入物质及能量，经过一系列转化与合成过程，将物质转化为自身的组成物质，并储存能量，这叫作同化作用（assimilation），又称为合成代谢（anabolism）。生物体将其自身的组成物质加以分解，释放其中所储存的能量，供自身使用，并把分解产生的废物及能量排出体外，这叫作异化作用（dissimilation），又称为分解代谢（catabolism）。合成代谢与分解代谢的总和构成了生物体的新陈代谢（metabolism），是生物体新陈代谢过程中既相互矛盾又相互依存的两个方面。新陈代谢是物质代谢及能量代谢的总和，是一切生命现象的基础。新陈代谢停止了，生命也就终结了。

光合作用和呼吸作用的过程和机理是生物新陈代谢的主要内容之一。光合作用（photosynthesis）是植物吸收太阳能，将二氧化碳和水合成有机物的过程。通过细胞呼吸（respiration），在有氧的情况下，有机物又被分解成二氧化碳和水，同时产生生命代谢活动所需要的能量。

三、生物体都有应激性

在新陈代谢的基础上，生物体能感受内、外环境因素的变化并做出相应的应答，叫作生物的应激性（irritability）。体内、外环境中的物理、化学及生物因素的变化对生物体形成刺激。引起应答的刺激很多，如光的颜色、强度及照射方向，温度、压力、声音的变化，周围土壤、空气、水等外部环境的化学变化以及生物体内部的生理变化等。生物体由于进化程度及生活方式不同，对刺激的反应也不同。动物的应激性是比较明显的，由于动物的感觉器官和神经系统是应激性高度发展的产物，如人体皮肤上的感觉神经末梢、视网膜中的感光细胞等，它们感受刺激后，能够做出迅速的反应。植物对刺激的反应表现比较迟缓，常见的如植物的根向地生长，而茎则向光生长，这分别是植物对重力和光的刺激所产生的反应。然而也有些植物，如含羞草，可以对碰触做出迅速的反应。应激性可以是一种运动，也可以是一种生理生化过程。生物体具有应激性，因而能适应周围的环境。

四、生命通过繁殖而延续，并不断进化和发展

在自然界，唯独生物具有繁衍后代的能力。任一单独生物体都是不能长存的，生物体通过繁殖后代而使生命得以延续。生物体可以繁殖产生与自身相似的后代，这种现象叫作遗传（heredity）。遗传使生物体的特征得以延续，所谓的"种瓜得瓜，种豆得豆"就反映了生物的遗传现象。生物体子代与亲代之间以及子代不同个体之间也会产生一定程度的差异，这就是变异（variation）。所谓的"一母生九子，连母十个样"就反映了生物的变异现象。遗传和变异是生物进化的基础，因此，生物的各个物种既能基本上保持稳定，又能进化和发展。

生物个体不断繁殖后代，无数代的个体生活史整合起来，生物的一些基本特征代代相传但又有所改变，即遗传和变异的结合，再加上自然选择的长期作用，便构成了生物进化的历史。进化（evolution）就是遗传、变异和自然选择的长期作用导致的生物由低等到高等、由简单到复杂的逐渐演变过程。由于在进化过程中形成了生物的适应性和多种多样的类型，因此，进化也是生物多样性的来源。

五、生物体能适应一定的环境，也能影响环境

生物进化从根本上说，是生物对外界刺激产生反应、自我调节和生物对自然环境适应的结果。适应是生物界普遍存在的现象：一方面，生物的结构都适合于一定的功能，如鸟翅的结构适合于飞翔，人眼的结构适合于感受物像；另一方面，生物的结构和功能适合于该生物在一定环境条件下的生存和延续，如鱼的体形和用鳃呼吸适合于在水中生活，被子植物的花及传粉过程适合于在陆地环境中进行有性繁殖。生物必须与环境不断地交换物质和能量，它们适应和依赖于环境而生存，同时又对环境产生影响。例如，植物通过光合作用调节大气中的氧气和二氧化碳的浓度，蚯蚓对土壤具有改良作用等。因此，生物与环境是相互依赖、相互影响的系统，生物群落和与它的无机环境相互作用而形成的统一整体，叫作生态系统（ecosystem）。生态系统的范围有大有小，地球上最大的生态系统是生物圈，它包括地球上的全部生物及其无机环境。

▶ 第二节　生命科学的主要研究内容

生命科学是研究生物体及其活动规律的科学，广义的生命科学还包括生物技术、医学、农学、生物与环境、生命科学与其他学科交叉的领域。

迄今为止，科学家在地球上已经发现和命名的生物超过 200 万种，其中植物约 26 万种，脊椎动物约 50 万种。科学家估计，地球上的生物共有 500 万～3 000 万种，其中大部分还未命名。在前面的学习中，我们知道所有的生物都具有一些共同的特征。同时，地球上的生物具有多样性，反映在包括动物、植物、菌类等在内的一切生物都有各不相同的特征及生存环境，它们相互间存在着错综复杂的关系。由于生命活动是自然界最复杂、最高级的运动形式，尽管现代科学技术的发展使人类对生命现象和规律的认识越来越深入，但在生命科学的王国仍然存在许多未知领域和挑战。因此，生命科学涉及的内容非常广泛和复杂，生命本质无限深奥，人类对生命本质的探索永无止境。

随着科学研究的深入，生命科学被分成诸多不同的领域或分支学科，如细胞生物学（cell biology）、生物化学（biochemistry）、生物物理学（biophysics）、微生物学（microbiology）、遗传学（genetics）、分子生物学（molecular biology）、生态学（ecology）、生理学（physiology）、生物技术（biotechnology）等。这些学科从不同角度，应用各自的理论或手段，侧重不同的对象或目标，分别研究生命活动的规律和本质，它们之间也存在某些内容的交叉和重叠。现代生命科学常常在数学与统计、物理学、化学、信息科学等学科基础上进行研究。

现代生命科学研究正在由宏观向微观深入发展，分子生物学在 20 世纪以后迅速发展，它进一步从分子水平上揭示生命的本质，即用化学分子的语言说明生命现象的统一性、复杂性和有效性，揭示无生命的糖类、脂质、蛋白质和核酸如何组成生命个体及产生生命现象的原因。从分子水平上认识核酸等生物大分子的结构特征、功能和变化规律，使人类有可能从本质上深入揭示生物遗传、信息传递和代谢调控的奥秘，揭示人类某些疾病的机理，并有可能主动地重组基因和改造生命，从而造福人类。

现代生命科学也同时在宏观方向深入研究，如对生物大分子的结构和功能研究最终需要体现在细胞和个体水平上，众多生物体分子的差别决定了其个体结构与功能的差别。每一种生物个体的众多基因还与环境相互作用，从而促进了生物的进化。现代生命科学还不仅只研究单个生物体，它还研究众多生物个体之间的相互联系，即生物进化与生物多样性的问题，研究这些生物体与环境的相互关系与相互作用，即生态学问题。因此，生命科学的微观和宏观领域是相互联系、相辅相成的。

生命科学近 50 年间的发展超过了过去 300 年间的进步。传统描述性的生物学已经不能代表现代生命科学的基本内容。21 世纪，人类进入生命科学大发展的时代，生命科学前沿不断变化，一些最新成就和进展提供的前沿知识也不断成为现代生命科学的基本内容。新技术和新方法的建立和引入，如生物芯片技术、蛋白质组学方法、结构基因组学方法、生物信息学理论和方法、质谱方法、波谱方法、单分子技术等，在基础生物学研究中发挥着越来越重要的作用。近年来，在分子生物学、细胞生物学、遗传学、发育生物学、免疫学、神经生物学、生物医学工程、系统生物学与生态学等重要领域，不断涌现出许多新的研究热点。例如，蛋白质等生物大分子具有生物功能的结构基础，酶的催化和调节机制，膜蛋白和膜脂的相互作用，糖蛋白和糖复合物的结构、功能等；干细胞技术，细胞周期调控，细胞分裂、增殖、分化、凋亡以及细胞间相互作用，细胞分化和生物个体发育等；人类及重要物种的全基因测序，基因表达调控规律，多基因、多因素影响的遗传学问题，针对基因组研究产生的海量数据的生物信息学方法等；机体免疫系统，神经与内分泌系统的相互关系，疾病的诊断和防治等；在分子和细胞层次上神经活动的基本过程，脑功能与认知的分子机制，神经系统疾病等；生物材料，人工器官，生物医学成像；全球生态系统的变化，生物多样性保护等热点问题的研究。作为现代的大学生，也应该关注生命科学和生物技术的最新进展。

在生命科学领域，学科的界限逐渐模糊，分子生物学、细胞生物学、遗传学等学科已经密不可分。分子生物学在微观层次对生物大分子的结构和功能，特别是对基因的研究取得突破后，正深入到从分子水平上来解释细胞活动、个体发育、遗传和进化的现象与规律。基因、蛋白质、细胞、发育、进化与生态的研究成了基础生物学的一条主线。

▶ 第三节　为什么要学习生命科学

一、生命科学的研究成果与人类的生存和发展息息相关

自人类出现以来，其生存和发展就与生命科学领域的知识密切相关。作为一门科学，与其他自然科学一样，人类社会每一次生产力的发展、技术的革命和科学思想的解放，都会促使生命科学得到迅速的发展。20 世纪 80 年代以来，生命科学领域的成就更是层出不穷，分子生物学的发展、生物技术的广泛应用等使生命科学在现代科学技术中占有举足轻重的地位。当今生命科学的研究体系是多种学科交叉、多种新技术结合的全方位体系，它将对社会经济和人类的发展产生决定性的影响。20 世纪末，国际著名的新闻媒体评选 20 世纪 100 件大事，涉及自然科学的大事大部分属于生命科学领域。例如：

1928 年，亚历山大·弗莱明(Alexander Fleming)发现了青霉素(penicillin)，青霉素在第二次世界大战后期拯救了数以万计的生命。

1953 年，詹姆斯·沃森(James Watson)和弗朗西斯·克里克(Francis Crick)首次提出了 DNA 双螺旋结构模型，奠定了现代遗传学和分子生物学(molecular biology)的基础。有的学者高度评价 DNA 双螺旋(double helix)结构模型的确定是"诺贝尔奖中的诺贝尔奖"。

1973 年，美国斯坦福大学教授丹利·科恩(Tanley Cohn)和美国加利福尼亚大学教授保罗·博耶(Paul Boyer)以及保罗·伯格(Paul Berg)等带领各自的研究小组几乎在同时分别完成了 DNA 体外重组，一举打开了基因工程的大门，他们被誉为

"重组 DNA 技术之父"。

1997 年 2 月，苏格兰罗斯林研究所（The Roslin Institute）的生物学家伊恩·威尔穆特（Ian Wilmut）和基思·坎贝尔（Keith Campbell）等完成了首例哺乳动物——绵羊"多莉"的克隆（clone），消息传出以后，立刻在全球引发了一场有关克隆的大争论。

2000 年 6 月 26 日，在多方参与和协调下，人类基因组工作框架图完成，这标志着功能基因组时代的到来。

2002 年，《科学》（Science）以长达 14 页的篇幅介绍了中国科学家完成的世界第一张籼稻基因组精细图。

2006 年，美国科学家发现了核糖核酸（RNA）干扰机制。RNA 干扰已被广泛用作研究基因功能，利用 RNA 干扰技术可以让致病基因沉默，以更有效地治疗某些疾病。

2007 年，"基因靶向"技术研究取得进展。利用"基因靶向"技术，科学家可以使小鼠体内的特定基因丧失功能，该技术在阐明人类疾病的发生机理方面发挥了至关重要的作用。

2008 年，首个中国人基因组序列研究成果发表；转基因抗虫棉使我国北方农作物免受虫害；德国科学家发现人类乳头瘤病毒（HPV）引发子宫颈癌。

2009 年，美国科学家因"发现端粒和端粒酶是如何保护染色体的"获得诺贝尔生理学或医学奖，这一发现揭开了人类衰老和罹患癌症等严重疾病的奥秘，有助于未来新治疗方法的发展。

当今，以计算机科学及信息技术、生命科学及生物技术为代表的高科技正迅猛发展，它们代表了现代科学发展的最前沿，并成为现代高科技的两大支柱。回顾生命科学的历史，展望生命科学的未来，便不难回答我们为什么要学习生命科学。

二、人类面临的挑战依赖生命技术解决

2003 年春，一场突如其来的传染性非典型肺炎，又称严重急性呼吸综合征（severe acute respiratory syndrome，SARS），在全世界许多国家蔓延，疫情面前人们谈虎色变，一场不见硝烟的"战争"开始了。2005 年，禽流感愈演愈烈，不但造成一些国家养殖业的巨大损失，还向人类蔓延，防范人类感染禽流感成为世界各国共同面对的重大难题。当今人类社会面临的重大的问题和挑战还包括：人口膨胀、粮食短缺、疾病危害、环境污染、能源危机、资源匮乏、生态平衡（ecological balance）被破坏和生物物种（species）大量消亡等。解决人类生存与发展所面临的一系列重大问题，在很大程度上将依赖于生命科学的发展。生命科学对人类经济、科技、政治

和社会发展的作用是全方位的。

生命科学全方位的发展不仅呼唤着培养更多高水平的复合型科技人才，还要求提高全民的科学文化素质。学习生命科学原理，有助于我们自觉地认识控制人口增长并提高人口素质、保护环境、保护生态平衡和生物多样性、节约能源和资源的重要性；还有助于我们利用生命科学和生物技术的理论和方法增加粮食产量、战胜各种疾病、开发利用可再生生物新能源与新资源等。掌握生命科学和相关学科的新理论和新技术，解决人类共同面临的上述重大问题和挑战是我们每一个人的义务和责任。

三、21 世纪的大学生不能没有现代生命科学基础知识

没有生命的大自然是难以想象的。地球上的生物形形色色、千姿百态，多种多样的生物构成了真实而精彩的大自然。它们制造氧气，让人们能够自由呼吸；它们提供食物，让人们的生命得以延续；它们提供能源（煤和石油都来自古代的生物）和各种资源，让人们的生产和生活有了物质保障。事实证明，人们的日常生活也越来越离不开对生命科学知识的学习和理解。对生命科学知识的学习和理解能帮助人们树立健康生活的理念，也能帮助人们科学地看待问题。例如，面对转基因食品，如何选择？面对有人说移动电话的电磁辐射可能对自身或下一代的健康有影响，你是否会放弃每天随身携带的手机？为保护野生动物和环境，是否该抵制使用野生动物皮毛制作的衣物？还有转基因、克隆人、克隆器官或异种器官移植等，当生命科学与生物技术发展到能改变人类自身构成的时候，它不仅仅涉及技术的复杂性，还涉及伦理道德等社会问题，公众的认识和看法会对政府的决策及生物技术的发展方向甚至人类社会的发展有重大影响。

可以看出，无论是作为将来的教育工作者，还是作为地球上的一位普通公民，都应经常步入生命科学的殿堂，因为生命科学与人类和社会的联系比其他任何学科都更加紧密，生命科学对人类社会的巨大作用和影响难以估量，一个 21 世纪的现代大学生不能没有现代生命科学的基础知识。

练　习

1. 生物与非生物的主要区别有哪些？
2. 谈谈你对生命科学新技术和新成果的了解和认识。

第二章　生命的物质基础

地球上的生物，现在已知的超过 200 万种。不同种类的生物体，在个体大小、形态结构和生理功能等方面都不相同。但是，组成生物体的原子和分子是大体相同的，也就是说，生物体的生命活动都有共同的物质基础。这些分子中的任何一种，无论多么复杂，脱离了生物体就完全和无机界中的分子一样，<u>丝毫不能表现出生命现象</u>。正是由于组成生物体的各种分子以特有的方式聚集在一起，才产生了生命现象。了解这些分子的特性，是认识生命本质的基础。

▶ 第一节　原子和分子

自然界的一切物质都是由原子组成的。细胞的结构与功能虽然非常复杂，但细胞乃至生命与其他所有物质一样，也是由原子组成的。

一、组成细胞及生物体的主要元素及作用

目前已知自然界存在的元素共有 92 种，其中约有 25 种是生命必需的。组成细胞及生物体的主要元素包括氧（O）、碳（C）、氢（H）、氮（N）、磷（P）、硫（S）、钾（K）、钙（Ca）、镁（Mg）等，以上元素占生物体的 99.35%，其中 O、C、H、N 四种元素占 96%。图 2-1 显示了以人体细胞为例的元素组成。这些元素在细胞构成和生命活动中具有各种重要的作用和功

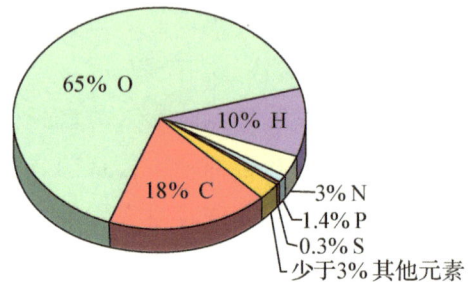

65% O
10% H
18% C
3% N
1.4% P
0.3% S
少于3%其他元素

图 2-1　组成人体细胞的主要元素及比例

能。例如，占比例最大的 O 存在于几乎所有的有机化合物（organic compound）中，也是水的构成元素之一，又为细胞呼吸所必需。C 具有特别重要的作用，碳原子相互连接成链或环，形成各种生物大分子的基本骨架。H 和 O 一样，几乎存在于所有的有机化合物中，是水的另一种构成元素。在生物代谢反应中，H^+ 还与电子及能量的转移密切相关。N 是蛋白质、核酸、植物细胞中叶绿素等的重要组成元素。P 是核酸、生物膜中磷脂（phospholipid）的成分，参与细胞中的能量转移反应，还是骨骼的结构成分。S 是大多数蛋白质的成分。K^+ 和 Na^+ 是细胞质与动物组织液

中的主要阳离子，对于维持体液或细胞内、外的正、负离子平衡和神经冲动的传导有重要作用，其中 K^+ 可影响肌肉收缩、控制叶片气孔（stoma）的开闭等。动物的血液及其他组织都需要 Mg，它参与多种酶的活化，也是植物细胞中叶绿素的成分。Cl^- 是细胞质与动物组织液中的主要阴离子，对于维持体液或细胞内、外的正、负离子平衡有重要作用。Ca 是动物骨骼、牙齿等的成分，Ca^{2+} 在肌肉收缩、细胞信号传导中发挥作用，并参与血液的凝聚和植物细胞壁的形成。另外，在生物体中还有一些微量元素，包括铁（Fe）、碘（I）、锰（Mn）、锌（Zn）、铜（Cu）、硼（B）、钴（Co）、钼（Mo）、氟（F）、硅（Si）、硒（Se）等。其中，Fe 是动物血红蛋白（hemoglobin）的重要成分，还可参与某些酶的活化。微量元素也是生物必需的，不过需要量极少，而且可能并非所有生物的需要都是一致的。例如，目前已经证明，对于某些植物和绿藻，镍（Ni）是必需的微量元素，但人和动物是否需要 Ni，仍属未知。必需的微量元素在生物体内作用很大。例如，I 是人体必需的微量元素，成年人每天约需 0.15 mg I，缺乏 I 则甲状腺不能执行其功能，造成甲状腺肿大。

组成生物体的元素具有一定的浓度范围，若浓度超出其范围，生命活动便不能正常进行甚至造成生物体中毒或死亡。生物体内的元素组成了水、无机盐这些无机化合物和糖类、脂质、蛋白质、核酸这些有机化合物。

二、组成细胞的化合物

不同生物的细胞，其分子组成大体相同。生物体由水、无机盐、糖类（sugar）、脂质（lipid）、蛋白质（protein）、核酸（nucleic acid）组成（表 2-1）。

表 2-1　细胞中各种化合物占细胞鲜重的比例

组成细胞的化合物		比例（％）
无机化合物	水	85～90
	无机盐	1～1.5
有机化合物	蛋白质	7～10
	脂质	1～2
	糖类和核酸	1～1.5

有机化合物的碳骨架和功能基团

除水之外，含碳化合物是生物体中最普遍的物质。由细胞合成的含碳化合物是有机化合物或生物大分子。现已发现了超过 200 万种有机化合物，而且每天都有新的有机化合物被发现。元素的化学性质主要由其最外层电子决定。碳原子最外层有 4 个电子，能与其他原子形成 4 个强共价键。碳原子之间及与其他原子间以共价键等形式结合，可以形成大量化学性质与分子质量不同的生物分子。碳碳之间可以单键结合，也可以双键或三键结合，形成不同长度的链状、分支链状或环状结构，这些结构称作有机化合物的碳骨架。碳骨架的结构排列和长短决定了有机化合物的基本性质(图 2-2)。

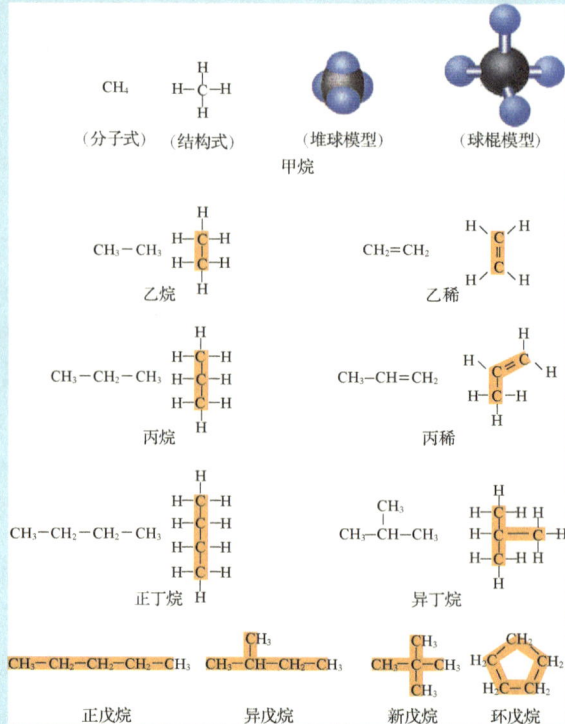

图 2-2　碳骨架的结构排列和长短决定有机化合物的基本性质
(黄色部分表示该化合物的碳骨架)

除了碳骨架外，有机化合物的性质还取决于与碳骨架相接的某些含 O、N、S、P 的原子团(又称功能基团)，因为这些功能基团往往可以引发有机化合物间特定的化学反应。生物体中的有机化合物主要含有羟基、羰基、羧基和氨基等功能基团(图 2-3)。

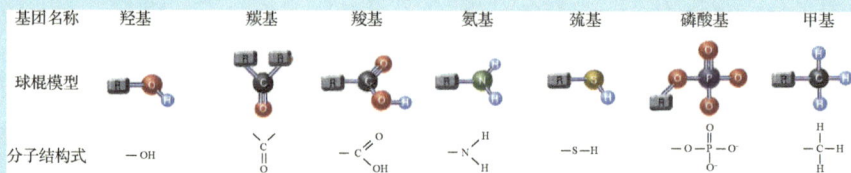

图 2-3　几种主要的功能基团

细胞中有一些有机化合物是简单的小分子，只含有一个或少数几个功能基团。另一些则是复杂的大分子聚合体，称为生物大分子。糖类、脂质、蛋白质、核酸是组成生物体最重要的生物分子，其中糖类、蛋白质、核酸是由一些含有功能基团的彼此相同或相近的单个有机化合物聚合而成的。这些单个有机化合物被称为单体(monomer)，生物大分子则是由单体聚合而成的多聚体(polymer)。生物大分子就好像整列火车，单体分子就是其中的一节车厢。由生物单体分子合成生物大分子多聚体往往涉及与功能基团相关的脱水反应，又称为脱水缩合反应，即两个单体结合时，由一个单体分子脱下的一个羟基(—OH)与另一个单体分子脱下的氢(H)相结合，形成一分子水。每一个单体被加入到生物大分子中去，便除去一分子水，这种脱水缩合反应需要消耗能量来打破相应的化学键。因此，生物大分子的合成需要消耗能量。细胞中有形成生物大分子的脱水缩合反应，也有使生物大分子多聚体分解为单体的分解反应。这些分解反应往往需要有水分子参与，因此又称为水解反应。

练习

一、选择题

生物体生命活动的物质基础是( )。

A. 自然界中的各种化学元素和各种化合物

B. 构成生物体的各种化合物

C. 构成生物体的大量元素和微量元素

D. 构成生物体的各种元素和各种化合物

二、分析简答题

1. 有机化合物和无机化合物有什么区别？举例说明。

2. 将细胞内含有的各种物质配齐，并按照它们在细胞中的比例放在一个试管中，能构成一个生命系统吗？为什么？

3. 如何理解"碳是生命的核心元素"和"没有碳，就没有生命"这两句话？

▶ 第二节 糖类

糖类(sugar)广布于生物中，动物血液含有葡萄糖，植物的细胞壁、棉花、麻及植物茎干和枝叶中的纤维由纤维素组成，粮食作物含丰富的淀粉。

糖类是生物代谢过程的重要中间产物，是细胞重要的结构成分，还可构成核酸和糖蛋白等重要生物大分子，是生命活动的主要能源。

糖类包括小分子的单糖（monosaccharide）、寡糖（oligosaccharide）和大分子多糖（polysaccharide）。单糖是不能水解的最简单糖类。寡糖由 2～10 分子单糖结合而成，水解后产生单糖。多糖由多分子单糖或其衍生物组成。

糖类分子都是由 C、H、O 三种元素构成的。因为多数糖类分子中氢原子和氧原子之比是 2∶1，类似水分子，因而糖类俗称为"碳水化合物"。从化学本质给糖类下一个定义则是：糖类是多羟醛或多羟酮及其聚合物和某些衍生物的总称。可见，生物化学中的糖类和生活中的糖并不是一回事。

一、单糖

糖类的单体称为单糖，单糖的主要碳骨架可以从 3 个碳到 7 个碳。重要的单糖包括核糖（ribose）、葡萄糖（glucose）、果糖（fructose）、半乳糖（galactose）等（图 2-4）。

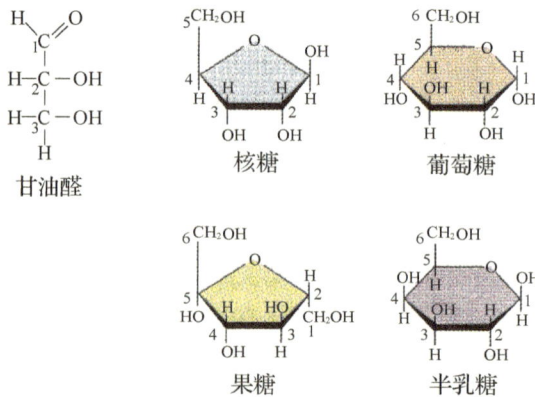

图 2-4　几种重要的单糖分子

葡萄糖分子式为 $C_6H_{12}O_6$，其碳骨架上主要连着羟基和羰基 2 种功能基团（图 2-5）。葡萄糖是六碳糖，是细胞中储存能量的有机分子。果糖的分子式与葡萄糖完全一样，只是结构式不同。核糖是五碳糖，其第 2 位碳上的氧原子脱去便是脱氧核糖，核糖和脱氧核糖分别是核糖核酸（RNA）与脱氧核糖核酸（DNA）的主要成分。

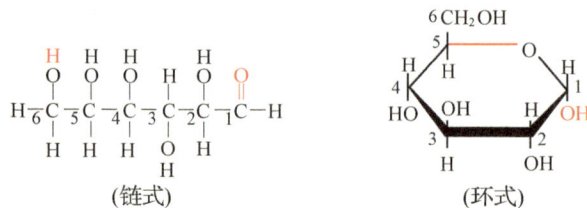

图 2-5　葡萄糖结构式

人在患急性肠炎时，往往采取静脉输液治疗，输液的成分中就含有葡萄糖。葡萄糖是细胞生命活动所需要的主要的能源物质，常被形容为"生命的燃料"。体外燃烧 1 g 葡萄糖释放出约 16 kJ 的能量。与体外各种能够燃烧的燃料不同的是，葡萄糖在细胞内的"燃烧"过程被称为"无火焰"过程，能量是通过一系列化学反应逐步释放出来的。

二、二糖

二糖（disaccharide）是最简单的寡糖。在生物细胞中，两分子单糖可以经过脱水缩合反应形成以糖苷键（glycosidic bond）连接的二糖。二糖水解后又可以形成两分子的单糖。重要的二糖包括人们经常食用的蔗糖（sucrose）、麦芽糖（maltose）和乳糖（lactose）等。

图 2-6 显示了由两分子葡萄糖单体形成麦芽糖的反应，其中一个葡萄糖脱下的一个—OH 与另一个葡萄糖分子的—H 结合形成水分子，留下的氧原子以共价键的形式将两个单体连接起来，形成麦芽糖。麦芽糖一般存在于发芽的种子中。

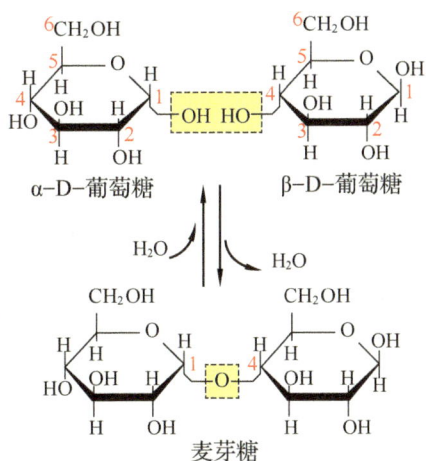

图 2-6　两分子葡萄糖单体形成麦芽糖

像麦芽糖一样，一分子葡萄糖和一分子果糖经过脱水缩合反应形成蔗糖。从甘蔗中人们可以提取许多蔗糖。蔗糖是食品和饮料业最常用的原料。乳糖由一分子葡萄糖和一分子半乳糖缩合而成，存在于人和其他哺乳动物的乳汁中。

乳糖不耐受

很多人喝了牛奶之后感觉肚子不舒服，发生腹胀、肠气、腹泻甚至绞痛。这种情况通常是乳糖不耐受（lactose intolerance）引起的。

人类在婴儿时期极善于消化乳糖，断乳后开始逐渐地减少乳糖酶的合成。幼儿在 4 岁的时候通常会失去 90％ 的乳糖消化能力，但个体之间差异很大。未消化的乳糖在大肠中经微生物发酵可导致腹胀和多气，数量大时会刺激肠道，引起肠蠕动加快甚至腹泻。该症状发生的概率在北欧约 5％，而在一些亚洲及非洲国家则超过 90％。简单地说，乳糖不耐受就是缺乏用来消化乳糖的乳糖酶或其活性不足所造成的状况。

对于存在乳糖不耐受的人来说，预防不适的主要方法是不要大量、快速地饮用牛奶，不要空腹饮奶，可把少量牛奶和淀粉类食物混合在一起食用。而饮用酸奶不会引起不适，是因为酸奶中乳糖含量低，含有促进乳糖消化的乳酸菌，且有利于促进肠道健康。对存在乳糖不耐受的人来说，食用经过乳糖酶处理的低乳糖牛奶也是一个选择。

三、多糖

多糖一般是几百个或几千个单糖经脱水缩合反应形成的多聚体，多糖与人类生活关系密切。最重要的多糖有淀粉(starch)、糖原(glycogen)、纤维素(cellulose)(图 2-7)。

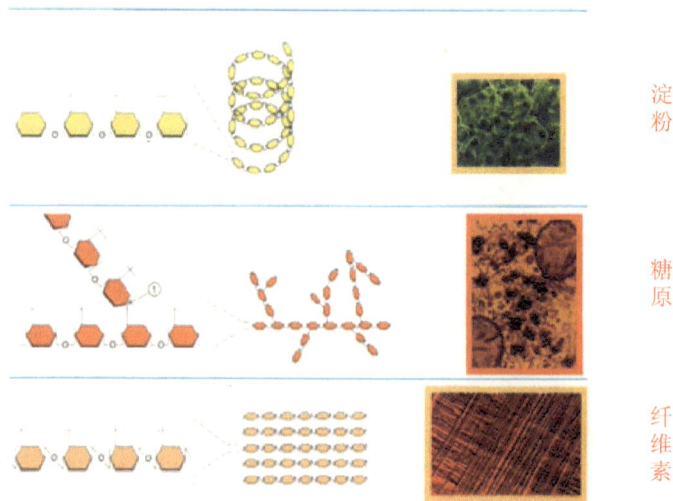

淀粉

糖原

纤维素

图 2-7　淀粉、糖原和纤维素是由葡萄糖单体组成的多聚体分子

一些多糖是生物细胞的营养储存成分，在细胞中可以被分解成单糖以维持相关代谢的进行。淀粉就是这样一种多糖，它分布于植物的根或其他组织中。淀粉是由葡萄糖单体以 α-1,4-糖苷键连接组成的链状多聚体分子，相对分子质量从几千到几十万不等，由于连接葡萄糖分子的糖苷键角度不同，使得淀粉盘卷成螺旋状。植物细胞中通常都含有淀粉颗粒，这些颗粒是一团盘卷的淀粉分子，实际上是细胞的糖类储存库。糖是细胞的能量来源，也是形成其他有机分子的原料。需要时，长链淀粉中连接单体的糖苷键被水解打开，淀粉便水解成葡萄糖。人和其他动物都能通过其消化系统水解植物淀粉。马铃薯和小麦、玉米、水稻等谷物含有丰富的淀粉，是人类重要的食物。

动物细胞中储存的多糖是糖原。糖原也是由葡萄糖组成的链状多聚体分子，它与淀粉的组成基本相同，但糖原的支链更多且长度较短。糖原主链上的葡萄糖以

α-1,4-糖苷键连接，支链的连接为 α-1,6-糖苷键。大多数糖原以颗粒状储存于动物的肝脏和肌细胞中，需要时糖原可以被水解释放出葡萄糖。人的消化系统能够水解肉类食物中的糖原。肝细胞中糖原的相对分子质量平均可达几百万。

许多多糖是保护和构建细胞、保持细胞和生物体形状的重要生物大分子成分。纤维素就是具有这样一种作用的多糖，它又是地球上产量最多的一类有机化合物，是植物细胞的主要成分，也是木材的主要成分，它所形成的网状纤维结构对植物细胞起保护作用。纤维素与淀粉和糖原一样，也是葡萄糖的多聚体，但葡萄糖单体之间糖苷键的方向与淀粉和糖原不同，它是以 β-1,4-糖苷键连接构成的不分支多糖大分子。纤维素水解产生纤维二糖，再进一步水解产生葡萄糖。

人的唾液中含有唾液淀粉酶，能破坏淀粉的 α-1,4-糖苷键，形成的葡萄糖最终在小肠里被人体吸收。但这种酶不能水解 β-1,4-糖苷键，因此纤维素不能被人体吸收。植物中的纤维素虽然不能作为人体的营养物质，但可以刺激肠道蠕动，有助于胃肠对食物的消化。有些动物，如牛和羊，由于消化系统中有水解纤维素的微生物和纤维素酶，因而可以从纤维素中获得营养。

练习

一、选择题

1. 细胞通过呼吸作用分解糖类并释放能量，主要是利用（　　）。

A. 麦芽糖　　　　B. 核糖　　　　C. 葡萄糖　　　　D. 蔗糖

2. 谷物中含量丰富的多糖是（　　）。

A. 糖原和纤维素　B. 淀粉和糖原　C. 淀粉和纤维素　D. 蔗糖和麦芽糖

3. 组成糖原、淀粉、纤维素的单体都是（　　）。

A. 核糖　　　　B. 半乳糖　　　　C. 葡萄糖　　　　D. 脱氧核糖

二、分析简答题

1. 葡萄糖可以口服，也可以通过静脉注射进入人体细胞。蔗糖是否也可以呢？为什么？

2. 糖尿病人的饮食受到严格的限制，受限制的并不仅仅是甜味食品，米饭和馒头等主食都需要定量摄取，为什么？

3. 人类可以通过摄入淀粉类多糖获得能源物质葡萄糖，为什么不能像牛那样摄入纤维素多糖获得葡萄糖？

▶ 第三节　脂质

脂质（lipid）也称脂类或类脂，是一类不溶于水而易溶于有机溶剂的化合物。脂质的化学本质是脂肪酸和醇所形成的酯及其衍生物。脂质存在于所有细胞中，是组成细胞和生物体的重要有机化合物。与糖类相似，组成脂质的化学元素主要是 C、H、O，有些脂质还含有 P 和 N。

脂质是细胞代谢的重要储能化合物，由于含有更多的氢原子，脂质储存的能量大大高于糖类。常见的脂质有脂肪、磷脂和固醇等，它们的分子结构差异很大，通常都不溶于水，而溶于脂溶性有机溶剂，如丙酮、氯仿、乙醚等。

一、脂肪

中性脂肪和油都是由甘油(glycerol)和脂肪酸(fatty acid)结合成的脂质，对于动物称为脂肪(fat)，对于植物则称为油(oil)。甘油是由 3 个碳原子分别连着 3 个羟基构成的醇。常见的脂肪酸是由 12～24 个碳的烃链与羧基组成的有机酸，由于碳原子与氢原子以非极性共价键连接，因此整个烃链具有疏水性(非极性)。脂肪酸与甘油经过脱水缩合反应可以形成脂质，由 3 个脂肪酸分子上的羧基与一分子甘油上的 3 个羟基分别脱水缩合形成的脂质又叫三酰甘油(triacylglycerol)(图 2-8)，其上

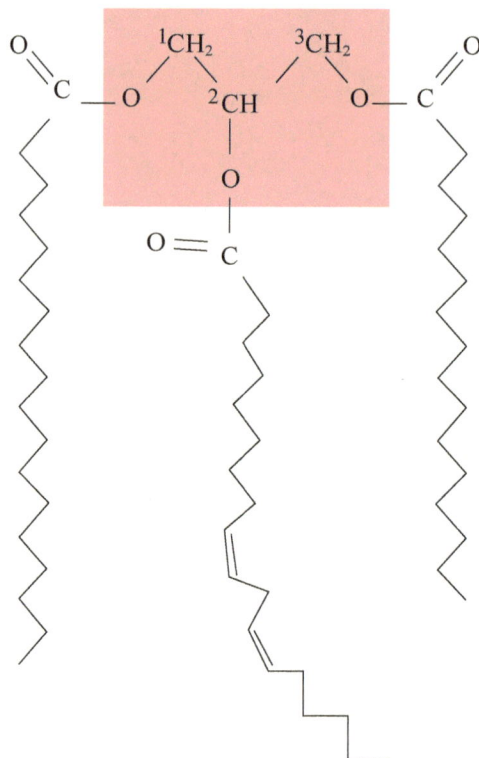

图 2-8　三酰甘油

常常有 3 种不同的脂肪酸。烃链上含有双键的脂肪酸称为不饱和脂肪酸，其分子特点是熔点较低，在室温下保持液态，不容易凝固。玉米油、菜籽油和其他植物油大多含不饱和脂肪酸。大多数动物脂肪含有较多饱和脂肪酸，动物脂肪中的相邻饱和脂肪酸相互平行排列，分子之间结合比较紧密，因此熔点较高，在室温下呈固态。

油脂氢化和反式脂肪酸

利用人工催化加氢的方法，可以把一些不饱和脂肪酸含量很高、室温下呈液态的植物油转变成室温下呈固态的油，这就是食品工业中常用的氢化植物油。但是在部分的氢化产品中，不饱和脂肪酸中的部分双键会从顺式转变成反式，于是产生了所谓的反式脂肪酸（trans-fatty acid），也称为反式脂肪（trans-fat）。因为分子的构型发生了变化，所以含反式脂肪酸的脂肪尽管是不饱和脂肪，却容易凝固，而且对热较为稳定。但同时，它也不容易被人体利用。研究证明，摄入反式脂肪酸可能提高罹患心脏病、肥胖、糖尿病等多种慢性疾病的风险。

膳食中的反式脂肪酸包括植物奶油（也称为麦淇淋、植物脂肪、人造黄油等）、起酥油、植物奶精、植脂末、代可可脂等。牛羊肉和乳制品中含有少量反式脂肪酸，但摄入量很少，而且对健康无害。

与大豆油、菜籽油等液态植物油相比，氢化植物油有两大优势：一是由于增加了饱和度，它不容易发生氧化，可以帮助食物延长保质期；二是凝固性提高，可以代替黄油、牛油和猪油等用在食品加工中，起到改善食物口感的作用。

用含有氢化植物油的起酥油等配料代替普通植物油制作食品，可以让面包更松软，饼干更酥脆，点心更酥软，奶茶和巧克力饮料更香滑，植物奶油更便于涂抹，巧克力糖果更不容易变软，而且成本大大低于黄油和精炼牛油。

远离反式脂肪酸的主要措施是以天然食物为主，减少加工食品的比例，特别是口感酥脆或酥软的焙烤食品和甜点、糖果、速冲糊粉饮料等食品。

二、磷脂

磷脂是构成细胞膜的重要成分，也是构成多种细胞器膜的重要成分。在人和动物的脑、卵细胞、肝脏以及大豆的种子中含量丰富。

磷脂又称磷酸甘油酯（phosphoglyceride）。磷脂与脂肪的不同之处在于甘油的一个羟基不是与脂肪酸结合成酯，而是与磷酸及其衍生物结合，如与磷酸胆碱结合形成细胞中最重要的一类磷脂——卵磷脂（phosphatidylcholine）。其磷酸胆碱一端为亲水头部，两个脂肪酸一端为疏水尾部，其中一个脂肪酸含有不饱和双键，因此总有点弯折(图 2-9)。

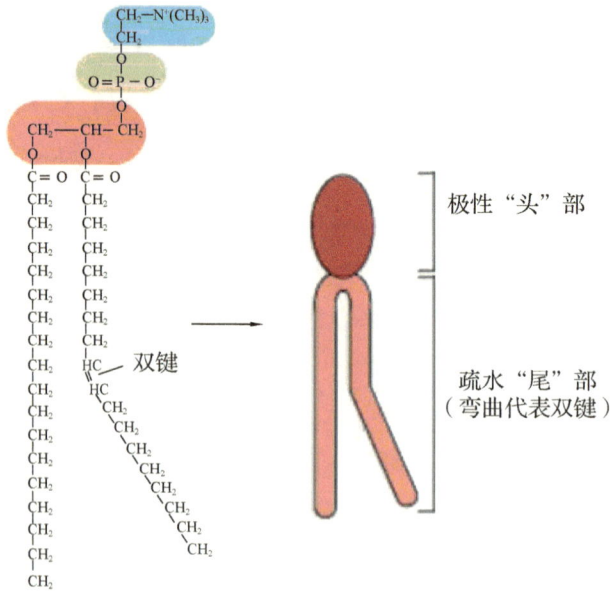

图 2-9　磷脂分子

三、固醇

固醇是一些非常稳定的物质,其中胆固醇是最为人熟知的,其碳骨架弯曲成 3 个六元环和 1 个五元环(图 2-10)。胆固醇是构成细胞膜的重要成分,在人体内还参与血液中脂质的运输。固醇是很多人体必需的物质的制造原料,这些物质包括胆汁、性激素、维生素 D 等。性激素能促进人和动物生殖器官的发育以及生殖细胞的形成;维生素 D 能有效地促进人和动物的肠道对 Ca 和 P 的吸收。

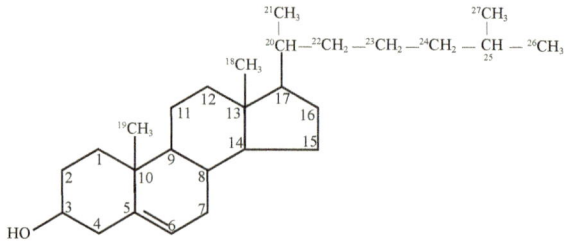

图 2-10　胆固醇分子

胆固醇只存在于动物性食品当中,包括肉类、蛋类、鱼类以及奶类。动物内脏、蛋黄和某些海产品的胆固醇含量较高,肉类和奶酪的胆固醇含量居中,牛奶和酸奶中的胆固醇含量较低。植物性食物中含有豆固醇、谷固醇，但没有胆固醇。这些植物固醇具有抑制胆固醇吸收的作用。

胆固醇其实并不像想象中那样是不利健康的物质。几乎每一个细胞的细胞膜构建都需要胆固醇，因此人体具备在肝脏中合成胆固醇的能力。事实上，人体肝脏每天可制造出 800～1 500 mg 的胆固醇，从比食物中摄取的量要大得多。只有在胆固醇沉积于血管壁、诱发动脉硬化的时候，它才是令人担心的。从食物中摄取适量的胆固醇并不一定会带来高胆固醇血症和心脏病。

练习

一、选择题

在人和其他动物皮下含量丰富的储能物质是（　　　）。

A. 糖原　　　　　B. 淀粉　　　　　C. 脂肪　　　　　D. 蛋白质

二、分析简答题

根据下列材料回答问题。

材料一　熊在入冬之前要吃大量的食物，在体内转化为脂肪储存起来。冬眠时体内脂肪进行分解，以维持生命活动。

材料二　生活在南极寒冷环境中的企鹅，体内脂肪厚度可达 4 cm。

材料三　幼儿晒太阳，可以使其皮肤表皮细胞内的胆固醇转化为维生素 D，起到预防佝偻病的作用。

（1）材料一说明脂肪是＿＿＿＿＿＿＿，分布在动物内脏器官周围的脂肪还具有＿＿＿＿＿＿＿的作用。

（2）材料二说明脂肪具有＿＿＿＿＿＿＿的作用。

（3）材料三说明维生素 D 具有＿＿＿＿＿＿＿＿＿＿的作用，维生素 D 和胆固醇都属于＿＿＿＿＿＿＿类的脂质。

▶第四节　蛋白质

组成细胞的有机物中含量最多的就是蛋白质（protein），蛋白质是决定生物体结构和功能的重要成分。"protein"一词源于拉丁文"proteus"，意思是"首要的物质"。氨基酸（amino acid）是蛋白质的结构单体，天然存在于蛋白质中的氨基酸有 20 种。蛋白质是由多个氨基酸单体组成的生物大分子多聚体。人体有成千上万种蛋白质，每一种蛋白质都具有特定的三维空间结构和生物学功能。蛋白质是细胞最重要的结构成分并参与所有的生命活动过程。

一、蛋白质的主要功能

蛋白质的结构多种多样，在细胞中承担的功能也是多种多样的。

蛋白质的种类很多，按功能划分主要包括结构蛋白、储存蛋白、保护蛋白、运输蛋白、信号蛋白等。例如，蜘蛛网的网丝、人体的毛发、肌腱等都是结构蛋白；卵清蛋白是一种储存蛋白，其作用是为胚胎发育提供氨基酸源；血液中的抗体蛋白属于保护蛋白，它能与外源蛋白特异性结合，抵抗外部病源对细胞的入侵；血红蛋白作为一种运输蛋白，能将肺部的氧气转运到体内其他部位；某些蛋白具有信号的功能，可在细胞内和细胞间进行信号传递，协调和控制相关代谢和生命活动。

酶是生物细胞中催化生物化学反应的一类蛋白质，它可以作为催化剂改变生化反应的速率，而自身并没有发生改变。

二、蛋白质是由 20 种氨基酸组成的生物大分子

在所有生物分子中，蛋白质是结构和功能最复杂的一类生物大分子，这种复杂性首先在于组成蛋白质的 20 种氨基酸可以以无限制的方式排列与组合。

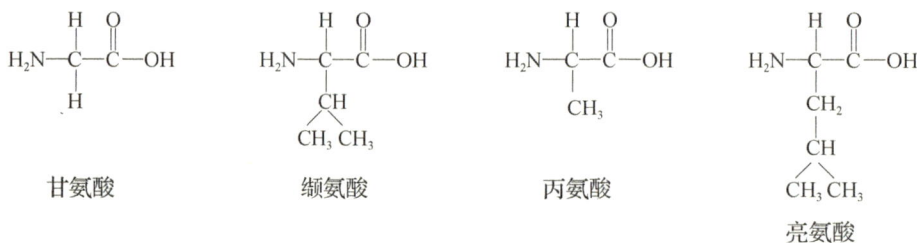

图 2-11　几种组成蛋白质的氨基酸

以上是几种组成蛋白质的氨基酸（图 2-11），从图中可以发现氨基酸具有共同的特点，即每种氨基酸分子至少都含有一个氨基（—NH_2）和一个羧基（—COOH），并且都有一个氨基和一个羧基连在同一个碳原子上，这个碳原子还连接一个氢原子和一个侧链基团，这个侧链基团用 R 表示（图 2-12）。各种氨基酸之间的区别在于 R 基的不同，如甘氨酸的 R 基是一个氢原子

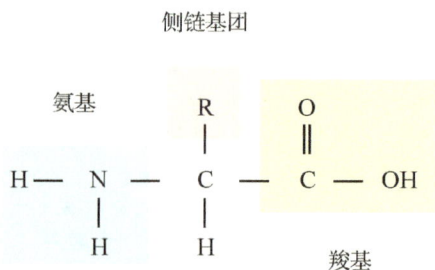

图 2-12　氨基酸分子结构通式

（—H），丙氨酸的 R 基则是一个甲基（—CH_3）。

蛋白质是由许多个氨基酸分子相互连接形成的。氨基酸分子相互结合的方式是一个氨基酸分子的羧基（—COOH）和另一个氨基酸分子的氨基（—NH_2）连接，同时脱去一分子水的脱水缩合反应。连接两个氨基酸分子的化学键（—NH—CO—）叫作肽键（peptide bond）。由两个氨基酸分子缩合而成的化合物，叫作二肽（dipeptide）（图 2-13）。

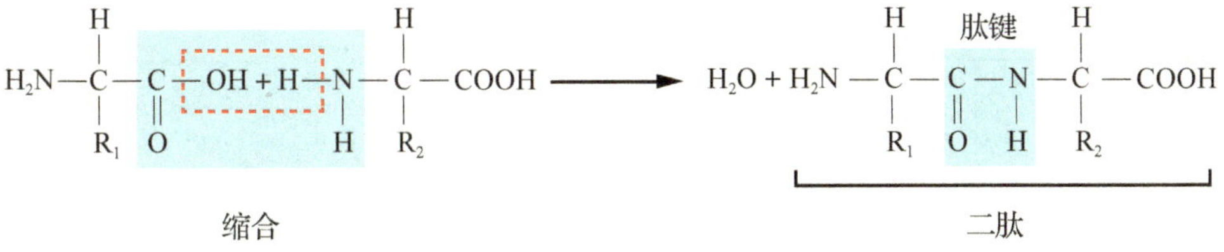

图 2-13　氨基酸脱水缩合反应示意图

多个氨基酸分子以肽键顺序相连形成多肽（polypeptide）。肽链的长短差异很大，有的仅包含几个氨基酸分子，有的则由成千上万个氨基酸分子组成。每一条肽链都有特定的氨基酸序列。肽链能盘曲、折叠，形成具有一定空间结构的蛋白质分子。

　　人体内用来合成蛋白质的 20 种氨基酸有一部分可以从别的中间代谢产物合成，还有一部分不能从别的代谢产物合成，这样就区别为必需氨基酸和非必需氨基酸。必需氨基酸有 8 种，如赖氨酸、苯丙氨酸，这些氨基酸在人体内不能合成，必须从食物中取得。因此，在评价各种食物中蛋白质成分的营养价值时，人们格外注重其中必需氨基酸的含量。动物性蛋白质主要来源于肉类、蛋类、奶类，蛋白质含量分别为：肉类 15%～22%；蛋类 11%～14%；奶类 3.0%～3.5%。动物性蛋白质中必需氨基酸的种类齐全、比例合理，因此比较容易消化、吸收和利用，营养价值也相对较高。植物性蛋白质主要来源于米面类、豆类，蛋白质含量分别为：米面类 7%～11%；豆类 35%～41%。米面类来源的蛋白质中缺少赖氨酸，这类蛋白质被人体吸收和利用的程度会差些。合理搭配各种食物，可以使氨基酸相互补充，提高膳食中蛋白质的吸收和利用。

三、蛋白质的四级结构

决定蛋白质功能的空间结构可包括四个连续不同的结构水平，每一级决定了其更高一级的结构特点（图 2-14）。

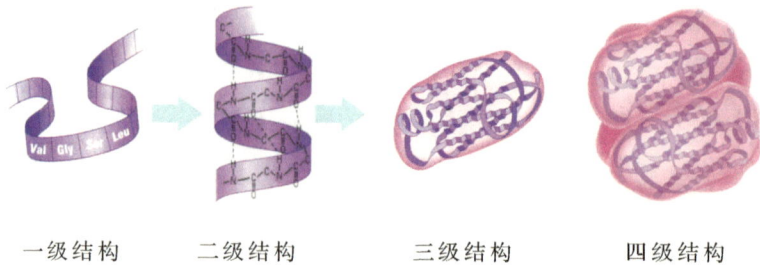

| 一级结构 | 二级结构 | 三级结构 | 四级结构 |

图 2-14　蛋白质的四级结构水平

蛋白质一级结构又称初级结构（primary structure），是指形成肽链的氨基酸序列，包括肽链中氨基酸的数目、种类和顺序等。蛋白质一级结构的改变可使其二级结构（secondary structure）和蛋白质的功能发生变化。例如，血红蛋白中一个特定氨基酸的改变可导致镰刀型细胞贫血症（sickle cell anemia）的发生，其根源就是其一级结构的变化（一个氨基酸的改变）改变了血红蛋白的结构和功能。蛋白质的一级结构是由编码它的基因决定的，不同生物同种蛋白质一级结构之间的差别可以反映出它们的进化关系，即一级结构中氨基酸序列的差别越小，说明它们的亲缘关系就越近。

在蛋白质二级结构水平上，部分肽链发生卷曲和折叠，这种卷曲和折叠主要是靠肽链中的羧基和氨基间的氢键维持的。蛋白质的二级结构包括 α-螺旋（α helix）、β-折叠（β pleated sheet）两种形式。细胞中 60% 的肽链以 α-螺旋和 β-折叠形式存在，其余部分是无规则卷曲和转角。

蛋白质三级结构（tertiary structure）是指肽链在二级结构的基础上再盘绕或折叠形成的三维空间形态，一般情况下呈球形或纤维状。一般，球形蛋白的三级结构包括若干个 α-螺旋和 β-折叠；纤维蛋白的三级结构有的普遍存在 α-螺旋，有的以 β-折叠为主。

许多蛋白质含有两个或更多的肽链，每一个或两个肽链可组成蛋白质的一个亚基（又称亚单位）。这种由亚基（subunit）相互作用并结合形成的整个蛋白质的特定结构，即蛋白质四级结构（quaternary structure）。例如，血红蛋白就是含有 4 个亚基的四聚体。

在细胞内，组成每种蛋白质的氨基酸的数目庞大，氨基酸形成肽链时，不同种类氨基酸排列顺序千变万化，肽链的卷曲、折叠方式及其形成的空间结构千差万别，因此，蛋白质的结构是极其多样的。这就是细胞内蛋白质种类繁多的原因。

总之，蛋白质是细胞中重要的有机化合物，一切生命活动都离不开蛋白质。蛋白质的多样性是形形色色生物和绚丽多彩生命活动的物质基础。

世界上第一个人工合成蛋白质的诞生

早在 19 世纪初，人们已经认识到，证明一种物质的分子结构最直接的办法是在实验室中直接合成这种分子。19 世纪中叶，科学家陆续用无机物合成了一些有机物，但是还不能合成蛋白质。1886 年，俄国一位科学家尝试用氨基酸"装配"蛋白质。他先将蛋白质分解，把得到的氨基酸放进试管里，加入一些促进蛋白质合成的物质。过一段时间后，试管里出现了乳白色的沉淀物。当时整个科学界轰动了，以为找到了人工合成蛋白质的方法，实际上这些沉淀物只是一些氨基酸分子随机连接形成的多肽。

在探索过程中，科学家逐渐认识到，要想快速、准确地合成蛋白质，首先要清楚蛋白质中氨基酸的排列顺序。例如，一个由 20 种、500 个氨基酸组成的蛋白质，它的氨基酸排列顺序就可能是 20^{500} 种。也就是说，如果不清楚氨基酸的排列顺序，可能需要拼接 20^{500} 次，才有可能获得所需要的蛋白质。后来，英国科学家桑格(F. Sanger)经过 10 年的努力，终于在 1953 年测得了牛胰岛素全部氨基酸的排列顺序。

20 世纪初人们就发现胰岛素能治疗糖尿病。由于胰岛素在牛、羊等动物体内含量很少，很难通过提取来大量制备，因此，人们梦想着有一天能用人工方法合成胰岛素。

1958 年，我国科学家提出人工合成胰岛素的设想。当时国际上最高的科研水平，也只能合成由 19 个氨基酸分子组成的多肽。胰岛素虽然是相对分子质量较小的蛋白质，但是也是由 17 种、51 个氨基酸缩合成的两条肽链组成。这项艰巨的任务由北京和上海两地的科研小组共同承担。经过集体研究，科研人员决定先把天然胰岛素的两条链拆开，摸索将两条链合在一起的方法，然后再分别合成两条链，最后将两条人工链合在一起。经过 6 年零 9 个月的不懈努力，我国科学家终于在 1965 年完成了结晶牛胰岛素的全部合成。更令人振奋的是，合成的胰岛素具有与天然胰岛素一样的生物活性！中国科学家依靠集体的智慧和力量，摘取了第一项人工合成蛋白质的桂冠。

实验一　检测生物组织中的糖类、脂肪和蛋白质

实验原理

某些化学试剂能够使生物组织中的有关有机化合物产生特定的颜色反应。糖类中的还原糖（如葡萄糖、果糖）与斐林试剂发生作用，可以生成砖红色沉淀。淀粉遇碘变蓝色。脂肪可以被苏丹Ⅲ染液染成橘黄色（或被苏丹Ⅳ染液染成红色）。蛋白质与双缩脲试剂发生作用，可以产生紫色反应。因此，可以根据与某些化学试剂所产生的颜色反应，鉴定生物组织中糖类、脂肪和蛋白质的存在。

目的要求

尝试用化学试剂检测生物组织中的糖类、脂肪和蛋白质。

材料用具

1. 实验材料：苹果或梨匀浆，马铃薯匀浆，花生种子（实验前浸泡 3～4 h）及其匀浆，豆浆或稀释蛋清液，鲜肝提取液。

2. 器具：双面刀片，毛笔，培养皿，载玻片，盖玻片，显微镜，吸水纸，试管，试管架，试管夹，大、小烧杯，小量筒，滴管，酒精灯，三脚架，石棉网，火柴。

3. 试剂：斐林试剂（甲液，质量浓度为 0.1 g/mL 的 NaOH 溶液；乙液，质量浓度为 0.05 g/mL 的 $CuSO_4$ 溶液），苏丹Ⅲ或苏丹Ⅳ染液，双缩脲试剂（A 液，质量浓度为 0.1 g/mL 的 NaOH 溶液；B 液，质量浓度为 0.01 g/mL 的 $CuSO_4$ 溶液），碘液，体积分数 50% 的酒精溶液，蒸馏水。

方法步骤

每小组从提供的实验材料中选择两种，预测其中是否含有某种有机化合物，再选择所需要的仪器和试剂。设计记录表格，记录预测结果，然后按照实验步骤进行检测，用"＋"或"－"记录实验结果。

一、还原糖的检测和观察

1. 向试管内注入 2 mL 待测组织样液。

2. 向试管内注入 1 mL 斐林试剂（甲、乙液等量混合均匀后再注入）。

3. 将试管放入盛有 50 ℃～60 ℃温水的大烧杯中水浴约 2 min。

4. 观察试管中出现的颜色变化。

二、淀粉的检测和观察

1. 向试管内注入待测组织样液 2 mL。

2. 向试管内滴加 2 滴碘液，观察颜色变化。

三、脂肪的检测和观察

方法一：向待测组织样液中滴加 3 滴苏丹Ⅲ染液，观察样液被染色的情况。

方法二：制作子叶细胞临时切片，用显微镜观察子叶细胞的着色情况(以花生为例)。

1. 取材。取一粒浸泡过的花生种子，去掉种皮。

2. 切片。用刀片在花生子叶的横断面上平行切下若干薄片，放入盛有蒸馏水的培养皿中待用。

3. 制片。从培养皿中选取最薄的切片，用毛笔蘸取放在载玻片中央；在花生子叶薄片上滴 2～3 滴苏丹Ⅲ染液，染色 3 min(如果用苏丹Ⅳ染液，染色 1 min)；用吸水纸吸去染液，再滴 1～2 滴酒精溶液，洗去浮色；用吸水纸吸去花生子叶周围的酒精，滴 1 滴蒸馏水，盖上盖玻片，制成临时装片。

4. 观察。在低倍镜下找到花生子叶的最薄处，移到视野中央，将物像调节清楚后换高倍镜观察，视野中央被染成橘黄色的脂肪颗粒清晰可见。

四、蛋白质的检测和观察

1. 向试管内注入待测组织样液 2 mL。

2. 向试管内注入双缩脲试剂 A 液 1 mL，摇匀。

3. 向试管内注入双缩脲试剂 B 液 4 滴，摇匀。

4. 观察试管中出现的颜色变化。

讨论

1. 你的预测和实验结果是否一致？

2. 小组间交流实验结果，你有什么发现？

3. 生物材料原有的颜色是否会影响实验结果？

练习

一、选择题

1. 下列关于细胞主要化学成分的叙述，不正确的是(　　)。

A. 蛋白质的多样性与氨基酸的种类、数目、排序等有关

B. 脱氧核糖是染色体的主要成分之一

C. 胆固醇、性激素、维生素 D 都属于脂质

D. 动物乳汁中的乳糖和植物细胞中的纤维素都属于多糖

2. 2008 年，我国发生了婴儿食用含有三聚氰胺的奶粉导致大批患儿出现肾结石，并引发肾衰竭，甚至出现死亡的事件。不法分子之所以向奶粉中添加三聚氰胺，是钻了蛋白质含量检测通常不是直接测定蛋白质含量，而是通过测定氮含量来推算蛋白质含量的空子。一般说来，每 100 g 蛋白质平均含氮 16 g，这些氮主要存在于蛋白质的(　　)。

A. —NH—CO—　　　　　　　　B. 游离的氨基

C. 游离的羧基　　　　　　　　D. R 基

3. 人体所需的 8 种必需氨基酸主要来自（　　　）。

A. 食物中的蛋白质　　　　　　B. 糖类物质的氧化分解

C. 脂质的转化　　　　　　　　D. 自身蛋白质的分解

4. 鸡蛋煮熟后，蛋白质变性失去活性，这是由于高温破坏了蛋白质的（　　　）。

A. 肽键　　　　　B. 肽链　　　　　C. 氨基酸　　　　　D. 空间结构

二、分析简答题

1. 以下是某化合物的结构简图，据图回答下列问题。

（1）此化合物的名称是＿＿＿＿＿＿＿＿＿＿＿＿。

（2）图中④的名称是＿＿＿＿＿＿＿；图中表示 R 基的编号是＿＿＿＿＿＿＿＿＿＿＿＿＿。

（3）形成该化合物的生物化学反应叫作＿＿＿＿＿＿＿＿，在该过程中，相对分子质量减少了＿＿＿＿＿＿＿＿。

（4）氨基酸是＿＿＿＿＿＿＿＿的基本结构单位，它的结构通式是＿＿＿＿＿＿＿＿。

2. 进入人体消化道的蛋白质食物，要经过哪些消化酶的作用才能分解为氨基酸？这些氨基酸进入人体细胞后，需要经过怎样的过程才能转变为人体的蛋白质？人体的蛋白质和食物中的蛋白质一样吗？生活中有人说"吃什么补什么"，符合科学道理吗？

3. 如果用 20 个不同的字母分别代表 20 种氨基酸，写出由 10 个氨基酸组成的长链，可以写出多少条互不相同的长链？尝试说出蛋白质种类众多的原因。

4. 说说从氨基酸到蛋白质有哪些结构层次。

▶ 第五节　核酸

　　核酸是生物体中一类重要的生物大分子，它储存遗传信息。核酸包括脱氧核糖核酸（deoxyribonucleic acid，DNA）和核糖核酸（ribonucleic acid，RNA）两类。储存遗传信息的特殊 DNA 片段称为基因，基因主要编码蛋白质的氨基酸序列，从而决定蛋白质的功能。通过蛋白质的作用，DNA 实际上控制着细胞和生物体的生命过程。

真核细胞的 DNA 主要分布在细胞核中。线粒体、叶绿体内也含有少量的 DNA。RNA 主要分布在细胞质中。DNA 控制蛋白质的合成是通过 RNA 来实现的，即遗传信息由 DNA 转录到 RNA，后者决定蛋白质的氨基酸序列。相关内容将在遗传与变异一章中详细介绍。

核酸同蛋白质一样，也是生物大分子。核酸的相对分子质量很大，从几十万至几百万不等。核酸水解后得到许多核苷酸（nucleotide），实验证明，核苷酸是核酸的基本组成单位。一个核苷酸是由一分子含氮碱基，一分子五碳糖和一分子磷酸组成的。根据五碳糖的不同，可以将核苷酸分为脱氧核糖核苷酸（简称脱氧核苷酸）和核糖核苷酸（图 2-15）。碱基分为两类：一类是嘌呤（purine），为双环分子；一类是嘧啶（pyrimidine），为单环分子。嘌呤包括腺嘌呤（adenine，A）和鸟嘌呤（guanine，G）两种；嘧啶有胸腺嘧啶（thymine，T），胞嘧啶（cytosine，C）和尿嘧啶（uracil，U）三种。

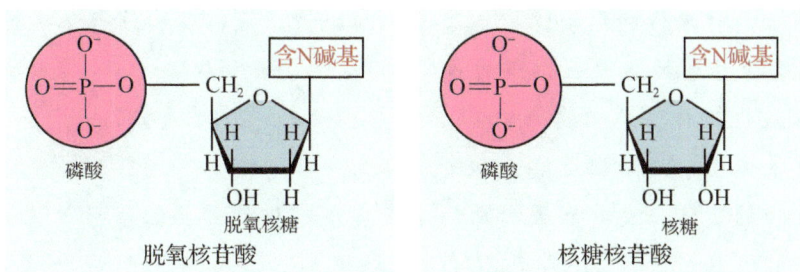

图 2-15　脱氧核苷酸和核糖核苷酸

每个核酸分子是由几十个乃至上亿个核苷酸连接而成的长链。在绝大多数生物体的细胞中，DNA 由两条核苷酸链构成。RNA 由一条核苷酸链构成。DNA 和 RNA 化学组成的区别见图 2-16。绝大多数的生物，其遗传信息就储存在 DNA 中，

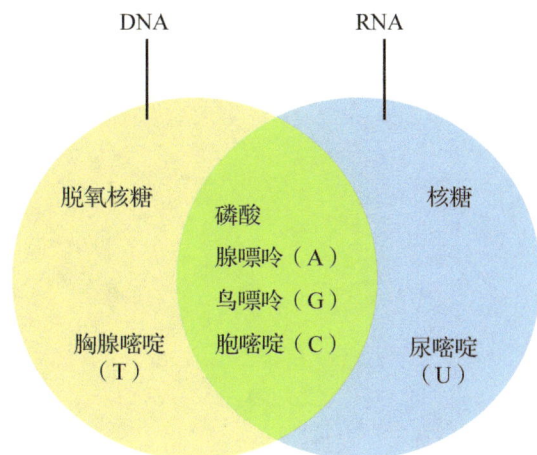

图 2-16　DNA 和 RNA 的化学组成

而且每个个体 DNA 的脱氧核苷酸序列各有特点。组成 DNA 的脱氧核苷酸虽然只有四种，但若数量不限，在连成长链时，排列顺序是极其多样的，信息容量自然也非常大。部分病毒的遗传信息，直接储存在 RNA 中，如人类免疫缺陷病毒（HIV）。

练 习

一、选择题

1. 细胞内组成 DNA 的五碳糖是（　　）。

A. 核糖　　　　　　B. 葡萄糖　　　　C. 脱氧核糖　　　　D. 麦芽糖

2. 豌豆叶肉细胞中的核酸，含有的碱基种类是（　　）。

A. 1 种　　　　　　B. 4 种　　　　　C. 5 种　　　　　　D. 8 种

3. 小麦叶肉细胞中的 DNA 存在于（　　）。

A. 细胞核、叶绿体和高尔基体　　　B. 细胞核、线粒体和内质网

C. 细胞核、叶绿体和线粒体　　　　D. 细胞核、核糖体和线粒体

4. 下列关于核酸的叙述，错误的是（　　）。

A. 是细胞内遗传信息的携带者

B. 是生物体生命活动的主要承担者

C. 对生物的遗传、变异和蛋白质的生物合成有极其重要的作用

D. 细胞内的核酸分为 DNA 和 RNA 两大类

二、分析简答题

随着生活水平的提高，人们对营养保健品日益关注。一些商家不断推出维生素、氨基酸、深海鱼油、辅酶 Q_{10} 等膳食补充剂，还有核酸保健品等。请你到医药商店或超市做一些调查，统计核酸保健品的种类，阅读说明书，查找资料，对核酸保健品的功效做一个评价。

第三章　生命的结构基础

地球上的生物，除了病毒等少数种类以外，所有的生物体都是由细胞构成的。细胞不仅是生物体的结构单位，而且生物体的一切生命活动都是在细胞内进行的。因此，细胞是生物体结构和功能的基本单位。

▶第一节　细胞概述

一、生命活动离不开细胞

生命和细胞难分难解。病毒（如噬菌体，图 3-1）没有细胞结构，在它侵入寄主细胞之前，它不能繁殖，没有新陈代谢活动，只是像无机物一样结晶。由此看来，生命的许多基本特征它都不具有，它似乎是无生命的。但是，病毒的物质结构中有最基本的两种生物大分子——蛋白质和核酸。一旦侵入寄主细胞，病毒的核酸分子就能与寄主细胞的核酸分子整合，借助寄主细胞的一套生命物质系统复制自己，大量繁殖，这又表现出了生命的特点。因此，即使像病毒那样没有细胞结构的生物，也只有依赖活细胞才能生活。

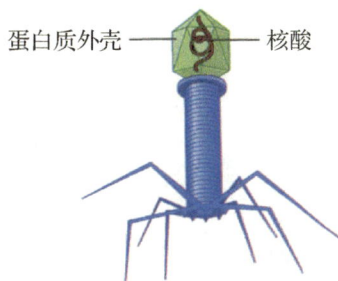

蛋白质外壳 —— 核酸

图 3-1　噬菌体

草履虫是单细胞生物，一个细胞就是一个生物体。因此，细胞的生命活动就是这个生物体的生命活动。例如，草履虫细胞膜的外周具有纤毛，纤毛有规律地摆动，使其在水中游动；草履虫的细胞分裂使其一分为二，由一个草履虫变为两个草履虫，这实际上是草履虫的繁殖；草履虫的细胞膜上有眼点，能够感受光线的刺激，草履虫能根据外界光线的强弱变化，做出不同的生理反应。可见，单细胞生物的各项生命活动都是由细胞完成的。酵母菌、衣藻、眼虫、变形虫等（图 3-2）生物都是单细胞生物，其生命活动都是由细胞完成的。

许多动物和植物是多细胞的复杂有机体，在这些多细胞生物中，各种分化了的细胞密切合作，共同完成一系列复杂的生命活动。以人为例，人的生殖和发育过程离不开细胞（图 3-3）。人体是由很多个细胞构成的，但人的生命开始于一个细

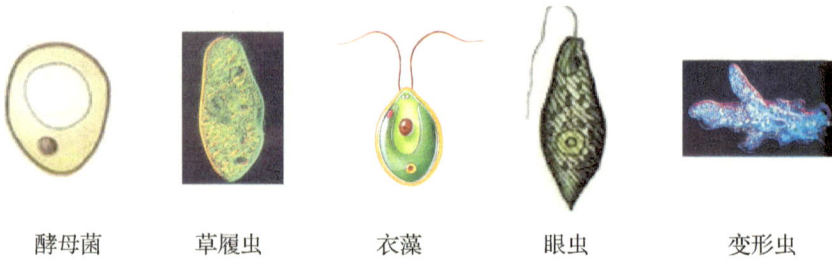

| 酵母菌 | 草履虫 | 衣藻 | 眼虫 | 变形虫 |

图 3-2　几种单细胞生物

胞——由精子和卵细胞结合成的受精卵。受精卵经过细胞分裂和分化，形成多个细胞组成的胚胎，在子宫内发育成胎儿。胎儿出生后继续发育，最后形成具有与父母相似性状的成年个体。

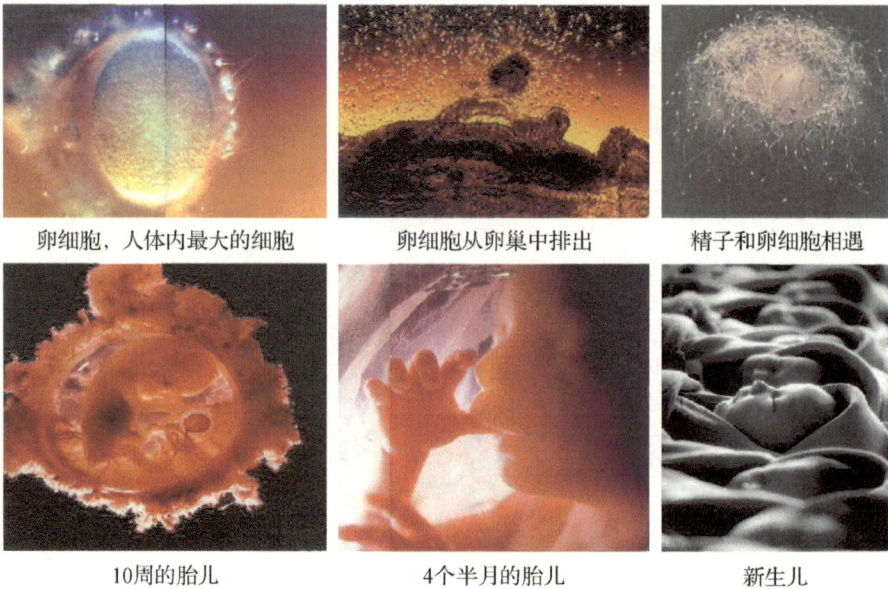

| 卵细胞，人体内最大的细胞 | 卵细胞从卵巢中排出 | 精子和卵细胞相遇 |
| 10周的胎儿 | 4个半月的胎儿 | 新生儿 |

图 3-3　人的生殖和发育

　　个体的遗传和变异离不开细胞。人最初是由一个细胞发展来的，而这个细胞是由来自父方的精子和来自母方的卵细胞融合而成，所以受精卵中的遗传物质分别来自精子和卵细胞。精子和卵细胞就充当了亲代与子代之间遗传物质传递的"桥梁"。因此，生物体的遗传和变异与细胞关系密切。

　　人体生命活动的调节同样离不开细胞。人完成缩手反射的结构基础是反射弧，反射弧由感受器、传入神经纤维、神经中枢、传出神经纤维、效应器五个部分构成。这些结构的基本单位是神经细胞——神经元。没有神经细胞，感受器就不能产生兴奋，即使有兴奋也不能传导（因为神经纤维也是神经细胞的一部分）。神经中枢也是由功能相同的神经细胞集中在一起，共同完成人体某一生理功能的调节作用的。没有神经细胞，人体的反射就不能完成。

人体除了神经调节外，还有体液调节。体液调节中的体液是人体细胞代谢的产物，体液影响的对象也是其相应的靶细胞或靶器官，即体液调节离不开细胞。

综上所述，不管是没有细胞结构的病毒，还是具有细胞结构的单细胞生物或多细胞生物，其生命活动均离不开细胞。

二、生命系统的结构层次

地球上瑰丽的生命画卷在科学家眼中，是富有层次的生命系统（life system）：从生物圈到各种生态系统，从大大小小的群落、种群到每个独特的个体，从组成个体的器官、组织，再到细胞。简而言之，从生物圈到细胞，生命系统层层相依，又各具特定的组成、结构和功能。

不仅现存的各种生物的生命活动形式是在细胞内或细胞参与下完成的，地球上最早出现的生命形式，也是具有细胞形态的单细胞生物。原始的单细胞生物经过漫长的进化过程，演变为今天多种多样的生物个体、种群和群落；生物与环境经过长期的相互作用，形成多姿多彩的生态系统和生机勃勃的生物圈。

从生物圈到细胞，生命系统的每一个层次都应当研究。表 3-1 显示了生命系统各结构层次的概念及实例。

表 3-1　生命系统结构层次的概念及实例

结构层次	概念	实例
细胞	细胞是生物体结构和功能的基本单位	心肌细胞
组织	由形态相似、结构和功能相同的细胞结合在一起	心肌组织
器官	不同的组织按照一定的次序结合在一起	心脏
系统	能够共同完成一种或几种生理功能的多个器官按照一定的次序结合在一起	血液循环系统
个体	由各种器官或系统协调配合共同完成复杂的生命活动的生物体；由一个细胞构成的单细胞生物体	龟
种群	在一定的自然区域内，同种生物的所有个体是一个种群	该区域内同种龟的所有个体
群落	在一定的自然区域内，所有的种群组成一个群落（包括该区域内所有的动物、植物、微生物）	该区域内龟和其他所有生物的种群
生态系统	生物群落与无机环境相互作用而形成的统一整体	龟生活的水域生态系统
生物圈	地球上全部生物及其无机环境的总和	地球上只有一个生物圈

三、细胞的多样性和统一性

1. 原核细胞和真核细胞

细胞的形状多种多样，大小也各不相同（图 3-4）。细胞的形状和大小与它们行使的功能密切相关。例如，变形虫细胞运动时可以改变自身的形状；白细胞的形状也可以变化；精子细胞具有细长的尾，便于游动。支原体是最小、最简单的细胞，直径只有 $100 \sim 200$ nm；鸟类的卵细胞最大，鸡蛋的蛋黄就是一个卵细胞，其中存积了大量的营养物卵黄，可以满足早期胚胎发育的需要；一些植物纤维细胞可以达到 10 cm，人体有的神经细胞长达 1 m。以上这些反映了细胞的多样性。同时，细胞大都有相似的基本结构，如细胞膜、细胞质和细胞核，这反映了细胞的统一性。

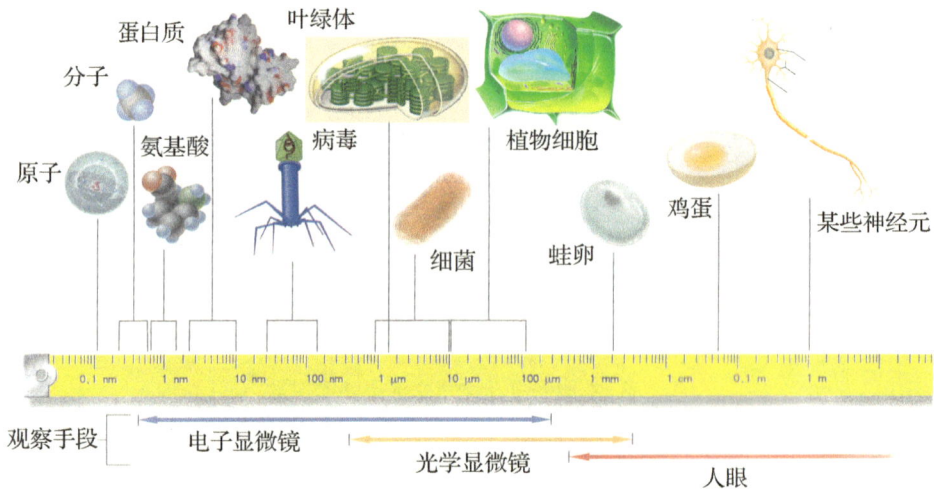

图 3-4　形状与大小各异的细胞

但是，有一类细胞没有成形的细胞核，如大肠杆菌以及其他的细菌（图 3-5）。根据细胞内有无以核膜为界限的细胞核，细胞被分为真核细胞和原核细胞两大类。由真核细胞构成的生物叫作真核生物，如动物、植物、真菌等。由原核细胞构成的生物叫作原核生物。原核生物除了分布广泛的各种细菌外，还包括蓝藻。一般说来，人类肉眼是分辨不清蓝藻细胞的，但是当水体被污染，发生富营养化时，多种蓝藻快速繁殖，就会形成肉眼可见的水华。像构成细菌、蓝藻之类原核生物的原核细胞具有与真核细胞相似的细胞膜和细胞质，没有由核膜包被的细胞核，也没有染色体，但有一个环状的 DNA 分子，位于无明显边界的区域，这个区域叫作拟核。真核细胞染色体的主要成分也是 DNA。DNA 与细胞的遗传和代谢关系十分密切。这些也体现了真核细胞和原核细胞的统一性。

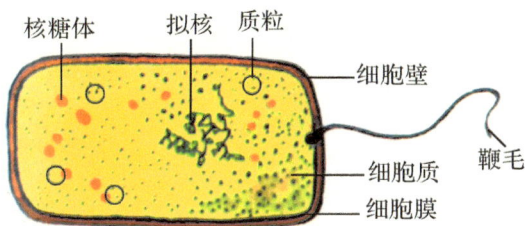

核糖体　拟核　质粒

细胞壁

鞭毛

细胞质

细胞膜

图 3-5　细菌模式图

2. 细胞学说

细胞学说（cell theory）的建立者是两位德国科学家施莱登（M. J. Schleiden，1804—1881）和施旺（T. Schwann，1810—1882）。后人根据他们分别于 1838 年和 1839 年发表的研究成果，将细胞学说综合为以下要点：

第一，细胞是个有机体，一切动、植物都由细胞发育而来，并由细胞和细胞产物所构成；

第二，新的细胞必须经过已存在的细胞的分裂而产生；

第三，每一个细胞可以是独立的生命单位，许多细胞又可以共同形成生物体或组织。

建立于 19 世纪的细胞学说，通过对动、植物的研究而揭示细胞的统一性和生物体结构的统一性，使人们认识到各种生物之间存在共同的结构基础。细胞学说的建立标志着生物学的研究进入细胞水平，极大地促进了生物学的研究进程，它是自然科学史上的一座丰碑。恩格斯把细胞学说、能量转化与守恒定律、达尔文的进化论并列为 19 世纪自然科学的三大发现。

细胞学说的建立过程

细胞学说的建立过程，是一个在科学探究中开拓、继承、修正和发展的过程，充满了耐人寻味的曲折。

一、从人体的解剖和观察入手

人体是怎样构成的？这个问题首先引起了解剖学家的注意。1543 年，比利时的维萨里（A. Vesalius）通过大量的尸体解剖研究，发表了巨著《人体构造》，揭示了人体在器官水平的结构。法国的比夏（M. F. Bichat）指出器官由低一层次的结构——组织构成，并把组织分为 21 种。在此期间，人们已经发明了显微镜，可以进行显微观察。但是比夏不相信显微镜，他认为在显微镜下观察到的是光影的假象，只相信"眼见为实"。

二、显微镜下的重大发现

1665年，英国科学家虎克（R. Hooke）用显微镜观察植物的木栓组织，发现木栓组织由许多规则的小室组成。虎克把观察到的图像画了下来，并把小室称为cell——细胞。虎克既是细胞的发现者，也是命名者。

在17世纪，许多显微镜制造者同时也是生物体微观结构的研究者。荷兰著名磨镜技师列文虎克（A. van Leeuwenhoek）用自制的显微镜（图3-6），观察到了不同形态的细菌、红细胞和精子等。意大利的马尔比基（M. Malpighi）用显微镜广泛观察了动、植物的微细结构。但是，他们并没有用"细胞"来描述其发现，也没有进一步考虑生物体结构的一致性。

图3-6 虎克时代的显微镜

三、理论思维和科学实验的结合

18世纪，德国一位研究海洋生物的自然哲学家提出，复杂的有机体都是一种球状小泡似的纤毛虫的聚合体。这些纤毛虫失去了自己的独立性而将其生命从属于一个整体。这一理论虽然缺乏实验依据，却唤起了实验科学家的注意。施莱登、施旺也由此受到了启发。

施莱登通过研究植物的生长发育，首先提出细胞是构成植物体的基本单位，并把研究情况告诉了施旺。当时施旺正在研究脊椎动物脊索和软骨的结构，受到施莱登的启发后，决意要"证明两大有机界最本质的联系"，并发表了研究报告《关于动、植物的结构和一致性的显微研究》。施旺还说："现在，我们已推倒了分隔动、植物界的巨大屏障。"

四、细胞学说在修订中前进

施莱登和施旺所说的"新细胞从老细胞中产生"，被描述为从老细胞核中长出一个新细胞，或者是在细胞质中像结晶那样产生新细胞。后来，施莱登的朋友耐格里（K. Nageli）用显微镜观察了多种植物分生区新细胞的形成，发现新细胞的产生原来是细胞分裂的结果。还有些学者观察了动物受精卵的分裂。在此基础上，1858年，德国的魏尔肖（R. L. C. Virchow）总结出"细胞通过分裂产生新细胞"。他提出"所有的细胞都来源于先前存在的细胞"，这个断言，至今仍未被推翻。

实验二　使用显微镜观察几种细胞

目的要求

1. 使用显微镜观察几种细胞，比较不同细胞的异同点。

2. 运用制作临时装片的方法。

材料用具

1.（建议选用的）实验材料：酵母菌，水绵，叶的表皮，鱼的红细胞等。（以上这些材料做成临时装片后就可以观察，也可以观察各种细胞的永久装片）

2. 器具和试剂：显微镜，载玻片，盖玻片，镊子，滴管，清水，常用染色液。

方法步骤

一、显微镜的使用

1. 取镜。一手持镜臂，一手托镜座，将显微镜轻放在桌上。

2. 对光。（图 3-7a）用低倍物镜正对通光孔。一边调节反光镜，一边用目镜观察，直到视野中出现一个明亮的白色圆圈为止。

3. 放玻片。使玻片正对载物台通光孔的中央。

4. 低倍物镜的使用。首先，从侧面看载物台，小心地转动粗准焦螺旋使镜筒徐徐下降，直到低倍物镜快要接触玻片时停止（图 3-7b）。然后，左眼向目镜内看，同时反方向转动粗准焦螺旋，使镜筒缓缓上升，直到看清物像为止（图 3-7c）。

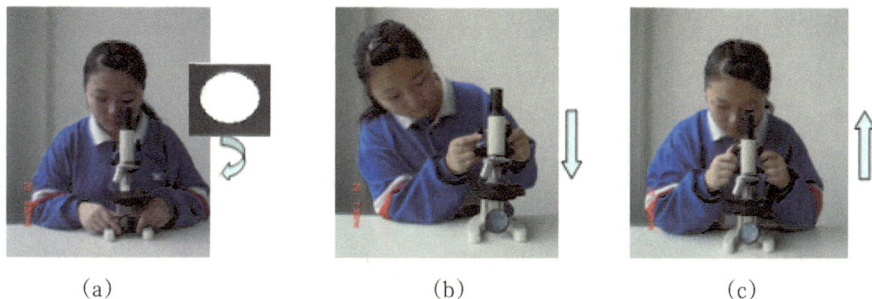

(a)　　　　　　　　　　　(b)　　　　　　　　　　　(c)

图 3-7

5. 高倍物镜的使用。在低倍镜下观察清楚后，把要放大观察的物像移至视野中央（图 3-8a）。转动转换器，换成高倍物镜（图 3-8b）。观察，并用细准焦螺旋调焦（图 3-8c）。

二、小组同学分别制作不同材料的临时装片

三、观察自己和小组同学制作的不同临时装片

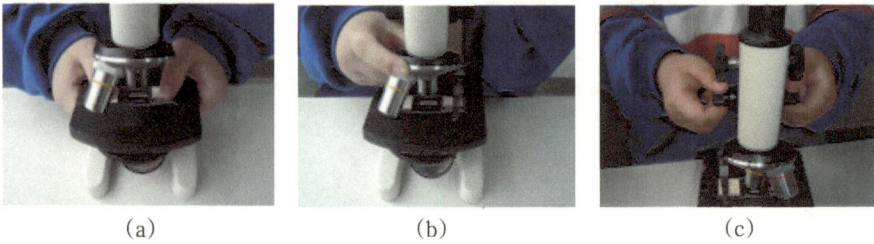

(a)   (b)   (c)

图 3-8

讨论

1. 使用高倍镜观察的要点有哪些？为什么用高倍镜观察物像时视野比较暗？

2. 试归纳观察到的细胞在结构上的共同点，并描述它们之间的差异，分析产生差异的可能的原因。

练　习

一、选择题

1. 生物体结构和功能的基本单位是（　　）。

A. 细胞　　　　　　　B. 种群　　　　　　　C. 组织　　　　　　D. 器官

2. 地球上最基本的生命系统是（　　）。

A. 细胞　　　　　　　B. 组织　　　　　　　C. 器官　　　　　　D. 系统

3. 下列关于细胞和生命活动的叙述，错误的是（　　）。

A. 生命活动都离不开细胞

B. 病毒不具有细胞结构，所以它的生命活动与细胞无关

C. 细胞是生物体结构和功能的基本单位

D. 多细胞生物依赖各种分化的细胞密切合作，才能完成一系列复杂的生命活动

4. 关于生命系统的结构层次说法正确的是（　　）。

A. 生物圈是地球上最基本的生命系统和最大的生态系统

B. 生物大分子如蛋白质、核酸，不是生命系统的结构层次

C. 病毒没有细胞结构，它的生命活动与生命系统没有关系

D. 生物的生活环境不是生命系统的一部分

5. 下列各项组合中，能体现生命系统由简单到复杂的正确层次的是（　　）。

①某池塘中的一条鲫鱼　　②某池塘中的全部鱼类　　③某池塘中的全部鲫鱼　　④鲫鱼的表皮细胞　　⑤表皮细胞中的蛋白质分子和核酸分子　　⑥整个池塘　　⑦某池塘中的所有生物　　⑧鲫鱼的心脏　　⑨鲫鱼的血液　　⑩鲫鱼的循环系统

A. ⑤④⑧⑨⑩①③②⑦　　　　B. ⑤④⑨⑧⑩①③②⑦⑥

C. ④⑨⑧⑩①③⑦⑥　　　　D. ④⑨⑧⑩①②⑦⑥

6. 施莱登和施旺共同提出(　　)。

A. 分离定律　　　B. 细胞学说　　C. 进化学说　　　D. 中心法则

7. 下列哪项不是细胞学说的主要内容(　　)。

A. 一切动、植物由细胞及其产物构成

B. 细胞是生物体相对独立的单位

C. 细胞可以产生细胞

D. 细胞分为细胞质、细胞核和细胞膜三大部分

二、分析简答题

1. 在一个阴湿的山洼草层中有一块腐木，在腐木上生活着一些细菌、蘑菇、苔藓、白蚁等生物，在其周围还有老鼠等。

根据你所掌握的生物学知识回答下列问题。

(1)这些生物在形态上看来千姿百态，但在结构上都是由_____构成的；

(2)这些生物中，属于单细胞的是_____，属于多细胞的是_____；

(3)这里所有的白蚁组成一个_____，所有的生物组成一个_____；

(4)这里所有的生物与其周围的阳光、土壤、水、空气等共同构成了_____。

2. 据图回答下列问题。

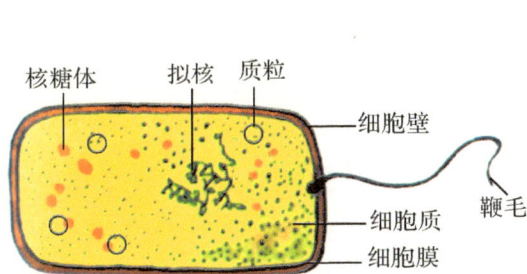

细菌模式图

(a)

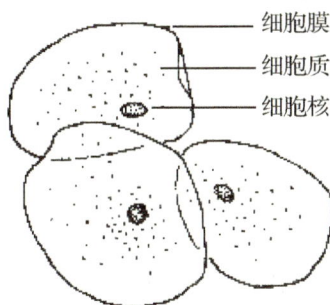

低倍镜下的人的口腔上皮细胞

(b)

(1)判断(a)(b)中属于原核细胞的是_____，属于真核细胞的是_____。判断的主要依据为_____。

(2)(a)(b)两细胞的相似之处为_____，由此看出原核细胞与真核细胞具有_____性。

(3)由(a)(b)两细胞不同之处可知，两种细胞存_____性。

(4)常见的由原核细胞组成的生物有_____，由真核细胞组成的生物

有_____。

3. 通过分析细胞学说的建立过程，你领悟到科学发现具有哪些特点？

4. 细胞学说主要是阐明了细胞的多样性还是生物界的统一性？

5. 在生命系统的各个层次中，能完整地表现各种生命活动的最微小的（最基本的）层次是哪一个？说明你的理由。

▶第二节　真核细胞的基本结构

通过光学显微镜，可以了解到真核细胞的基本结构包括细胞膜、细胞质和细胞核，植物细胞的外围还有细胞壁。事实上，随着电子显微镜以及现代新技术的广泛应用，人们已经认识到真核细胞的结构非常复杂，细胞内部组分之间的结构和功能密切联系，形成一个统一的整体。一个细胞的精巧程度，恐怕是任何智能计算机都无法比拟的。

一、细胞膜和细胞壁

任何系统都有边界。细胞作为一个基本的生命系统，它的边界就是细胞膜（cell membrane）。通过对细胞膜的化学分析可知，细胞膜主要由脂质和蛋白质组成。其中，脂质占细胞膜总量的 50％，蛋白质占 40％，糖类占 2％～10％。脂质主要是磷脂和胆固醇，磷脂构成细胞膜的基本支架，细菌和植物细胞的细胞膜一般不含胆固醇，动物细胞的细胞膜含有较多的胆固醇（胆固醇可以调节细胞膜的通透性和流动性，维持细胞膜的稳定性）。膜蛋白是细胞膜的另一种成分。细胞膜所含的蛋白质与脂质的比例同细胞膜的功能有关，机能活动较旺盛的细胞膜，其蛋白质的含量较高，因为细胞膜的功能主要是由蛋白质来承担的，膜蛋白不仅有机械支持作用，而且在物质运输、细胞识别等方面也起着重要作用。此外，细胞膜上还有 2％～10％的糖类，这些糖类主要以糖脂和糖蛋白的形式存在，具有重要的生理功能。细胞与周围环境相互作用（如细胞间识别、激素作用等）几乎都涉及糖脂和糖蛋白，它们也是膜抗原的重要组成部分。

细胞膜属于生物膜，生物膜的结构和功能是现代生命科学重要的研究领域之一，在本章第三节将专门讨论生物膜的问题。

植物细胞膜外的细胞壁，一般比细胞膜厚很多，其化学成分主要是纤维素和果胶。植物细胞没有骨骼或相应的骨架结构但却有相当强度的细胞壁维持着植物细胞的形态。植物细胞壁保护细胞免遭渗透及机械损伤，还保护植物免受微生物，特别是真菌和细菌的侵染。细胞壁不仅具有支持和保护细胞的功能，研究还发现，细胞壁在物质吸收、转运和接受化学信号、抵御病原菌的侵害等方面也有重要作用。

二、细胞器

细胞膜内是透明、黏稠、可流动的细胞质基质，其中有许多具有特定功能的细胞器（organelle），主要包括线粒体（mitochondrion）、叶绿体（chloroplast）、内质网（endoplasmic reticulum，ER）、高尔基体（golgi apparatus）、核糖体（ribosome）、溶酶体（lysosome）等（图 3-9）。

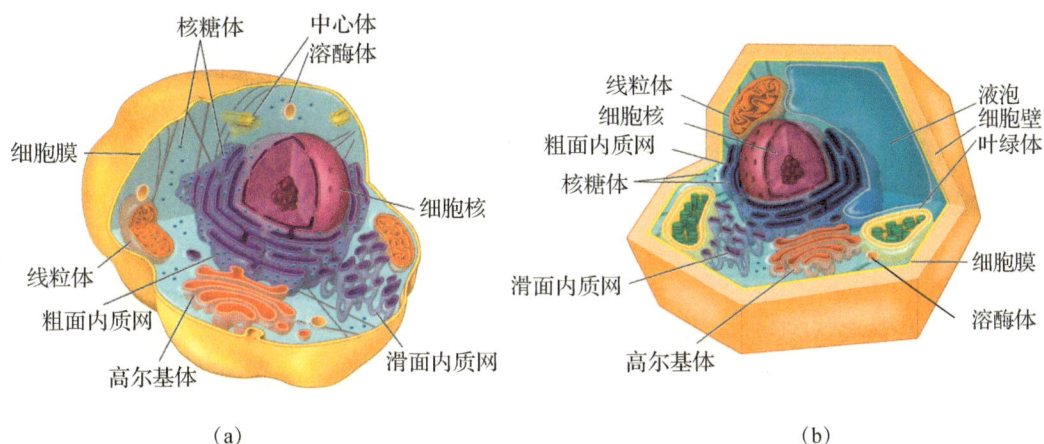

（a）　　　　　　　　　　　　　（b）

图 3-9　动物细胞（a）和植物细胞（b）亚显微结构模式图

1. 细胞器之间的分工

各种细胞器的形态、结构不同，在功能上也各有分工。

线粒体普遍存在于动物细胞和植物细胞中，少数情况下一个细胞仅有一个线粒体，多数情况下一个细胞有几十、几百甚至上千个线粒体。细胞中线粒体的数目与其生物代谢活性有关。线粒体长度为 $1\sim10~\mu m$，在细胞中不断移动并不时改变着自身形状，往往在细胞内新陈代谢旺盛的部位比较集中。线粒体是由内膜和外膜包裹的囊状结构（图 3-10），囊内是液态的基质（matrix）。线粒体外膜平整，内膜向内折入形成一些嵴，增加内膜的表面积，从而增加内膜上的代谢反应总量。内膜面上有许多带柄的颗粒，叫作基粒。线粒体的内膜与外膜之间的间隙称为膜间隙。在内膜、基质和基粒中，有许多种与有氧呼吸有关的酶。线粒体是活细胞进行有氧呼吸的主要场所，细胞生命活动所必需的能量，大约 95% 来自线粒体。因此，线粒体也被形象地称为细胞内的"动力工厂"。线粒体中有少量 DNA 和 RNA。关于线粒体及呼吸作用将在第四章详细介绍。

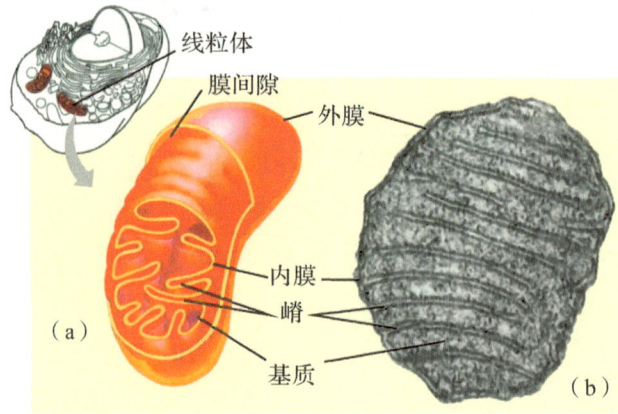

图 3-10　线粒体立体结构模式图(a)和电镜下的亚显微结构(b)

叶绿体是植物进行光合作用的细胞器。细胞内叶绿体的数目、大小和形状因植物种类不同而有很大差别，藻类植物的叶绿体变化更大。大多数高等植物的叶肉细胞一般含有 50~200 个叶绿体，可占细胞质的 40％以上。叶绿体中含有大量的叶绿素和各种与光合作用有关的酶。典型的叶绿体为凸透镜状。叶绿体也有两层膜，内部是一些扁平囊组成的膜系统，这些扁平的囊称为类囊体(thylakoid)。扁平的类囊体有规则地叠在一起形成基粒(grana)，各个基粒彼此相连通(图 3-11)，基粒外围的部分称为基质(stroma)。叶绿体中的大量基粒以及多层类囊体膜片层大大增加了植物光合作用的总面积。因此，叶绿体也被形象地称为"养料制造车间"和"能量转换站"。叶绿体中也含有少量的 DNA 和 RNA。关于植物细胞叶绿体中的光合作用过程将在第四章中详细介绍。

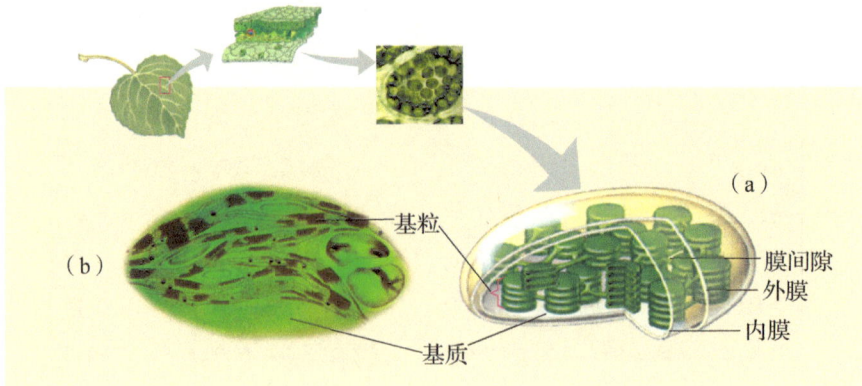

图 3-11　叶绿体立体结构模式图(a)和电镜下的亚显微结构(b)

内质网是由膜结构连接而成的网状物，广泛分布在细胞质基质内，它增加了细胞内的膜面积（图 3-12）。在细胞中，一定时期它们可能是连续的小管小囊系统，在另一时期又可能是不连续的膜片层，这反映出内质网对细胞的生理变化相当敏感。根据内质网上是否具有核糖体，可将其分为光面内质网（smooth ER）和粗面内质网（rough ER）。光面内质网无核糖体附着，是脂质合成和代谢的重要场所。粗面内质网上附有颗粒状的核糖体，通常为平行排列的扁平囊状。核糖体是细胞合成蛋白质的场所，粗面内质网是核糖体与内质网共同组成的复合机能结构，并可与核膜相连，在蛋白质的合成与运输方面起重要的协同作用。内质网与糖类、脂质、蛋白质的合成有关，也是蛋白质等的运输通道，被形象地称为"有机物的合成车间"。

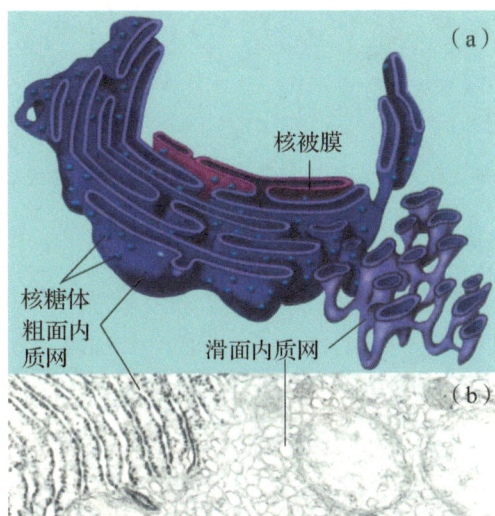

图 3-12　内质网立体结构模式图(a)和电镜下的亚显微结构(b)

高尔基体是一些聚集的、扁的小囊和小泡（图 3-13），它是内质网合成产物和细胞分泌物的加工和包装场所，最后形成分泌泡将分泌物排出细胞外，高尔基体本身还可以合成一些生物大分子，如多糖等。在植物细胞中，高尔基体还与细胞分裂时新细胞膜和新细胞壁的形成有关。

除了以上细胞器，细胞质中还有溶酶体、液泡、中心体等细胞器。溶酶体是单层膜泡状小体，内部含有多种水解酶，能分解衰老、损伤的细胞器，吞噬并杀死侵入细胞的病毒或病菌。被溶酶体分解后的产物，如果是对细胞有用的物质，细胞可以再利用，废物则被排出细胞。所以，溶酶体是细胞内的"消化车间"。液泡是植物细胞质中的泡状结构。成熟的植物细胞中的液泡很大，可占据整个细胞体积的90％。液泡表面有液泡膜，液泡内有细胞液，其中含有糖类、无机盐、色素和蛋白质等物质，可以达到很高的浓度。因此，液泡对细胞内的环境起着调节作用。此外，充盈的液泡还可以使植物细胞保持坚挺。中心体见于动物和某些低等植物细胞，由两个相互垂直排列的中心粒及周围物质组成，与细胞的有丝分裂有关。

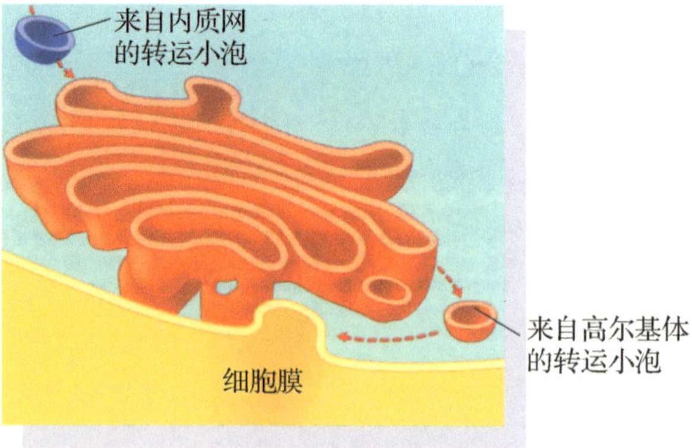

(a)

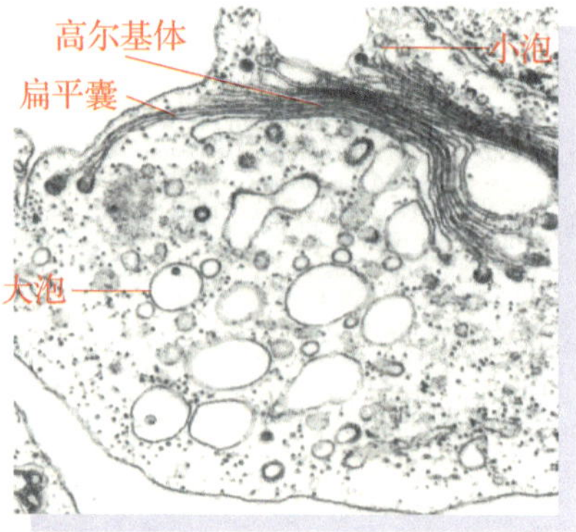

(b)

图 3-13　高尔基体结构示意图(a)和电镜下的亚显微结构(b)

2. 细胞器之间的协调配合

在活细胞完成各种生命活动的过程中，细胞质基质和细胞器是相互协调的，各种细胞器之间也是密切联系、分工合作的。打个比方说，细胞就像一个繁忙的工厂，细胞器就是忙碌的车间，相互配合完成着细胞内部复杂的物质和能量变化。

这里以分泌蛋白的合成和运输为例说明细胞器之间的协调配合。有些蛋白质是在细胞内合成后，分泌到细胞外起作用的，这类蛋白质叫作分泌蛋白，如消化酶、抗体和一部分激素。

科学家在研究分泌蛋白的合成和分泌时，通过同位素示踪技术研究了分泌蛋白的合成过程(图 3-14)。他们在豚鼠的胰脏腺泡细胞中注射 ^3H 标记的亮氨酸：3 min 后，被标记的亮氨酸出现在附着有核糖体的内质网中；17 min 后，出现在高尔基体中；117 min 后，出现在靠近细胞膜内侧的运输蛋白质的囊泡中以及释放到细胞外的分泌物中。

分泌蛋白最初是在内质网上的核糖体中由氨基酸形成肽链，肽链进入内质网进行加工，然后形成有一定空间结构的蛋白质。内质网可以"出芽"，也就是鼓出由膜形成的囊泡，包裹着要运输的蛋白质，离开内质网，到达高尔基体，与高尔基体膜融合，囊泡膜成为高尔基体膜的一部分。高尔基体还能对蛋白质做进一步的修饰加工，然后形成包裹着蛋白质的囊泡。囊泡移动到细胞膜，与细胞膜融合，将蛋白质分泌到细胞外。在分泌蛋白的合成、加工和运输的过程中，需要消耗能量，这些能

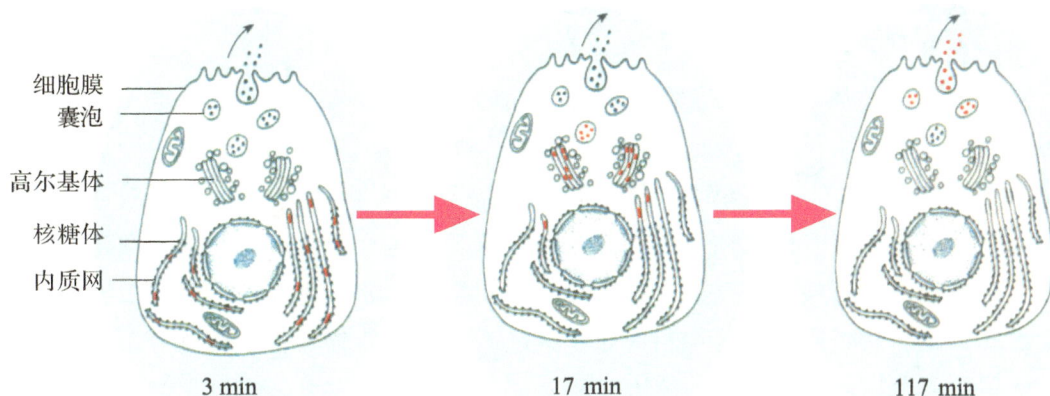

图 3-14   豚鼠胰脏腺泡细胞分泌物形成过程图解

（黑点表示未被标记的分泌蛋白，红点表示被标记的分泌蛋白）

量的供应来自线粒体。

在细胞中，许多由膜构成的囊泡就像深海中的潜艇，在细胞中穿梭往来，繁忙地运输着"货物"，高尔基体在其中起重要的交通枢纽作用。

3. 细胞的生物膜系统

在细胞中，许多细胞器都有膜，如线粒体、叶绿体、内质网、高尔基体、溶酶体等，这些细胞器膜和细胞膜、核膜等结构共同构成细胞的生物膜系统（biomembrane system）。这些膜结构在发生和功能上相互有密切的联系，进一步体现了细胞内各种结构之间的密切协调配合。

生物膜系统在细胞生命活动中的作用极为重要。首先，细胞膜不仅使细胞具有一个相对稳定的内环境，同时在细胞与环境之间进行物质运输、能量交换和信息传递的过程中起着决定性的作用。其次，细胞许多重要的化学反应都在生物膜上进行。细胞内广阔的膜面积为酶提供大量的附着位点，为各种化学反应的顺利进行创造有利条件。最后，细胞内的生物膜把细胞分成一个个小区室，即各种细胞器，这样就使得在细胞内能够同时进行多种化学反应，互不干扰，保证细胞生命活动的高效、有序进行。

三、细胞核

细胞核含有控制细胞生命活动最主要的遗传物质（有些基因位于线粒体和叶绿体中），是细胞中的信息中心。细胞核的直径为 5 μm 左右，由核膜将其内含物与细胞质分隔开来。一般情况下，一个细胞内有一个细胞核。但也有例外，如高等植物成熟的筛管细胞和哺乳动物成熟的红细胞就没有细胞核，而动物的肝细胞、骨髓细胞有多核现象。

细胞核包括核膜（nuclear envelope）、核基质（nuclear plasma）、染色质（chromatin）和核仁（nucleolus）等部分。核膜包括内、外核膜，是包在核外的双层膜。核膜上的核孔（nuclear pore）直径约为 100 nm，一些蛋白质和 RNA 分子可通过核孔进入或输出细胞核。核膜可延伸与细胞质中的内质网相连。染色质由 DNA 和蛋白质组成，容易被碱性染料染成深色。染色质 DNA 含有大量的基因，是生命的遗传物质，因此细胞核是生命活动的控制中心。染色质是极细的丝状物，细胞分裂时，细胞核解体，染色质高度螺旋化，缩短变粗，成为光学显微镜下清晰可见的圆柱状或杆状的染色体。细胞分裂结束时，染色体解螺旋，重新变成细丝状的染色质，被包围在新形成的细胞核里。因此，染色质和染色体是同一种物质在细胞不同时期的两种存在状态。每一种真核生物的细胞中都有特定数目的染色体。例如，人的体细胞中共有 23 对，即 46 条染色体。核仁是细胞核中的纤维和颗粒状结构，富含蛋白质和 RNA。核仁是核糖体亚单位的发生场所，核糖体亚单位可通过核孔进入细胞质后再装配成完整的核糖体。

在细胞核中，遗传信息由 DNA 转录到 mRNA，再在细胞质中翻译成蛋白质的多肽结构。细胞核与细胞质中遗传信息的转录和翻译将在第六章中详细介绍。

细胞世界探微三例

1974 年，在世人瞩目的诺贝尔生理学或医学奖的领奖台上，同时站着三位细胞生物学家：美国的克劳德（A. Claude），比利时的德迪夫（R. de Duve）和罗马尼亚的帕拉德（G. E. Palade）。

一、勇于探幽入微的克劳德

在细胞学说创立后的 100 年间，人们对细胞的研究基本停留在简单观察和形态描述的水平，细胞在生物学家的眼中多多少少还像一团胶状物，里面杂乱地散布着一些含混不清的东西。克劳德决心把细胞内部的组分分离开，探索细胞内组分的结构和功能。当时，分离细胞器所遇到的困难是今天的人们难以想象的。许多人对他冷嘲热讽，认为把好好的细胞弄碎是毫无意义的。但是克劳德坚信，要深入了解细胞的秘密，就必须将细胞内的组分分离出来。经过艰苦的努力，他终于摸索出采用不同的转速对破碎的细胞进行离心的方法，将细胞内的不同组分分开。这就是一直沿用至今的定性定量分离细胞组分的经典方法。

二、具有敏锐洞察力的德迪夫

1949 年，德迪夫正在研究胰岛素对大鼠肝组织的作用。当这一研究接近尾声时，一个偶然的现象使他困惑不解：有一种酸性水解酶，刚从肝组织分离出来的时候活性并不高，但是保存 5 天后，活性出人意料地大大提高了。德迪夫想：这种酶一定存在于细胞内的某个"容器"中，从"容器"中释放出来后才表现出活性。德迪夫凭借敏锐的洞察力，觉察到其中一定隐藏着不同寻常的奥秘。他继续做了许多实验，结果证实了他的推测：这种酶被包在完整的膜内，当膜破裂后，酶得以释放出来，酶的潜伏状态与包裹它的膜结构的完整性有关。不久以后，其他科学家用电子显微镜和细胞化学方法，证实了德迪夫的发现。1956 年，科学家正式将这种新发现的细胞器命名为溶酶体。

三、善于利用先进技术手段的帕拉德

帕拉德是克劳德的学生和助手。他改进了电子显微镜样品固定技术，并应用于动物细胞超微结构的研究，发现了核糖体和线粒体的结构。不仅如此，他还将对细胞结构和功能的静态描述引向动态研究。1960 年，帕拉德向人们描绘了一幅生动的细胞"超微活动图"，形象地揭示出分泌蛋白合成并运输到细胞外的过程。他的图示尽管精致，但毕竟是一种推测，实际过程究竟如何呢？后来，帕拉德及其同事设计了用同位素示踪技术研究蛋白质合成过程的实验，证明了他的推断。这个实验后来成为生物学史上极为精彩的实验。帕拉德的成功再次说明：现代科学的重大突破，与技术的革新和进步是密不可分的。

上述事例说明，科学研究离不开探索精神、理性实验和技术手段的结合。

练习

一、选择题

1. 下列有关细胞膜的叙述不正确的是（　　）。

A. 细胞膜主要由脂质和蛋白质组成

B. 不同功能的细胞，其细胞膜蛋白质的种类和数量相同

C. 组成细胞膜的脂质中，磷脂最丰富

D. 细胞膜中含有少量糖类

2. 苹果细胞最外面结构的化学成分是（　　）。

A. 果胶和蛋白质　　　　　　　　　B. 磷脂和蛋白质

C. 果胶和纤维素　　　　　　　　　D. 糖类和纤维素

3. 下列物质中，不是在核糖体上合成的是（　　　）。

A. 载体蛋白　　　　B. 胰岛素　　　　C. 抗体　　　　D. 性激素

4. 在人体的表皮细胞中可以找到，而在蚕豆叶表皮细胞中没有的细胞器是（　　　）。

A. 中心体　　　　B. 高尔基体　　　　C. 叶绿体　　　　D. 内质网

5. 在成年人的心肌细胞中显著多于腹肌细胞的细胞器是（　　　）。

A. 高尔基体　　　　B. 内质网　　　　C. 核糖体　　　　D. 线粒体

6. 植物的花、叶、果实等的色素除叶绿素外，其他色素大多分布在（　　　）。

A. 液泡内　　　　　　　　　　B. 高尔基体内

C. 细胞核内　　　　　　　　　D. 细胞壁上

7. 氨基酸之间的缩合过程发生在（　　　）。

A. 线粒体内　　　　　　　　　B. 核糖体内

C. 细胞核内　　　　　　　　　D. 叶绿体内

8. 人体内能将白细胞吞噬的病菌杀死和消化的结构是（　　　）。

A. 中心体　　　　　　　　　　B. 溶酶体

C. 核糖体　　　　　　　　　　D. 线粒体

9. 胰岛细胞中与合成胰岛素有关的一组细胞器是（　　　）。

A. 线粒体、中心体、高尔基体、内质网

B. 内质网、核糖体、叶绿体、高尔基体

C. 内质网、核糖体、高尔基体、线粒体

D. 内质网、核糖体、高尔基体、中心体

10. 细胞中具有由磷脂和蛋白质组成的膜结构的有（　　　）。

①细胞膜　②线粒体　③内质网　④核糖体　⑤中心体　⑥染色体　⑦核膜
⑧高尔基体

A. ①②③④⑤　　　　　　　　B. ②③④⑤⑥

C. ③④⑤⑥⑦⑧　　　　　　　D. ①②③⑦⑧

11. 细胞核行使遗传功能的结构是（　　　）。

A. 核膜　　　　B. 核基质　　　　C. 染色质　　　　D. 核仁

12. 下列关于细胞核的说法，不正确的是（　　　）。

A. 细胞核是遗传物质储存和复制的场所

B. 细胞核控制细胞的代谢和遗传

C. 细胞核位于细胞的中央，所以它是细胞的控制中心

D. DNA 主要存在于细胞核内

13. 将一黑色公绵羊的体细胞核移入到白色母绵羊的去核卵细胞中，并将此卵细胞植入一黑色母绵羊的子宫内发育，生出的小绵羊即克隆绵羊。那么，此克隆绵羊为（　　）。

A. 黑色公绵羊　　　　　　　B. 黑色母绵羊

C. 白色母绵羊　　　　　　　D. 白色公绵羊

二、分析简答题

据图回答下列问题。

(1)图中所示结构只有通过_____能观察到。此图中有双层膜结构的细胞器是_____（填序号）。

(2)合成蛋白质的场所是[　]_____。（说明：[　]中填图中相应的序号，下同）

(3)进行有氧呼吸的主要场所是[　]_____，该生理功能消耗的主要能源物质是_____。

(4)植物细胞具有而该细胞没有的细胞器是_____和_____。

(5)结构_____（填序号）是细胞核，它是细胞的信息中心，_____和_____的控制中心。

(6)如果该细胞能够分泌胰岛素，则与其加工、运输和分泌有直接关系的膜性细胞器有_____（填序号）。

(7)与动物细胞有丝分裂有关的细胞器是[　]_____。

(8)1、3、7、8、9在结构和功能上是紧密联系的统一整体，称为_____。

▶第三节 生物膜

　　细胞膜是细胞的边界，它将具生命力的活细胞与非生命的环境分隔开来。它还具有选择透过性，控制着所有物质的出入。生命的起源与进化中极为重大的事件之一，是区别周围环境的特殊液体成分被膜包裹，同时膜又可以吸收周围的营养物质并将其内的废物排出去，如此演化出具有生命力的细胞。因此，膜是生命最基础的结构。细胞中所有由脂质和蛋白质等成分组成的膜，包括细胞膜、内质网膜、高尔基体膜、核膜、线粒体膜和类囊体膜等，统称为生物膜。典型的生物膜只有 $7\sim 8$ nm 厚，将大约 8 000 片生物膜叠放在一起才与本书一页纸的厚度相当。生物膜虽然既小又薄，但它对于细胞的生命活动却具有特别的重要性。

一、膜的结构

　　一个多世纪以前，科学家对膜的组成就进行了富有成效的探索。1895 年，欧文顿（E. Overton）发现，凡是可以溶于脂质的物质比不能溶于脂质的物质更容易透过细胞膜进入到细胞中去。于是，他提出了一个基本的假说，膜是由脂质组成的。20 年后，科学家第一次将膜从红细胞中分离出来，化学分析表明，膜的主要成分是磷脂和蛋白质。

　　磷脂是一种由甘油、脂肪酸和磷酸组成的极性分子。磷酸一端是极性（亲水的）"头"部，脂肪酸一端是非极性（疏水的）"尾"部。1925 年，两位荷兰科学家提出，细胞膜实际上是一种磷脂的双分子层结构，因为只有这种双分子层结构才可能稳定于细胞内、外均为极性液体的环境中。也就是在双分子层中，磷脂分子疏水的"尾"部（脂肪酸一端）向着内侧背离水相而相对排列，磷脂分子亲水的"头"部（磷酸一端）向着外侧，暴露于两侧的水中。据此理论，科学家设计并得到了磷脂双分子层人工膜。两位荷兰科学家测定了红细胞的磷脂含量后证实，测定得到的红细胞的全部磷脂恰好可以按双分子层形式将细胞全部包裹或覆盖。

　　除了脂质外，蛋白质也是细胞膜的成分。那么，蛋白质位于细胞膜的什么位置呢？经检测，磷脂双分子层人工膜比实际细胞膜的黏性和强度要弱很多。科学家据此提出，细胞膜上的蛋白质可能是提高膜黏性和强度的重要因素。20 世纪 40 年代，曾经有学者推测脂质两边各覆盖着蛋白质。到 50 年代，电子显微镜诞生，科学家用它来观察细胞膜。1959 年，罗伯特森（J. D. Robertson）在电子显微镜下看到了细胞膜清晰的暗—亮—暗的三层结构，他结合其他科学家的工作，大胆地提出生物膜的"三明治"模型：所有的生物膜都是由蛋白质—脂质—蛋白质三层构成，电镜下看到的中间的亮层是脂质分子，两边的暗层是蛋白质分子。罗伯特森把生物膜描述为静态的统一结构(图 3-15)。

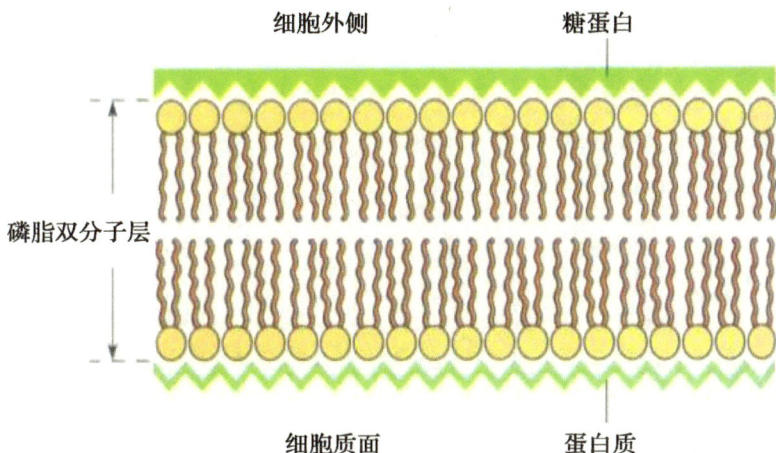

图 3-15　生物膜的"三明治"模型

20 世纪 60 年代，人们对这一模型的异议增加了。不少科学家对生物膜是静态的观点提出质疑：如果是这样，细胞膜的复杂功能将难以实现，就连细胞的生长、变形虫的变形运动这样的现象都不好解释。

随着新的技术手段不断运用于生物膜研究，科学家发现膜蛋白并不是全部平铺在脂质表面，有的蛋白质而是镶嵌在磷脂双分子层中。

1970 年，科学家用发绿色荧光的染料标记小鼠细胞表面的蛋白质分子，用发红色荧光的染料标记人细胞表面的蛋白质分子，将小鼠细胞和人细胞融合。这两种细胞刚融合时，融合细胞的一半发绿色荧光，另一半发红色荧光。在 37 ℃下经过 40 min，两种颜色的荧光均匀分布(图 3-16)。这个实验以及相关的其他实验证据表明，细胞膜具有流动性。

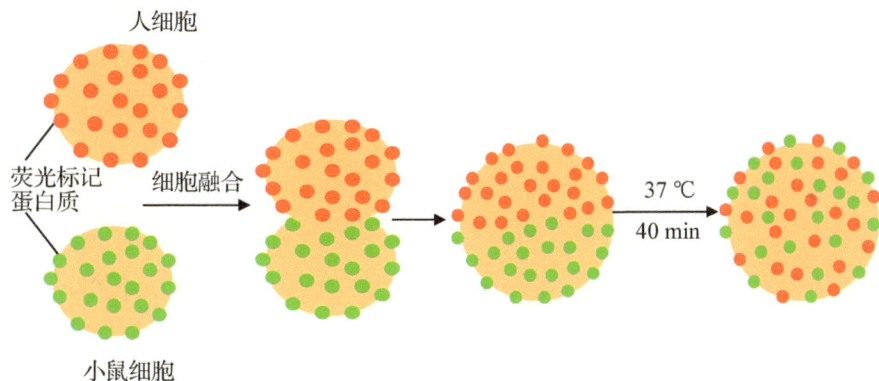

图 3-16　荧光标记的小鼠细胞和人细胞融合实验示意图

为了揭示生物膜的结构，科学家又进行了一项细胞冰冻蚀刻实验：首先用液氮将细胞冰冻成坚硬的固态，再用冰冻的玻璃刀在细胞膜处刻出一裂口，进一步将冰冻的细胞样品在细胞的双分子层处撕裂和剥开，断裂面经升华蚀刻后进行特殊染色并用电子显微镜观察。在观察和实验证据的基础上，1972 年，桑格（S. J. Singer）和尼克森（G. Nicolson）提出了流动镶嵌模型（fluid mosaic model）（图 3-17），这个模型为大多数人所接受。该模型具有以下主要特点。

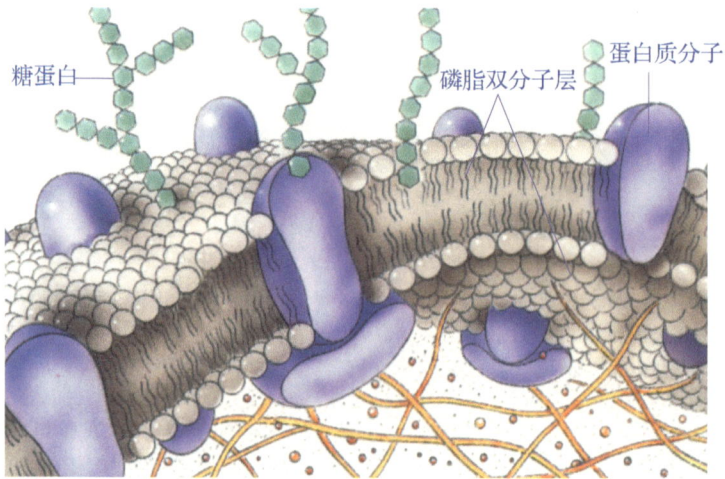

图 3-17　生物膜的流动镶嵌模型

首先，磷脂分子层构成了生物膜的基本结构，各种膜蛋白以不同的镶嵌形式与磷脂双分子层相结合，有的附着在生物膜的表面，有的全部或部分嵌入生物膜中，有的贯穿于磷脂双分子层。另外，也有糖类附着在生物膜的外侧，与膜脂或膜蛋白的亲水端结合，构成糖脂或糖蛋白。这种特殊结构体现了生物膜结构的有序性。

其次，磷脂双分子层既有其分子排列的有序性，又有脂质的流动性。这种流动性表现为生物膜内部磷脂和蛋白质分子的位置是不固定的，它们在生物膜的水平方向甚至在垂直方向上都可以流动、翻转和变化。

最后，膜脂与膜蛋白在生物膜上的排列具有不对称性，主要表现在生物膜内、外两层脂质分子的种类和含量有很大差异，蛋白质分子在生物膜内、外两层分布的位置和数量也有很大差异。另外，糖脂与糖蛋白上的糖基一般只分布在生物膜的外侧，对于接收和识别外来信号起重要的作用，好比是细胞之间联络用的文字和语言。

生物膜的有序性、流动性和不对称性对于生物膜适应膜内、外环境的变化、具有选择透过性及物质的跨膜运输、电子传递和信号传递等具有重要意义。生物膜结构和功能的相互适应既是生命所固有的特征，也是生命科学学习所要把握的基本规律。

从生物膜结构的"三明治"模型到流动镶嵌模型,反映了科学研究的基本方法。科学家可以首先根据已有的知识和信息提出解释某一生物学问题的一种假设或模型,用进一步的观察和实验对已建立的假设或模型进行修正和补充。一种假设或模型最终被接受或否定取决于它能否与以后不断得到的观察和实验结果相吻合,科学就是这样一步一步向前迈进的过程。

二、物质跨膜运输的方式

在细胞体系中,许多物质的转运和能量的交换都要经过生物膜来进行,特别是物质交换都要涉及物质的跨膜运输。生物膜的选择透过性取决于磷脂双分子层对该物质的阻碍程度和生物膜上转运蛋白的状态。例如,生物膜内层的非极性特征决定了它不能让极性分子或离子自由地通过,而非极性分子,如氧气等,则很容易进入生物膜并通过磷脂双分子层。对于一些非常小的分子,如水和二氧化碳,由于它们不带电荷,质量非常小,也能自由通过磷脂双分子层。对于一些较大的分子,如葡萄糖等,尽管它们不带电荷,但由于分子太大,也不能自由地进出细胞。一些非常小的离子,如 H^+ 和 Na^+ 等,无论它们有多小,都不能自由通过生物膜的磷脂双分子层。镶嵌在生物膜上的一些特殊的转运蛋白在一定的条件下可以帮助那些原来不能透过生物膜的物质进行跨膜运输。

物质的跨膜运输可以归为两类形式:一类是被动运输(passive transport);另一类是主动运输(active transport)。

1. 被动运输

分子随机运动导致的自由扩散(free diffusion)是物质跨膜运输的一种最主要方式,这种被动运输不需要能量,并且顺浓度梯度进行,即物质由浓度高的一侧向浓度低的一侧运动,直至两侧的浓度相等。相对分子质量小或脂溶性强的物质(如 O_2、CO_2 等)一般都以这种自由扩散的被动运输方式做跨膜运动。水分子与其他自由扩散的小分子不同之处在于,它常作为溶剂分子,因此水分子的扩散是从浓度低的一侧到浓度高的一侧。

水是活细胞中含量最多的物质,可以借助实验来分析水是怎样进出细胞的。如图 3-18a 所示,在一个长颈漏斗的漏斗口

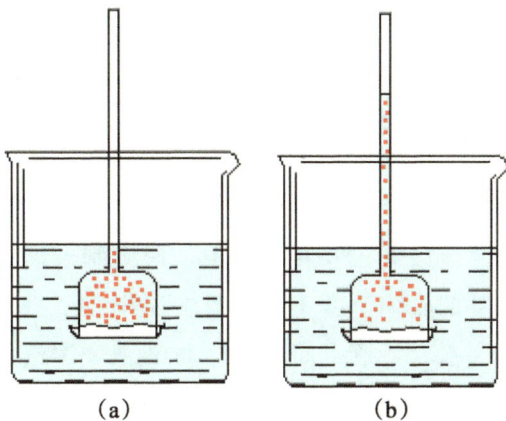

(a)   (b)

图 3-18   渗透作用示意图

处密封上一层玻璃纸(一种半透膜,水分子可以透过它,而蔗糖分子则不能),往漏斗内注入蔗糖溶液,然后将漏斗浸入盛有清水的烧杯中,使漏斗管内、外液面高度相等。过一段时间后,会出现如图3-18b所示现象。这种水分子(或其他溶剂分子)透过半透膜,从低浓度溶液向高浓度溶液的扩散,叫作渗透作用。

上述渗透现象的产生必须具备两个条件:一是具有一层半透膜;二是这层半透膜两侧的溶液具有浓度差。

水进出细胞与此相似。把哺乳动物的红细胞分别放入三种不同浓度的溶液中(图3-19)。图a表示当溶液的浓度比细胞质的浓度低时,细胞吸水膨胀。这是由于红细胞细胞质的浓度大于外界溶液的浓度,单位体积内的水分子数少于外界溶液。由于细胞内、外水分子数不平衡,水分又能通过细胞膜,而细胞内的大分子物质不能通过细胞膜,水分子趋向平衡的运动使红细胞吸水。图b表示将红细胞放入一种高浓度溶液中,细胞失水而皱缩。图c表示将红细胞放入与细胞质浓度相等的溶液,细胞既不吸水,也不失水,红细胞不变形。静脉注射用的生理盐水的浓度,就是与血浆的浓度相等。

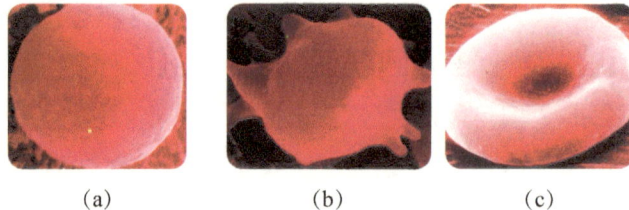

(a)　　　　　　　(b)　　　　　　　(c)

图3-19　水分进出红细胞的情况示意图,吸水膨胀红细胞(a),
失水皱缩细胞(b),正常红细胞(c)

植物细胞的结构与动物细胞有明显区别(图3-20),那么,植物细胞吸水和失水的情况是怎样的呢?成熟的植物细胞由于中央液泡占据了细胞的大部分空间,将细胞质挤成一薄层,所以细胞内的液体环境主要指的是液泡里面的细胞液。细胞膜和液泡膜以及两层膜之间的细胞质称为原生质层。植物细胞的原生质层相当于一层半透膜。当细胞液的浓度小于外界溶液的浓度时,细胞液中的水分子就透过原生质层进入外界溶液中,使细胞壁和原生质层都出现一定程度的收缩。由于原生质层比细胞壁的伸缩性大,当细胞不断失水时,原生质层就会与细胞壁逐渐分离开来,也就是逐渐发生了质壁分离(图3-21)。而当细胞液的浓度大于外界溶液的浓度时,外界溶液中的水分子就透过原生质层进入细

图3-20　成熟植物
细胞模式图

液中，整个原生质层就会慢慢地恢复成原来的状态，使细胞逐渐发生质壁分离复原。水分子通过细胞膜的过程是一种自由扩散过程。当膜两侧溶液浓度不相等时，水分子就要从低浓度一侧穿过细胞膜到达高浓度一侧。

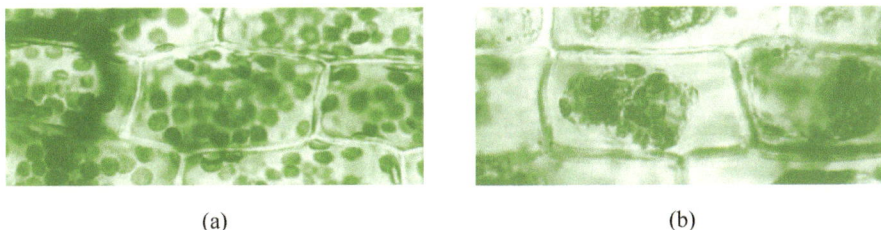

(a)   (b)

图 3-21　植物细胞的质壁分离，正常植物细胞(a)，已明显发生
质壁分离的植物细胞(b)

除了自由扩散外(图 3-22a)，被动运输的另一种形式是协助扩散(facilitated diffusion)(图 3-22b)，它是指在细胞膜上跨膜蛋白的协助下，离子和一些较大的分子，如葡萄糖、氨基酸等，顺浓度梯度不消耗能量进入膜内。在协助扩散过程中，膜蛋白起着通道作用或载体作用。

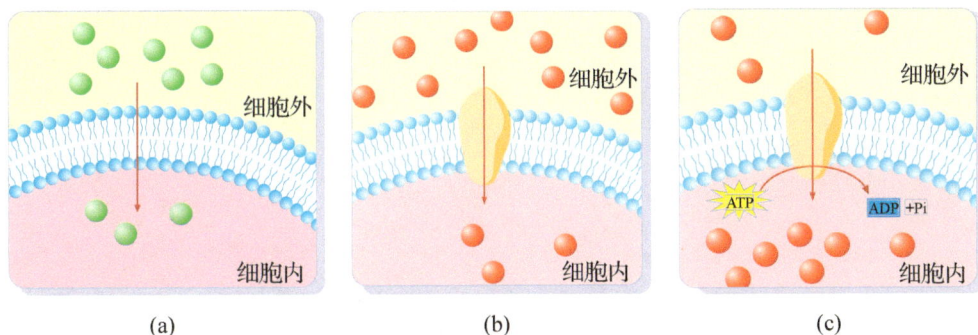

(a)   (b)   (c)

图 3-22　物质跨膜方式示意图，自由扩散(a)，协助扩散(b)，主动运输(c)

2. 主动运输

与被动运输相反，主动运输是逆浓度梯度的运输方式，主动运输都需要载体的参与。在细胞膜的两侧，物质从低浓度一侧向高浓度一侧运输需要消耗一定的化学能量，这种化学能量储存在三磷酸腺苷(ATP)中，也就是说，主动运输需要消耗ATP(图 3-22c)。

主动运输最重要的作用是保持细胞内部一些带电离子的浓度与周围环境相比有较大的差别。例如，水生植物丽藻的细胞液中 K^+ 浓度比其生活的池水中 K^+ 浓度高 1 065 倍，其他多种离子的浓度也比池水中的浓度高得多。又如，轮藻细胞中 K^+ 浓度比周围水环境中 K^+ 浓度高 63 倍。再如，人红细胞中 K^+ 浓度比血浆中 K^+

浓度高 30 倍，Na^+ 的浓度却只有血浆中 Na^+ 浓度的 1/6。主动运输普遍存在于动、植物和微生物细胞中，保证了活细胞能够按照生命活动的需要，主动选择所需要的营养物质，排除代谢废物和对细胞有害的物质。

某些生物大分子，如多糖、蛋白质等，载体蛋白对这样的大分子无能为力，它们的运输与上述的被动运输或主动运输完全不同。生物大分子或颗粒物质的跨膜运输主要靠胞吞（endocytosis）（图 3-23）和胞吐（exocytosis）（图 3-24）两种形式来完成。当细胞摄取生物大分子时，首先是生物大分子附着在细胞膜表面，这部分细胞膜内陷形成小囊，包围着生物大分子。然后小囊从细胞膜上分离下来，形成囊泡，进入细胞内部，这种现象叫作胞吞，如人体的白细胞对入侵细菌的吞噬。细胞需要外排的生物大分子，先在细胞内形成囊泡，囊泡移动到细胞膜处，与细胞膜结合，将生物大分子排出细胞，这种现象叫作胞吐。由于胞吞和胞吐作用涉及细胞膜的融合与断裂，需要能量，因此本质上也属于主动运输过程。

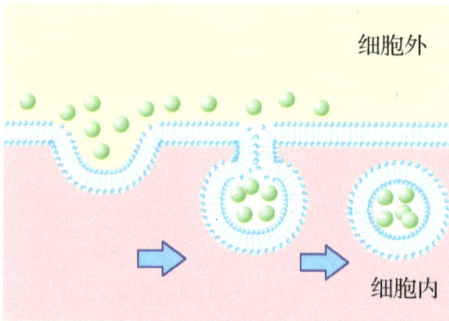
图 3-23　胞吞

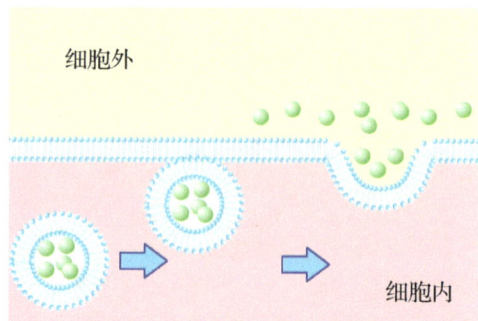
图 3-24　胞吐

细胞膜像海关一样对进出细胞的物质进行严格地"检查"。细胞需要的营养物质可以从外界进入细胞；细胞不需要的或者对细胞有害的物质不容易进入细胞。抗体、激素类物质在细胞内合成后，分泌到细胞外，细胞产生的废物也要排到细胞外，但是细胞内的核酸等重要成分却不会流失到细胞外。当然，细胞膜的控制作用是相对的，环境中对细胞有害的物质也可能进入，有些病毒、病菌也能侵入细胞，使生物体患病。因此，控制物质进出细胞成为细胞膜的重要功能。此外，在多细胞生物体中，细胞之间并不是孤立存在的，细胞之间必须保持功能的协调，才能保证生物体健康生存。这种协调性的实现有赖于细胞膜的另一重要功能，进行细胞间的信息交流。

一、选择题

1. 生物膜的结构特点是（　　　）。

A. 构成生物膜的磷脂分子可以运动

B. 构成生物膜的蛋白质分子可以运动

C. 构成生物膜的磷脂分子和蛋白质分子是静止的

D. 构成生物膜的磷脂分子和大多数蛋白质分子可以运动

2. 下列属于渗透作用的是（　　　）。

A. 水分子通过细胞壁　　　　　　B. 葡萄糖分子通过细胞膜

C. K^+ 通过原生质层　　　　　　D. 水分子通过原生质层

3. 发生质壁分离复原的植物细胞中，水经过的细胞结构依次是（　　　）。

A. 细胞膜、液泡膜、细胞质、细胞壁

B. 细胞壁、细胞膜、细胞质、液泡膜

C. 液泡膜、细胞质、细胞膜、细胞壁

D. 细胞壁、细胞膜、液泡膜、细胞质

4. 下列说法中错误的是（　　　）。

A. 果脯在腌制中慢慢变甜，是细胞主动吸收糖分的结果

B. 水分子进出细胞是通过自由扩散

C. 葡萄糖进入红细胞需要载体蛋白的帮助，但不消耗能量，属于协助扩散

D. 大肠杆菌吸收 K^+ 属于主动运输，既消耗能量，又需要细胞膜上的载体蛋白

5. 下列关于跨膜运输的叙述，正确的是（　　　）。

A. 相对分子质量小的物质或离子都可以通过自由扩散进入细胞内

B. 大分子有机物要通过载体蛋白的转运才能进入细胞，并且要消耗能量

C. 协助扩散和自由扩散都是顺浓度梯度进行的，既不需要消耗能量，也不需要细胞膜上的载体蛋白

D. 主动运输发生在细胞逆浓度梯度吸收物质时，既要消耗细胞的能量，也需要依靠细胞膜上的载体蛋白

6. 海带细胞能从海水中大量地吸收碘，同时消耗能量，这种现象属于（　　　）。

A. 主动运输　　　B. 自由扩散　　　C. 物质交换　　　D. 细胞膜的流动

7. 有机颗粒进入变形虫内所依赖的生理过程及其结构基础是（　　　）。

A. 主动运输、载体蛋白

B. 协助扩散、载体蛋白

C. 自由扩散、细胞膜的选择透过性

D. 胞吞、细胞膜的流动性

二、分析简答题

1. 小肠绒毛上皮细胞能够从消化了的食物中吸收葡萄糖，却很难吸收相对分子质量比葡萄糖小的木糖，这个事实说明细胞膜具有什么特性？这与细胞的生活有什么关系？

2. 物质跨膜运输的方式有多种，据图回答下列问题。

(1)该图是＿＿＿＿＿＿＿＿的示意图。

(2)这种方式的特点是＿＿＿＿＿＿、＿＿＿＿＿＿、＿＿＿＿＿＿。

3. 分析生物膜模型建立和完善的过程，你受到哪些启发？

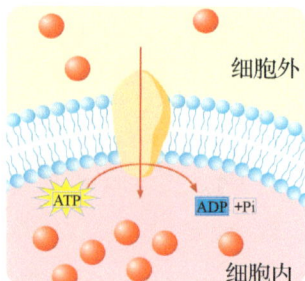

▶第四节　细胞增殖

一、细胞分裂的作用

细胞增殖是重要的生命活动，是生物体生长、发育、繁殖、遗传的基础，细胞以分裂的方式进行增殖。一些单细胞生物，如草履虫和变形虫，一次分裂可形成两个新生个体。多细胞生物，包括动物和植物，也是由一个细胞——受精卵或合子经过多次分裂和分化形成的。细菌、草履虫、变形虫的分裂生殖是这些生物无性生殖的主要方式。无性生殖不涉及性别，没有配子(gamete)参与，也没有受精过程。有性生殖是有配子参与和有受精过程的繁殖方式，其产生生殖细胞或配子的过程要比细胞的分裂生殖更复杂。

细胞分裂可以导致多细胞生物组织的分化和生长发育。一个多细胞生物即使已经完成了组织的分化和生长发育，即在它完全长大以后，仍然需要细胞分裂的过程。这种分裂生成的新细胞可用于替代不断衰老或死亡的细胞，维持细胞的新陈代谢，或者用于生物组织损伤的修复。例如，骨髓细胞可以不断再生出新的血细胞。

细胞分裂并非只是母细胞简单地一分为二，而是一个比较复杂的过程。它首先涉及细胞内遗传物质——DNA的复制。DNA要完成复制，再均等地分为两份。在原核生物中，这种DNA的复制和分离相对比较简单。而真核细胞的细胞核中，DNA的复制和分离相对要复杂得多。真核细胞的分裂涉及染色体复制、有丝分裂(mitosis)、减数分裂(meiosis)等复杂过程。

细胞不能无限长大

　　多细胞生物体体积的增大，即生物体的生长，既靠细胞生长增大细胞的体积，更靠细胞分裂增加细胞的数量。为什么大多数细胞都非常小呢？考察这些细胞为了生存必须做些什么，就不难回答这一问题。一个活细胞，必须通过其细胞膜从外部不断获得能量和物质，细胞从外部获得的各种物质通过细胞内的代谢反应，转化成其他的形式，同时产生的副产品必须再通过细胞膜排出到细胞外，在多细胞生物体中，一些细胞代谢产物还需要输送给其他的细胞。细胞的体积越小，其表面积与体积比相对就越大，越有利于代谢产物进出细胞，加速细胞代谢反应的进行，促进物质在细胞间或细胞内、外的传递或运输。因此，就相同体积来说，较小的细胞和相对较多的细胞数具有相对较大的表面积，有利于接受外界信息以及与外界进行物质交换。另外，细胞核是细胞的控制中心，如果细胞太大，细胞核进行控制就会"压力"过大，这是另一个限制细胞长大的因素。

二、染色体的结构

　　细胞核内细长的双链 DNA、蛋白质及少量 RNA 结合形成的复合物称为染色质，它是一种容易被碱性染料着色的遗传物质。在细胞分裂时期，松散存在的染色质经过紧密盘绕、折叠，形成凝缩的染色体（图 3-25）。染色体是真核细胞分裂时期，在显微镜下可见的具有固定形态的遗传物质存在形式。例如，人的体细胞中有 23 对（46 条，2n＝46）染色体，女性有 22 对常染色体和一对 XX 性染色体，男性有 22 对同样的常染色体和一对 XY 性染色体。决定生物性状的基因都位于染色体上。

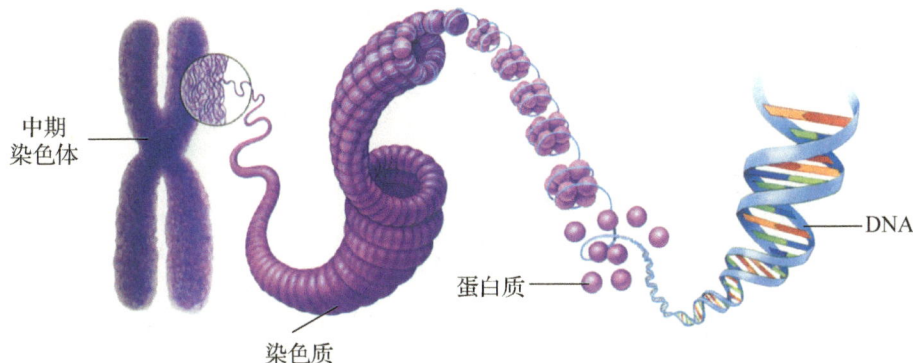

中期
染色体

DNA

蛋白质

染色质

图 3-25　真核细胞染色体组成

从 DNA 到染色体，经过盘绕、折叠，其长度缩短了近万倍。例如，人的每条染色体 DNA 分子的平均长度约为 5 cm，而染色体平均长度则仅为几微米。由于姐妹染色单体（sister chromatid）通过着丝粒（centromere）相连，着丝粒就将染色体分为两个臂（图 3-26）。在染色体的末端部分还有被称为端粒（telomere）的结构，端粒中包含着端粒酶。研究表明，细胞每分裂一次，端粒 DNA 就会缩短一截。因此，端粒和端粒酶与细胞的衰老密切相关。

短臂

长臂

图 3-26　染色体

三、细胞周期与有丝分裂

新形成的细胞具有从小长大的生长过程，当细胞体积增大到一定程度，就会停止生长或者开始分裂。有些细胞，如神经细胞、肌细胞和一些血细胞，一旦细胞成熟后就不再分裂。对于有分裂能力的细胞，从一次分裂结束到下一次分裂结束所经历的一个完整过程称为一个细胞周期（cell cycle）（图 3-27）。一个细胞周期包括两个阶段：分裂间期和分裂期。

子细胞

末期

后期

中期

前期

分裂期

分裂间期

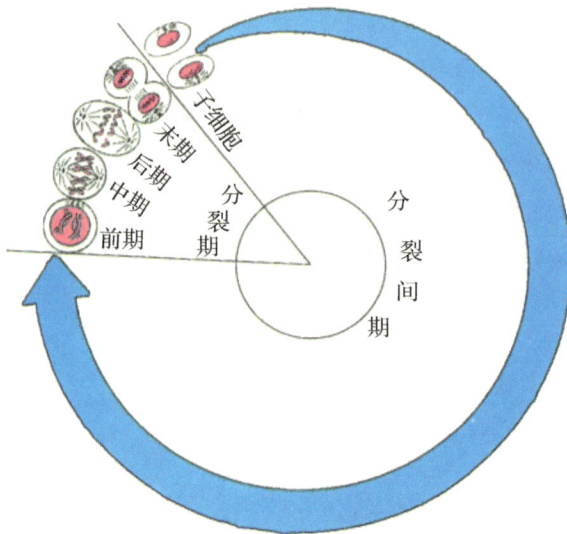

图 3-27　有丝分裂细胞周期

从细胞一次分裂结束之后到下一次分裂之前，是分裂间期（interphase）。细胞周期的大部分时间处于分裂间期，占细胞周期的 90%～95%。分裂间期为分裂期进行活跃的物质准备，完成 DNA 的复制及有关蛋白质的合成，同时细胞有适度的生长。分裂间期结束后，就进入分裂期（mitotic phase）。分裂期是一个连续的过程，人们为了研究方便，把分裂期分为四个时期：前期、中期、后期、末期。下面以高等植物细胞为例，了解有丝分裂分裂期的过程（图 3-28，图 3-29）。

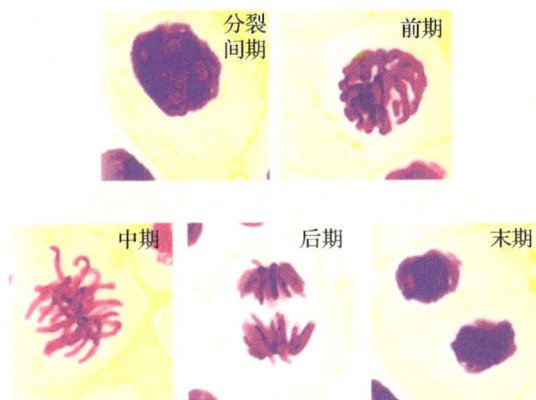

图 3-28　植物细胞有丝分裂显微照片

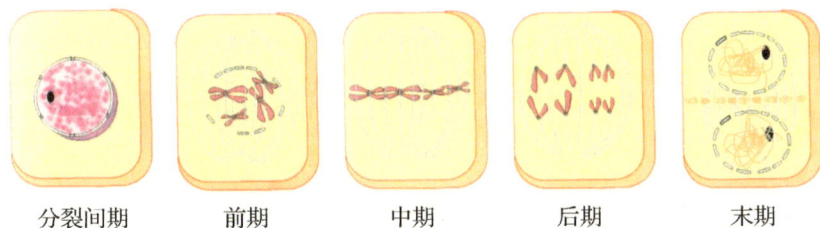

图 3-29　植物细胞有丝分裂模式图

前期：分裂间期的染色质丝螺旋缠绕，缩短变粗，成为染色体。每条染色体包括两条并列的姐妹染色单体，这两条染色单体由一个共同的着丝点连接。核仁逐渐解体，核膜逐渐消失。从细胞的两极发出纺锤丝，形成一个梭形的纺锤体。染色体散乱地分布在纺锤体的中央。

中期：每条染色体的着丝点的两侧，都有纺锤丝附着在上面，纺锤丝牵引着染色体运动，使每条染色体的着丝点排列在细胞中央的一个平面上。这个平面与纺锤体的中轴相垂直，类似于地球上赤道的位置，称为赤道板。中期染色体的形态比较稳定，数目比较清晰，便于观察。

后期：每个着丝点分裂成两个，姐妹染色单体分开，成为两条子染色体，由纺锤丝牵引着分别向细胞的两极移动。这时细胞核中染色体就平均分配到了细胞的两极，使细胞的两极各有一套染色体。这两套染色体的形态和数目完全相同，每一套染色体与分裂前亲代细胞中染色体的形态和数目也相同。

末期：当这两套染色体分别到达细胞的两极以后，每一条染色体逐渐变成细长而盘曲的染色质丝。同时，纺锤丝逐渐消失，出现了新的核膜和核仁。核膜把染色体包围起来，形成两个新的细胞核。这时候，在赤道板的位置出现一个细胞板，细胞板由细胞的中央向四周扩展，逐渐形成了新的细胞壁。最后，一个细胞就分裂成两个子细胞。大多数子细胞进入下一个细胞周期的分裂间期状态。

动物细胞有丝分裂的过程（图 3-30），与植物细胞基本相同，不同点在于：第一，动物细胞有一对中心粒构成的中心体，中心体在分裂间期倍增，成为两组，进入分裂期后，两组中心粒分别移向细胞两极，中心粒的周围发出无数条放射状的星射线，两组中心粒之间的星射线形成纺锤体；第二，动物细胞分裂末期不形成细胞板，而是细胞膜从细胞中部向内凹陷，最后把细胞缢裂成两部分，每部分都含有一个细胞核。这样，一个细胞分裂成了两个子细胞。

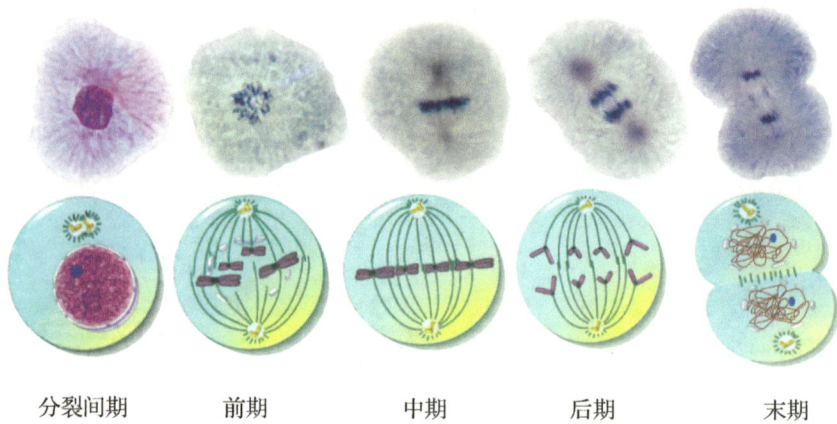

| 分裂间期 | 前期 | 中期 | 后期 | 末期 |

图 3-30　动物细胞有丝分裂显微照片及模式图

有丝分裂的特点是，在分裂间期每条染色体复制成两条相同的姐妹染色单体，在分裂时有规律地分配到两个子细胞核中。因此，由一个亲代细胞产生的两个子细胞各具有与亲代细胞在数目和形态上完全相同的染色体，子细胞与亲代细胞携带的遗传信息也相同。

实验三　观察根尖分生组织细胞的有丝分裂

实验原理

在高等植物体内，有丝分裂常见于根尖、芽尖等分生区细胞。由于各个细胞的分裂是独立进行的，因此，在同一分生组织中可以看到处于不同分裂时期的细胞。通过在高倍显微镜下观察各个时期细胞内染色体（或染色质）的存在状态，就可以判断这些细胞各处于有丝分裂的哪个时期，进而认识有丝分裂的完整过程。

目的要求

1. 制作洋葱根尖细胞有丝分裂临时装片。

2. 观察植物细胞有丝分裂的过程，识别有丝分裂的不同时期。

3. 绘制植物细胞有丝分裂简图。

材料用具

1. 实验材料：洋葱（可用葱、蒜代替），洋葱根尖细胞有丝分裂固定装片。

2. 器具：显微镜，载玻片，盖玻片，玻璃皿，剪刀，镊子，滴管。

3. 试剂：质量分数为 15% 的盐酸，体积分数为 95% 的酒精，质量浓度为 0.01 g/mL 或 0.02 g/mL 的龙胆紫溶液①或醋酸洋红染液。

方法步骤

一、洋葱根尖的培养

实验课前 3～4 天，取一个洋葱放在装满清水的广口瓶上，让洋葱的底部接触到清水，置于温暖的地方培养。待根长约 5 cm 时，取生长健壮的根尖用于制作临时装片。

二、临时装片的制作

制作流程为：解离→漂洗→染色→制片。（表 3-2）

表 3-2　临时装片的制作

过程	方法	时间	目的
解离	上午 10 时至下午 2 时（此时洋葱根尖分生组织细胞处于分裂期的较多，这会因洋葱品种、室温等的差异而不同），剪取洋葱根尖 2～3 mm，立即放入盛有盐酸和酒精混合液（1：1）的玻璃皿中，在室温下解离	3～5 min	用药液使组织中的细胞相互分离开来
漂洗	待根尖酥软后，用镊子取出，放入盛有清水的玻璃皿中漂洗	约 10 min	洗去药液，防止解离过度
染色	把根尖放入盛有质量浓度为 0.01 g/mL 或 0.02 g/mL 的龙胆紫溶液（或醋酸洋红染液）的玻璃皿中染色	3～5 min	龙胆紫溶液或醋酸洋红染液能使染色体着色
制片	用镊子将这段根尖取出来，放在载玻片上，加一滴清水，并用镊子把根尖弄碎，盖上盖玻片。在盖玻片上再加一片载玻片，然后用拇指轻轻地按压载玻片		使细胞分散开来，有利于观察

---

① 使用时可配合添加适量质量分数为 2% 的醋酸溶液，以达到良好的染色效果。

三、洋葱根尖细胞有丝分裂的观察

1. 把制成的临时装片先放在低倍镜下观察(图 3-31),扫视整个装片,找到分生区细胞(细胞呈正方形,排列紧密)。再换成高倍镜仔细观察,首先找出分裂中期的细胞,然后再找前期、后期、末期的细胞,注意观察各时期细胞内染色体形态和分布的特点,最后观察分裂间期的细胞。在一个视野里,往往不容易找全有丝分裂中各个时期的细胞。如果是这样,可以慢慢地移动装片,从邻近的分生区细胞中寻找。

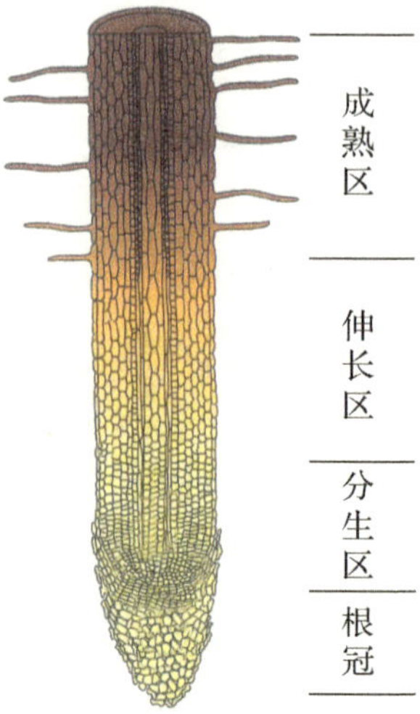

2. 如果自制临时装片观察效果不太理想,可以观察洋葱根尖细胞有丝分裂固定装片。

3. 调节显微镜的放大倍数,保证能够在视野里同时看到约 50 个细胞。仔细统计视野中处于各时期的细胞数,记

图 3-31　洋葱根尖的结构

录在记录表"样本 1"中;把视野移动到分生区一个新的区域再统计,记录在记录表"样本 2"中(表 3-3)。对数据进行整理,填入表中。

表 3-3　记录表

细胞周期		样本 1	样本 2	总数	每一时期的细胞数/计数细胞的总数
分裂间期					
分裂期	前期				
	中期				
	后期				
	末期				
计 数 细 胞 总 数					

四、绘图

绘出植物细胞有丝分裂中期简图。

结论

根据观察结果,用自己的语言描述植物细胞有丝分裂各个时期的特点。

讨论

1. 在观察结果中,处于哪一时期的细胞最多?为什么?

2. 你的实验成功吗?谈谈自己的体会。

练 习

一、填空、选择题

1. 细胞有丝分裂中：开始出现染色体的时期是_____；染色体开始转变成染色质形态的时期是_____；DNA 数目加倍的时期是_____；染色体数目加倍的时期是_____；姐妹染色单体形成的时期是_____；核膜、核仁消失的时期是_____；纺锤体消失的时期是_____。

2. 有丝分裂过程中，着丝点分裂发生在（　　）。

　　A. 前期　　　　　B. 中期　　　　　C. 后期　　　　　D. 间期

3. 分裂间期细胞内发生了复杂变化，其中染色体复制的结果是（　　）。

　　A. DNA 含量增加了一倍，染色体数不变

　　B. DNA 含量和染色体数都增加了一倍

　　C. DNA 含量不变，染色体数增加了一倍

　　D. DNA 含量和染色体数不变，蛋白质增加

4. 做洋葱根尖分生组织细胞有丝分裂实验时，在显微镜下观察到最多的是（　　）的细胞。

　　A. 分裂间期　　　B. 前期　　　　　C. 中期　　　　　D. 后期和末期

5. 果蝇体细胞内有 4 对共 8 条染色体，在有丝分裂的前期和中期，其染色体和 DNA 分子的数目是（　　）。

　　A. 8、8　　　　　　　　　　　B. 8、16

　　C. 16、16　　　　　　　　　　D. 16、32

6. 一条复制过的染色体，其着丝点数、染色单体数和 DNA 数依次为（　　）。

　　A. 2、2、4　　　　　　　　　　B. 2、2、2

　　C. 1、4、4　　　　　　　　　　D. 1、2、2

二、分析简答题

1. 该图是细胞有丝分裂某个时期的示意图，据图回答下列问题。

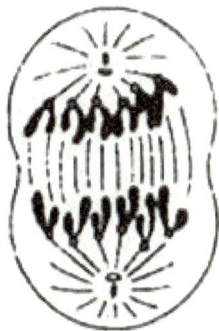

(1) 该细胞是动物细胞还是植物细胞？_____。

(2) 该细胞所处的细胞分裂期是_____。

(3) 细胞有丝分裂的结果是形成_____个子细胞，每个子细胞中的染色体数目与原来的细胞相比_____。

2. 该图是某细胞的有丝分裂示意图，据图回答下列问题。

(1) 该细胞处于有丝分裂的_____期。

(2) 细胞内有染色体_____条，染色单体_____条。

(3) 分裂后形成的子细胞中有_____条染色体。

(4) ①和⑤两条染色体是同一条染色体经过_____和_____而形成的。

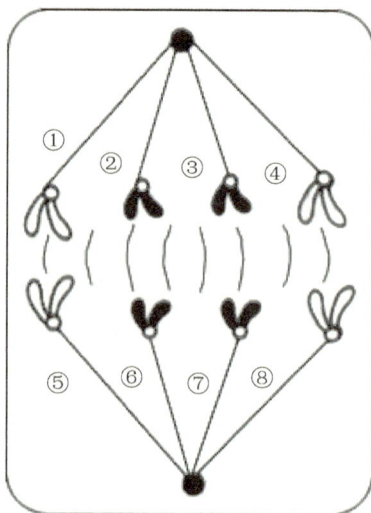

第五节 细胞的分化、衰老和癌变

近年来，关于细胞的分化、癌变和衰老的研究，已经成为细胞生物学的重要课题。这是因为细胞的分化与生物发育有密切关系，细胞的衰老和癌变与人类及其他动、植物的寿命有关。

一、细胞的分化

多细胞生物从小到大，不仅有细胞数量的增加，还有细胞在结构和功能上的分化。即使在成熟的个体中，仍有一些细胞具有产生不同种类的新细胞的能力。

1. 细胞分化及其意义

在胚胎发育的早期，各个细胞彼此相似。通过细胞的有丝分裂，细胞的数量越来越多。与此同时，这些细胞又逐渐向不同的方向变化。例如，在动物胚胎发育过程中，红细胞和心肌细胞都来自一群相似的胚胎细胞。后来，有的细胞发育为红细胞，合成运输氧的血红蛋白；有的发育为心肌细胞，合成行使运动功能的蛋白。又如，在同一个植物体中，不同的细胞结构和功能都有较大的差异，但是，这些细胞都来自一群相似的早期胚胎细胞。这些形态、结构、功能各异的细胞，进一步形成各种组织和器官。

在个体发育中，由一个或一种细胞增殖产生的后代，在形态、结构和生理功能上发生稳定性差异的过程，叫作细胞分化(cell differentiation)。细胞分化是一种持久性的变化，一般来说，分化了的细胞一直保持分化后的状态，直到死亡。

细胞分化是生物界中普遍存在的生命现象，是生物个体发育的基础。多细胞生物体在生长发育过程中，如果仅仅有细胞的增殖，而没有细胞的分化(图 3-32)，就不可能形成具有特定形态、结构和功能的组织和器官，生物体也就不可能正常发育。细胞分化使多细胞生物体中的细胞趋向专门化，有利于提高各种生理功能的效率。

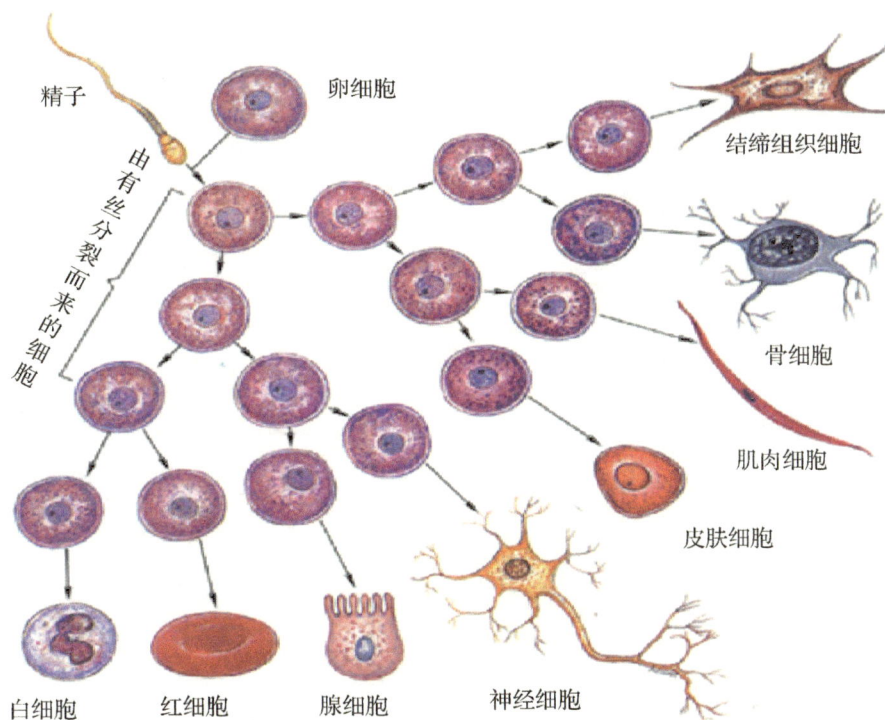

图 3-32　细胞分化

　　既然一个个体的各种细胞具有完全相同的遗传信息，那么分化产生的差异该如何解释呢？原来，在个体发育过程中，不同的细胞中遗传信息的执行情况是不同的。例如，虽然红细胞和心肌细胞都来自一群相似的胚胎细胞，但是在红细胞中，与血红蛋白合成有关的基因处于活动状态，与肌动蛋白合成有关的基因处于关闭状态，在心肌细胞中则相反。细胞分化的实质是基因的选择性表达。

2. 细胞的全能性

　　"无心插柳柳成荫""落地生根"等一些植物的繁殖现象给人们以启示，似乎高度分化的植物细胞仍具有再分化成其他细胞的能力。1958 年，美国科学家斯图尔德（F. C. Steward）取胡萝卜根韧皮部一小块组织，放入含有植物激素、无机盐和糖类等物质的培养液中培养，结果这些细胞旺盛地分裂和生长，形成一个细胞团块，继而分化出根、茎和叶，移栽到花盆中后，竟长成了一株新的植株（图 3-33）。

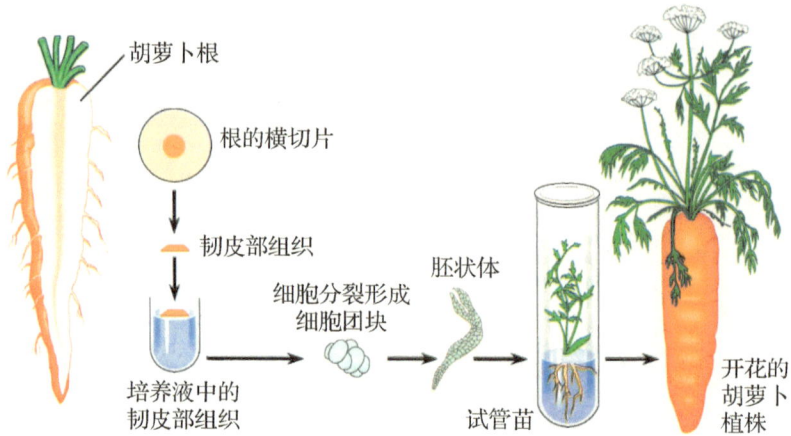

图 3-33　胡萝卜经组织培养产生完整植株示意图

　　这个实验表明，高度分化的植物细胞仍具有发育成完整植株的能力，这就是细胞的全能性。细胞的全能性（totipotency）是指已经分化的细胞，仍然具有发育成完整个体的潜能。现在人们可以利用植物细胞的全能性，通过植物组织培养（图 3-34）的方法，快速繁殖花卉和蔬菜等，拯救珍稀濒危物种，还可以和基因工程结合培育作物新类型。

图 3-34　植物组织培养车间

　　与植物组织培养相比，在动物中做类似的实验要复杂和困难得多。科学家曾用非洲爪蟾的蝌蚪做实验，将其肠上皮细胞的核移植到去核的卵细胞中，结果这个移植细胞又分化发育成了新的个体（图 3-35）。广为人知的克隆羊多莉，是将乳腺细胞核移植到去核的卵细胞中培育成的。这些都说明已分化的动物体细胞的细胞核是具有全能性的。但是，到目前为止，人们还没有成功地将单个已分化的动物体细胞培育成新的个体。

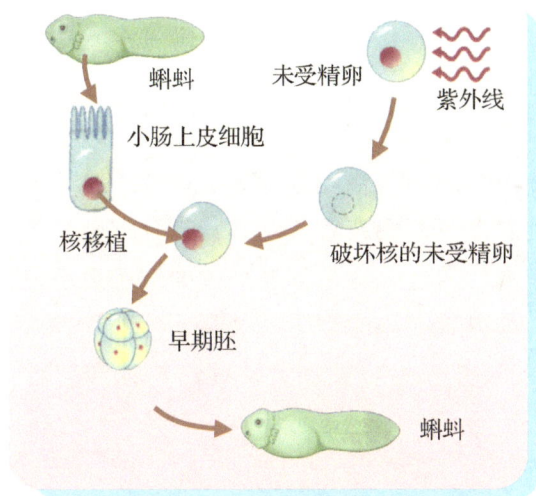

图 3-35　细胞核移植实验

　　动物和人体内有没有具有分裂和分化能力的细胞呢？正如植物体内分生组织的细胞具有分化能力一样，动物和人体内仍保留着少数具有分裂和分化能力的细胞，这些细胞叫作干细胞（stem cell）。例如，人的骨髓中有许多造血干细胞，它们能够增殖和分化，不断产生红细胞、白细胞和血小板补充到血液中去。

　　我国白血病年发病率为 4/100 000，每年新增白血病病例 4 万个左右，占 35 岁以下青少年和儿童恶性肿瘤死亡的首位。每年因各类疾病需要造血干细胞移植救治的患者超过 400 万。骨髓移植（造血干细胞移植）的先决条件是为患者寻找 HLA（人类白细胞组织相容性抗原）配型完全一致的供者。我国现在 20 岁以下的人大部分是独生子女，没有兄弟姐妹，这意味着今后很难在亲属中找到配型相合的供者，非血缘关系的移植就成为患者的唯一生路。由于非血缘关系的造血干细胞移植相合率低，这就需要建立一个大容量的造血干细胞捐献者资料库。

　　以前，骨髓移植是从人体骨髓血中提取造血干细胞用于移植治疗。目前，很多国家采用从人体外周静脉血中提取造血干细胞这一新的方法。从人体外周静脉血中提取造血干细胞不仅方便，而且供者无痛苦，易于接受。捐献骨髓于己无害，对人有利。

二、细胞的衰老和凋亡

生长和衰老、出生和死亡，都是生物界的正常现象，生物的个体如此，作为基本生命系统的细胞也是如此。

1. 个体衰老与细胞衰老的关系

对多细胞生物体来说，细胞的衰老和死亡与个体的衰老和死亡并不是一回事。多细胞生物体内的细胞总在不断更新着，总有一部分细胞处于衰老或走向死亡的状态。从总体上看，个体衰老的过程也是组成个体的细胞普遍衰老的过程。例如，老年人骨折后愈合很慢，与成骨细胞的衰老有关系。体外培养人的某种细胞，一般分裂至 50 次左右，细胞就逐渐失去生长能力，逐渐解体和死亡。这说明细胞会随着分裂次数的增多而衰老。

2. 细胞衰老的特征

人体细胞每天的更新率为 1‰～2‰。也就是说，每 100 个细胞当中，每天有 1～2 个细胞更新。其中，肝细胞的寿命为 18 个月，皮肤细胞的寿命为十多天，消化道内壁细胞的寿命只有几十小时。细胞衰老的过程是细胞的生理状态和化学反应发生复杂变化的过程，最终表现为细胞的形态、结构和功能发生变化。衰老的细胞主要具有以下特征。

第一，细胞内的水分减少，结果使细胞萎缩，体积变小，细胞新陈代谢速率减慢。

第二，细胞内多种酶的活性降低。例如，由于头发基部的黑色素细胞衰老，细胞中的酪氨酸酶活性降低，黑色素合成减少，头发变白。

第三，细胞内的色素会随着细胞衰老而逐渐积累，它们会妨碍细胞内物质的交流和传递，影响细胞正常的生理功能。

第四，细胞呼吸速率减慢，细胞核体积增大，核膜内折，染色质收缩、染色加深。

第五，细胞膜通透性改变，物质运输功能降低。

细胞衰老的原因

20 世纪 90 年代以来，关于细胞衰老机制的研究取得了重大进展。科学家提出了许多假说，目前为大家普遍接受的是自由基学说和端粒学说。

一、自由基学说

通常将异常活泼的带电分子或基团称为自由基。自由基含有未配对电子，表现出高度的反应活泼性。在生命活动中，细胞不断进行各种氧化反应，在这些反应中很容易产生自由基。此外，辐射以及有害物质入侵也会刺激细胞产生自由基。例如，水在电离辐射下便会产生自由基。

自由基产生后，就会攻击和破坏细胞内各种执行正常功能的生物分子。最为严重的是，当自由基攻击生物膜的组成成分磷脂分子时，产物同样是自由基。这些新产生的自由基又会继续攻击其他分子，由此引发雪崩式的反应，对生物膜的损伤较大。此外，自由基还会攻击 DNA，可能引起基因突变；攻击蛋白质，使蛋白质活性下降，致使细胞衰老。

二、端粒学说

每条染色体的两端都有一段特殊序列的 DNA，称为端粒（图 3-36、图 3-37）。端粒 DNA 序列在每次细胞分裂后就会缩短一截。随着细胞分裂次数的增加，截短的部分会逐渐向内延伸。在端粒 DNA 序列被截短后，端粒内侧正常基因的 DNA 序列就会受到损伤，结果使细胞活动渐趋异常。

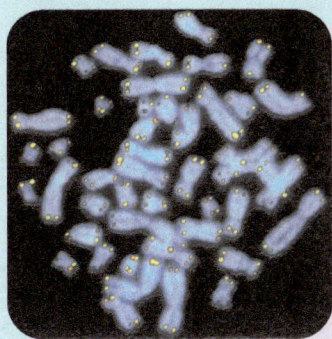

图中染色体为蓝色，黄色荧光显示
染色体两端的端粒

图 3-36　端粒

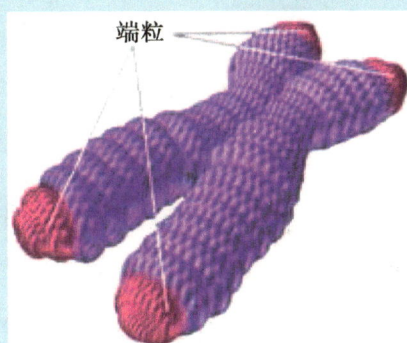

图 3-37　端粒示意图

3. 细胞的凋亡

英语中"apoptosis"（细胞凋亡）一词，源于古希腊语，意思是花瓣或树叶的脱落、凋零。选用这一名词，是强调细胞凋亡是一种自然的生理过程。

人在胚胎时期，要经历有尾的阶段，后来尾部细胞自动死亡，尾才消失。蝌蚪尾的消失，也是通过细胞自动死亡实现的。在胎儿手的发育过程中，五个手指最初是愈合在一起的，像一把铲子，后来随着指间的细胞自动死亡，才发育为成形的手指。像这样，由基因决定的细胞自动结束生命的过程，叫作细胞凋亡。由于细胞凋亡受到严格的由遗传机制决定的程序性调控，所以也常常被称为细胞编程性死亡

(programmed cell death)。

在多细胞生物的生命活动中，细胞凋亡是一种常见的死亡过程。人的红细胞通常工作大约 120 天，就自然死亡；胃肠道上皮细胞经常脱落和更新也是细胞凋亡；神经细胞发育中，最初产生较多的神经元，待肌肉细胞发育相对稳定后，约有一半神经元相继凋亡，以利于肌肉—神经间形成正确匹配。总之，细胞凋亡是生物体清除多余无用细胞，清除发育不正常或有害细胞，清除完成正常使命的衰老细胞，以维持整体的正常发育和健康生长所不可或缺的正常生理机能。细胞坏死与细胞凋亡不同，细胞坏死是在种种不利因素影响下，由于细胞正常代谢活动受损或中断引起的细胞损伤和死亡。在细胞坏死时，细胞膜发生渗漏，细胞内容物，包括膨大和破碎的细胞器以及染色质片段，释放到胞外，导致炎症反应。细胞凋亡过程中，细胞膜反折，包裹断裂的染色质片段或细胞器，然后逐渐分离，形成众多的凋亡小体（apoptotic bodies），凋亡小体后被邻近的细胞吞噬。整个过程中，细胞膜的整合性保持良好，死亡细胞的内容物不会逸散到胞外环境中去，因而不引发炎症反应。

三、细胞的癌变

细胞是有一定寿命的。正常生物体内的细胞，有的在生长、分裂或分化，有的在凋亡，有的虽然不再分裂和分化，但是执行着重要的生理功能（如心肌细胞和神经细胞）。这一切都在生物体的精确控制之中。但是，有的细胞受到致癌因子的作用，细胞中的遗传物质发生变化，变成不受生物体控制的、连续进行分裂的恶性增殖细胞，这种细胞就是癌细胞（cancer cell）。"cancer"一词来源于拉丁语，原意是"蟹"，以此来形容癌在扩散时，像蟹一样"横行霸道"，侵袭周围的健康组织。

1. 癌细胞的主要特征

癌症（cancer）已成为威胁人类健康和生命的一种常见病。癌症通常也叫恶性肿瘤，是由癌细胞大量增殖引起的。癌细胞与正常细胞相比，有一些独有的特征。首先，在适宜的条件下，癌细胞能够无限增殖。在人的一生中，体细胞一般能够分裂 50～60 次。而癌细胞却不受限制，它们能够迅速地生长、分裂，无限增殖，在体内表现为生成肿瘤，在体外培养中能无限传代下去。其次，癌细胞的形态结构发生了显著变化。例如，体外培养的正常的成纤维细胞呈扁平梭形，当这种细胞转变成癌细胞后会变成球形。最后，癌细胞的表面发生了变化。由于细胞膜上的糖蛋白等物质减少，癌细胞彼此之间的黏着性显著降低，容易在体内分散和转移。

2. 致癌因子

引起细胞癌变的因素称为致癌因子，致癌因子大致分为三类。第一类是物理致癌因子，主要是辐射，如紫外线、X 射线等。例如，居里夫人（Curie，1867—1934）在研究工作中长期被放射线损伤，导致白血病；氟氯碳化合物的排放，使大气平流层中的臭氧层变薄，照到地面的紫外线增加，使全球皮肤癌患者增加。第二类是化学致癌因子。化学致癌因子有数千种之多，包括无机化合物如石棉、砷化物、铬化物、镉化物等，有机化合物如联苯胺、烯环烃、亚硝酸、黄曲霉素等。吸烟是人体摄入化学致癌物的主要途径之一，从香烟的烟雾中可以分析出超过 20 种化学致癌因子。第三类是病毒致癌因子。能引起细胞癌变的病毒，叫作肿瘤病毒或致癌病毒。致癌病毒能够引起细胞发生癌变，主要是因为它们含有病毒癌基因以及致癌有关的核酸序列。它们通过感染人的细胞后，将其基因组整合到人的基因组中，从而诱发人的细胞癌变，如 Rous 肉瘤病毒等。

3. 致癌因子导致细胞癌变的原因

人和动物细胞的染色体上本来就存在着与癌有关的基因：原癌基因和抑癌基因。原癌基因主要负责调节细胞周期，控制细胞生长和分裂的进程；抑癌基因主要阻止细胞不正常增殖。环境中的致癌因子会损伤细胞中的 DNA 分子，使原癌基因和抑癌基因发生突变，导致正常细胞的生长和分裂失控而变成癌细胞。

癌症的发生并不是单一基因突变的结果，至少在一个细胞中发生 5～6 个基因突变，才能赋予癌细胞所有的特征，这是一种累积效应。因此，生活中的致癌因子虽然很多，但是癌症发生的频率并不是很高。

据统计，目前世界上因病死亡的总死亡率中，癌症居第二位，仅次于心血管病。癌症发生的早期往往不表现任何症状，难以及时发现；同时，对于癌症晚期的病人，目前还缺少有效的治疗手段。因此，在个人日常生活中注意远离致癌因子，尽量规避罹患癌症的风险，就显得尤为重要。

人类同癌症的斗争已经有漫长的历史，但是对癌症的诊断和治疗，直到 20 世纪才有重大进展。在诊断方面，已经有病理切片的显微观察、CT（计算机体层摄影）、核磁共振以及癌基因检测等先进手段；在治疗方面，已经有手术切除、化疗和放疗等手段。逐渐缩小对癌症的"包围圈"，不少癌症患者通过治疗而康复。目前，科学家正在细胞和基因水平上对细胞的癌变进行深入研究。

食物、营养与癌症的预防

美国癌症研究所与世界癌症研究基金会邀集了来自 8 个国家的 15 名著名营养学、流行病学和肿瘤学专家组成国际专家小组，对 1982 年以来公开发表的 4 500 多篇文献进行了分析，并撰写了《食物、营养与癌症预防》专题报告。

该专题报告指出，合理膳食、经常运动和保持正常体重会使全世界癌症病例减少30％～40％。膳食对罹患胃癌、结肠癌危险的影响很大，而对罹患其他部位癌症危险的影响甚小。但是，膳食、体力活动和体重似乎对罹患20种不同类型癌症的危险具有明显的影响。

当前，全世界每年约有超过1 000万癌症新病例，预计到2020年，年癌症新病例可增至1 470万个。专家认为，如果能遵循以下建议，就能使全世界的癌症新病例减少30％～40％。

这些建议是：

1. 主要选择植物性食物，如蔬菜、水果、豆类和粗加工淀粉性主食。

2. 应避免体重过低或超重。从青年到中年体重增加应限制在5 kg以内。

3. 如果工作时体力活动较少，每天应从事相当于步行一小时的体力活动，每周至少做一小时较剧烈的运动，这有助于减少罹患某些癌症，尤其是结肠癌的危险。

4. 每天应吃400～800 g蔬菜、水果。

5. 每天应吃600～800 g谷类、豆类、根茎类食物，少吃精制糖。

6. 如果饮酒，男性每天限饮两杯，女性限饮一杯。

7. 如果吃肉，每天红肉的摄取量应低于80 g。

8. 脂肪和油的能量不应超过摄入总能量的30％。

9. 少吃腌制食物，减少烹调用盐。

10. 不吃室温下存放过久的食物，因为这种食物易被霉菌毒素污染。

11. 不吃的食物要冷藏，以免腐败变质。

12. 添加剂、污染物及残留量水平如果控制得当，食物和饮料中的这些物质则不会造成健康危害。

13. 不吃烧焦的食物。少吃在明火上直接烧烤的鱼和肉，少吃熏肉。要用较低的温度烹调鱼和肉。

如果能遵循上述建议，一般无须服用膳食补充剂，后者对减少患癌危险并无帮助。另外，不要吸烟或嚼槟榔。

练 习

一、填空、选择题

1. 在个体发育过程中，由一个或一种细胞增殖产生的后代，在_____、

_____和_____上发生_____的过程，叫作细胞分化。

2. 细胞分化是一种持久性的稳定性变化，这种变化一般是（　　）。

A. 可逆的
B. 不可逆的
C. 循环发生的
D. 随机进行的

3. 在生物的个体发育过程中，之所以由一个受精卵形成复杂的生物体，主要是（　　）过程在起作用。

A. 细胞分裂
B. 细胞生长
C. 细胞成熟
D. 细胞的分裂和分化

4. 细胞分化发生在（　　）。

A. 胚胎发育早期
B. 胚胎发育时期
C. 生物体的整个生命进程中
D. 幼体时期

5. 人胰岛细胞能产生胰岛素，但不能产生血红蛋白，胰岛细胞（　　）。

A. 只有胰岛素基因
B. 比人的受精卵基因要少
C. 既有胰岛素基因，也有血红蛋白基因和其他基因
D. 有胰岛素基因和其他基因，但没有血红蛋白基因

6. 在生物体内，细胞没有表现出全能性而是分化为不同的组织器官，其原因是（　　）。

A. 细胞丧失了全能性
B. 不同细胞中遗传信息的执行情况不同
C. 不同的细胞中遗传信息不完全相同
D. 在个体发育的不同时期，细胞内的遗传物质发生了变化

7. 下列人体细胞中分化程度最低的是（　　）。

A. 胚胎干细胞
B. 造血干细胞
C. 胰腺细胞
D. 肌肉细胞

8. 治疗白血病经常用造血干细胞来产生不同种类的细胞，这是因为造血干细胞是（　　）。

A. 未经分化的细胞
B. 高度分化的细胞
C. 癌细胞
D. 发生了一定程度的分化，产生的新细胞最终完成分化的细胞

9. 以下能证明植物细胞具有全能性的生产实践是（　　　）。

A. 从一粒菜豆种子长成一株植株

B. 用植物激素培育无子果实

C. 用一小片土豆叶片，培养成一株完整的植株

D. 杂交育种

10. 下列哪组是细胞衰老的特征（　　　）。

①细胞无限分裂　②水分减少，体积变小　③畸形改变　④酶活性降低　⑤色素积累　⑥易分散转移　⑦呼吸速率减慢　⑧膜通透性改变

A. ①③⑥　　　　　　　　　　B. ①②⑤⑦

C. ②④⑤⑦⑧　　　　　　　　D. ②③⑥⑧

11. 下列说法不正确的一项是（　　　）。

A. 所有的植物细胞都具有全能性

B. 人和动物细胞的染色体上普遍存在癌基因

C. 细胞的衰老和凋亡是一种正常生命现象

D. 衰老的个体内全是衰老的细胞

二、分析简答题

1. 将分离得到的成熟胡萝卜根的韧皮部细胞进行培养，由单个细胞发育成完整的新植株。据此回答下列问题。

（1）所用的生物技术称为_____。

（2）分离出来的胡萝卜根细胞发育成为细胞团块是通过_____分裂方式来完成的。

（3）细胞团块中相同的细胞在发育成胚状体和植株的过程中，形态、结构和生理功能逐渐向不同方向变化，这种现象称为_____。

（4）该实验说明_____。

（5）在整个过程中，细胞必须从培养液中吸取的物质是_____。

（6）在试管苗形成的过程中，要给予一定的光照，其目的是_____。

2. 2002年诺贝尔生理学或医学奖授予了三位科学家，这三位科学家发现了在器官发育和"程序性细胞死亡"过程中的基因规则，这项工作对人类战胜疾病将发挥重大作用。据此回答下列问题。

（1）细胞凋亡是指_____。由于受到严格的遗传机制的调控，这些细胞死得有规律，似乎是按编好了的"程序"进行的，所以又被称为_____，控制细胞凋亡的遗传物质主要位于_____。

（2）人在胚胎发育初期是有尾的，但在胚胎发育过程中失去尾，这是由于_____。

（3）细胞凋亡的重要意义是_____。

（4）如果该死亡的细胞没有死亡，不该死亡的细胞大批死亡，人就会患病，如癌症、艾滋病等。请你对未来癌症、艾滋病的治疗进行大胆的设想。

3. 世界上许多实验室广泛传代使用的"海拉细胞系"是由黑人妇女海拉的宫颈癌细胞分离建立的。据此回答下列问题。

（1）分离出来的癌细胞在体外培养中能无限传代下去，这说明癌细胞能_____。

（2）这些癌细胞容易在生物体内分散、转移，其原因是_____。

（3）若使这些癌细胞转化为正常细胞，从遗传角度来看，应采取什么措施？

_____

4. 2009 年 8 月，我国某地又查处了一起"毒大米"事件，一批被黄曲霉毒素（AFTB1）等有害物质污染的大米流入市场。黄曲霉毒素能使人类的 P53 特殊基因发生突变，从而使肝脏癌变。据此回答下列问题。

（1）从毒素产生的来源上看，它是一种（　　　）。

A. 细菌霉毒　　　　　　　　　B. 放线菌毒素

C. 真菌毒素　　　　　　　　　D. 微生物毒素

（2）从致癌因子属性上看，它属于（　　　）。

A. 物理致癌因子　　　　　　　B. 化学致癌因子

C. 病毒致癌因子　　　　　　　D. B 与 C

（3）P53 特殊基因是指人和动物细胞的染色体上普遍存在的_____，黄曲霉毒素的致癌作用是使该基因由_____状态转变成_____状态，从而使正常细胞发生癌变。

（4）癌细胞具有的特征是_____

_____。

第四章　生命的能量与代谢

新陈代谢（metabolism）是生物体内进行的全部物质和能量的变化的总称，简称代谢。它是最基本的生命活动过程，是生物与非生物最本质的区别。生活的细胞通过代谢活动，不断从环境中取得能量和各种必需的产物，来维持它们高度复杂有序的结构，并保证它们生长、分裂等活动的正常进行。

▶第一节　细胞的能量通货——ATP

正常情况下，细胞或生物体内每时每刻都在进行着能量的转换，每一个活细胞的生命活动都需要能量来维持。我们知道，糖类是细胞的主要能源物质，脂肪是生物体内储存能量的物质。但是，这些有机物中的能量都不能直接被生物体利用，只能在细胞中随着这些有机物逐步氧化分解而释放出来，并且储存在 ATP 中才能被生物体利用。所以说，新陈代谢所需要的能量主要是由细胞内的 ATP 直接供给的，ATP 是新陈代谢所需能量的直接来源。

一、ATP 的结构

ATP 是三磷酸腺苷（adenosine triphosphate）的英文缩写符号。ATP 分子的结构式可以简写成 A—P～P～P，其中 A 代表腺苷（腺苷由腺嘌呤和核糖组成，腺嘌呤是一种含氮的碱性有机物），P 代表磷酸基团，～代表一种特殊的化学键，叫作高能磷酸键（图 4-1）。ATP 分子中大量的化学能就储存在高能磷酸键中。ATP 的水解实际上是指 ATP 分子中高能磷酸键的水解。在标准状态下，每摩尔 ATP 水解可释放 30.54 kJ 的能量。水解时释放的能量在 20.92 kJ/mol（千焦每摩尔）以上的磷酸化合物叫作高能磷酸化合物，所以说 ATP 是细胞中的一种高能磷酸化合物。

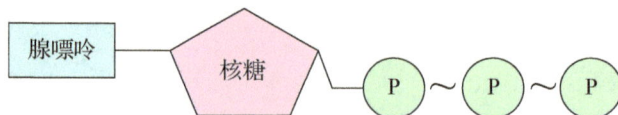

图 4-1　ATP 的结构模式图

二、ATP 与 ADP 的相互转化

ATP 的化学性质不稳定。研究表明，在有关酶的催化作用下，ATP 分子中远离 A 的那个高能磷酸键很容易水解。远离 A 的那个磷酸基团脱离，形成游离的 Pi（磷酸），同时储存在这个高能磷酸键中的能量被释放出来，ATP 就转化成较 ATP 更为稳定的 ADP（二磷酸腺苷）。ADP 还可以进一步水解成 AMP（一磷酸腺苷），并进一步释放能量。相反，在不同酶的催化作用下，AMP 与一个磷酸结合可形成 ADP，ADP 再与一个磷酸结合可形成 ATP，这两步反应都需要吸收能量。

ATP 在细胞内的含量很少，但 ATP 与 ADP 在细胞内的相互转化十分迅速。对细胞的正常生活来说，ATP 与 ADP 的这种相互转化（图 4-2），时刻不停地发生并处于动态平衡之中，这对于构成生物体内部稳定的供能环境具有重要的意义。ATP 水解形成 ADP，释放的能量供生物体活细胞进行各种生命活动之需；生成的 ADP 又可在一定条件下转化成 ATP。细胞内 ATP 与 ADP 相互转化的能量供应机制，是生物界的共性。

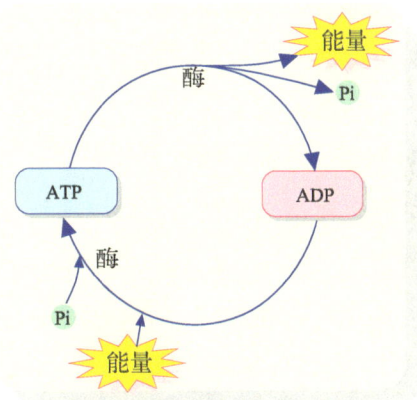

**图 4-2　ATP 与 ADP 相互
转化示意图**

那么，在 ADP 转化成 ATP 的过程中，所需要的能量从哪里来？ATP 水解释放的能量又有什么用处？对于动物、人、真菌和大多数细菌来说，合成 ATP 的能量均来自细胞进行呼吸作用时有机物分解释放的能量；对于绿色植物来说，除了依赖呼吸作用所释放的能量外，在叶绿体内进行光合作用时，ADP 转化成 ATP 还利用了光能（图 4-3）。ATP 水解时放出能量，这些能量一部分以热的形式散失，其他则被细胞内各种吸能反应或过程所利用。

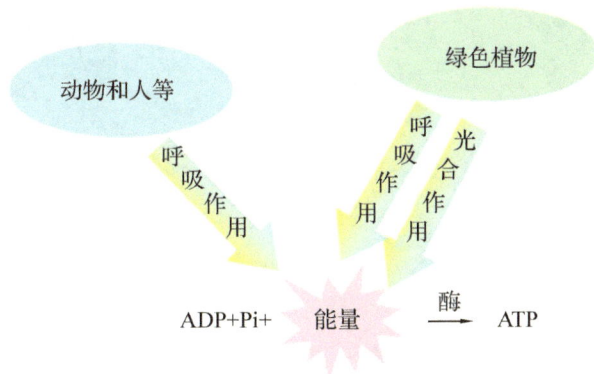

图 4-3　ADP 转化成 ATP 时所需能量的主要来源

因此，细胞内的许多吸能反应总是伴随着 ATP 的水解，而许多放能反应总是伴随着 ATP 的合成。也就是说，能量通过 ATP 分子在吸能反应和放能反应之间循环流通。因此，可以形象地把 ATP 比喻成细胞内流通的"能量货币"。

正是由于细胞内的这种流通货币，生物体的生命活动才能及时地得到能量供应，新陈代谢才得以顺利进行。

三、ATP 能量的利用

在细胞的能量转换中起重要作用的是化学能，化学能是储存在原子、分子及其化学键之间的能量。ATP 中的化学能可以直接转换成其他各种形式的能量，用于各项生命活动。在生物体内，ATP 不断地消耗和再生，维持着生命的高度有序状态。一个人每天大约需要消耗 45 kg ATP，但储存在人体内的 ATP 不到 1 g，即每个细胞每秒钟大约可形成 1 000 万个 ATP，同时有同样量的 ATP 被水解，产生能量供生命活动需要。如图 4-4 所示，物质在细胞间的运输、肌肉的收缩运动等都需要消耗 ATP。以 ATP 形式储存的化学能在各类生物大分子的合成和代谢调节中，以各种方式起递能作用。

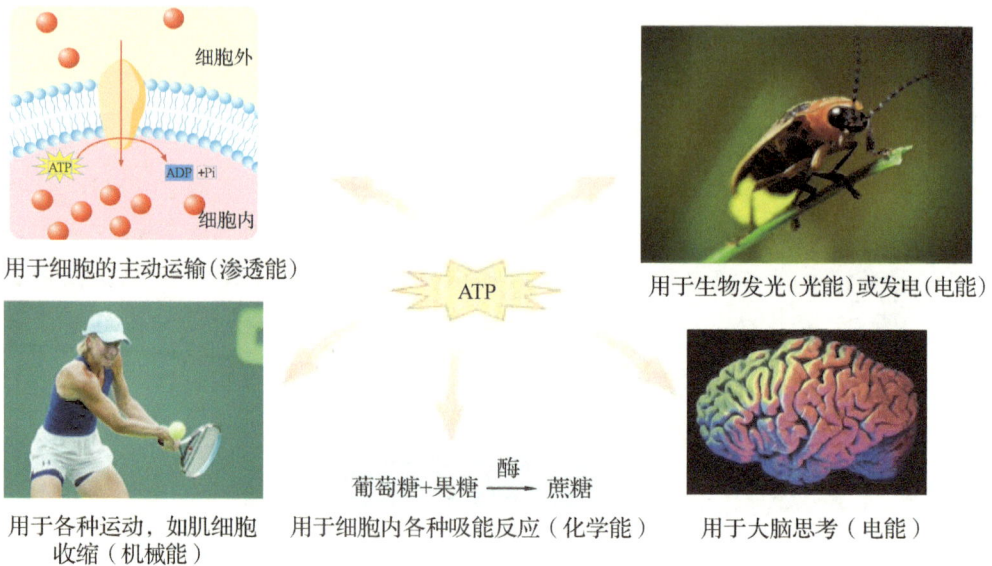

用于细胞的主动运输（渗透能）

用于生物发光（光能）或发电（电能）

用于各种运动，如肌细胞收缩（机械能）

葡萄糖+果糖 —酶→ 蔗糖
用于细胞内各种吸能反应（化学能）

用于大脑思考（电能）

图 4-4　ATP 的利用举例

练 习

一、填空题

1. 一般情况下生物体的主要能源物质是_____，直接能源物质是_____，主要的储能物质是_____。

2. 三磷酸腺苷的英文缩写是_____，分子简式是_____，18个三磷酸腺苷所含有的高能磷酸键的数目是_____个。

3. ATP的生理功能是_____。

二、选择题

1. ATP的组成是（　　）。

A. 1个腺苷、2个磷酸基　　　　　　B. 2个腺苷、2个磷酸基

C. 3个腺苷、1个磷酸基　　　　　　D. 1个腺苷、3个磷酸基

2. 在ATP中，大量的化学能储存在（　　）。

A. 腺苷内部　　　　　　　　　　　B. 腺苷与磷酸基之间

C. 磷酸基之间　　　　　　　　　　D. 磷酸基内部

3. 一个ADP中，含有腺苷、磷酸基和高能磷酸键的数目依次是（　　）。

A. 1、2、2　　　　B. 1、2、1　　　　C. 2、1、2　　　　D. 2、2、1

4. 海洋中电鳗有放电现象，其电能的直接来源是（　　）。

A. 由有机物进行氧化分解释放的化学能转变而来的

B. 由热能转变而来的

C. 由光能转变而来的

D. 由ATP转变成ADP时释放的化学能转变而来的

5. 人体在剧烈运动时，骨骼肌ATP的含量仅维持3 s的供能需要，3 s以后肌肉消耗的能量来自再生的ATP，其再生过程中的能量来自（　　）。

A. 光合作用　　　B. 有氧呼吸　　　C. 无氧呼吸　　　D. B和C

6. 在人的思维活动中，神经元细胞中ATP水解释放的能量转变成为（　　）。

A. 机械能　　　　B. 渗透能　　　　C. 电能　　　　　D. 化学能

7. 下列有关植物细胞内ATP的叙述中，正确的是（　　）。

A. 能产生ATP的细胞器只是线粒体

B. ATP在细胞中含量很多才能满足生命活动的顺利进行

C. ATP与ADP的相互转化是可逆反应

D. 远离腺苷A的高能磷酸键中的能量可以来自化学能或光能

8. 高等植物体内产生ATP的生理过程有（　　）。

A. 细胞呼吸、渗透作用　　　　　　B. 细胞呼吸、蒸腾作用

C. 光合作用、主动运输　　　　　　D. 光合作用、细胞呼吸

三、分析简答题

1. 同样是储存能量的分子，ATP 与葡萄糖具有不同的特点。请概括出 ATP 具有哪几个特点？

2. 动物、植物、细菌和真菌的细胞内，都是以 ATP 作为能量"通货"的，这是否也说明生物界的统一性？这对理解生命的起源和生物的进化有什么启示？

▶ 第二节　生物催化剂——酶

对细胞来说，能量的获得和利用都必须通过化学反应。细胞中每时每刻都进行着许多化学反应，统称为细胞代谢（cellular metabolism）。细胞代谢是一个高度复杂而又有序的过程，这与细胞内酶的催化作用密不可分，细胞内绝大多数生物化学反应是在酶的催化下进行的。

关于酶本质的探索

人们对酶的认识起源于生产和生活实践。在夏禹时代，人们就会酿酒；周代已经能制作饴糖和酱；而在春秋战国时期已经知道用曲治疗消化不良的疾病。凡此种种都说明，虽然前人并不知道酶为何物，也无法了解其性质，但根据生产和生活实践的积累，对酶的利用已经相当广泛。西方国家在 19 世纪对酿酒发酵过程进行了大量研究，这才逐渐认识了酶的本质。1810 年，法国科学家约瑟夫·路易·盖-吕萨克（Joseph Louis Gay-Lussac，1778—1850）发现酵母可以将糖转化为酒精。1857 年，法国微生物学家巴斯德（L. Pasteur，1822—1895）为了探究葡萄酒变酸的问题，通过显微镜观察，提出酿酒中的发酵是由于酵母细胞的存在，没有活细胞的参与，糖类是不可能变成酒精的。德国化学家李比希（J. V. Liebig，1803—1873）却坚持认为引起发酵的是酵母细胞中的某些物质，但这些物质只有在酵母细胞死亡并裂解后才能发挥作用。两种观点争执不下。

解决这一争论的是德国化学家毕希纳（E. Büchner，1860—1917）。1897 年，他把酵母细胞放在石英砂中用力研磨，加水搅拌，再进行加压过滤，得到不含酵母细胞的提取液。在这些提取液中加入葡萄糖，一段时间后就冒出气泡，糖液居然变成了酒。证明此不含酵母细胞的提取液也能使糖发酵，说明发酵与细胞的活动无关。毕希纳将酵母细胞中引起发酵的物质称为酿酶，他为此获得了 1907 年诺贝尔化学奖。

毕希纳虽然从细胞中获得了含有酶的提取液，但是提取液中还含有许多其他物质，当时无法直接对酶进行鉴定。后来，美国科学家萨姆纳（J. B. Sumner，1887—1955）推测酶是蛋白质，他经过九年的研究，终于在1926年从刀豆种子中提取了脲酶的结晶（相当纯），并用多种方法证明脲酶是蛋白质。后来，科学家又相继获得了胃蛋白酶、胰蛋白酶等多种酶的结晶，并证明这些酶都是蛋白质。此后，酶是蛋白质的观念才被人们普遍接受，这一观念后来"统治"生物界长达50年之久。

到20世纪80年代，美国科学家切赫（T. R. Cech，1947— ）和加拿大科学家奥尔特曼（S. Altman，1939— ）分别发现少数RNA也具有生物催化功能，这一发现打破了酶是蛋白质的传统观念，开辟了酶学研究的新领域，为此切赫和奥尔特曼于1989年共同获得诺贝尔化学奖。

因此，绝大多数酶的化学本质是蛋白质，少数是RNA。

一、酶的作用

科学家在不断地探索中总结出：酶（enzyme）是活细胞产生的具有催化作用的有机物，其中绝大多数酶是蛋白质。酶为什么能对化学反应起催化作用呢？

任何一个分子要发生化学反应，都必须先被活化，即增加能量。例如，汽油极易燃烧，就是被空气中的氧气氧化。但在常温下汽油不会自发地起火，只有在汽车打火时才会燃烧。这是因为在高温下，少数汽油分子获得了一定的能量而被活化，才能发生氧化反应。使分子从常态转变为容易发生化学反应的活跃状态所需要的能量称为活化能（activation energy）。

酶通过降低化学反应的活化能来加快反应速率，大多数的酶可以将受其催化的化学反应的速率提高上百万倍。它通过提供一条活化能需求较低的途径，使更多反应粒子能拥有不少于活化能的动能，从而加快反应速率（图4-5）。酶作为催化剂，本身在反应过程中不被消耗，也不影响反应的化学平衡。

二、酶的主要特性

1. 高效性

生物体内的大多数反应，在没有酶的情况下，几乎是不能进行的。例如，下述反应，

$$CO_2 + H_2O \rightleftharpoons H_2CO_3,$$

该反应是一个可以双向进行的反应，如果没有酶是可以自发进行的，但速度相当

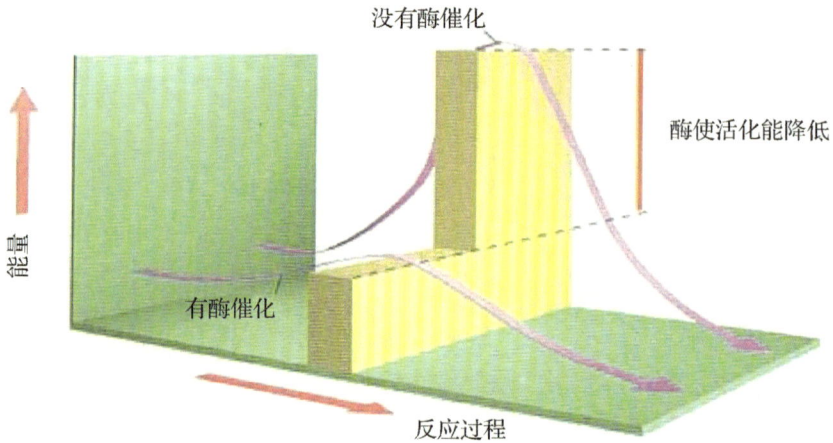

没有酶催化

酶使活化能降低

能量

有酶催化

反应过程

图 4-5　酶降低化学反应活化能的图解

慢，大约一小时可产生 200 分子的碳酸。如果有碳酸酐酶存在，估计每秒可以产生 60 万分子的碳酸。据报道，如果在人的消化道中没有各种酶类参与催化作用，那么，在体温 37 ℃ 的情况下，要消化一顿简单的午餐，大约需要 50 年。经过实验分析，动物吃下的肉食，在消化道内只要几小时就可完全消化分解。如果将唾液淀粉酶稀释 100 万倍后，仍具有催化能力。由此可见，酶的催化效率是极高的。大量数据表明，酶的催化效率是无机催化剂的 $10^7 \sim 10^{13}$ 倍。

2. 专一性

酶的专一性是指每一种酶只能催化一种或一类化学反应，不能催化其他化学反应。就如 ATP 酶只能催化 ATP 的水解，而不能催化 ATP 的合成。酶的中间产物学说告诉我们，一种酶只能特异性地识别其特定底物，从而催化专一的反应。这就像一把钥匙开一把锁一样。细胞代谢之所以能有条不紊地进行，与酶的专一性是分不开的。酶作用的专一性，是和一般催化剂最主要的区别。

3. 作用条件的温和性

常温无菌状态下的一瓶葡萄糖溶液氧化分解的速度极慢，可以无限期地保存而不会分解成 CO_2 和 H_2O，也不会释放能量。而当受到高温、强酸或强碱处理时，葡萄糖分子则会加速分解。活细胞内部当然不存在高温、强酸或强碱等极端条件，但葡萄糖却能在很短的时间内被分解掉，为什么呢？因为酶所催化的化学反应一般是在比较温和的条件下进行的。

科学家采用定量分析的方法，分别在不同的温度和 pH 条件下测定同一种酶的活性，并根据所测得的数据绘制成曲线图（图 4-6）。分析这两个曲线图可以看出，在最适宜的温度和 pH 条件下，酶的活性最高。温度和 pH 偏高或偏低，酶的活性都会明显降低。实验证明，高温、过酸或过碱，都会使酶的分子结构遭到破坏而失去活性；低温则主要是抑制了酶的活性。

正是由于酶的作用条件较温和，才使得生物化学反应能在生物体内顺利、迅速地进行。

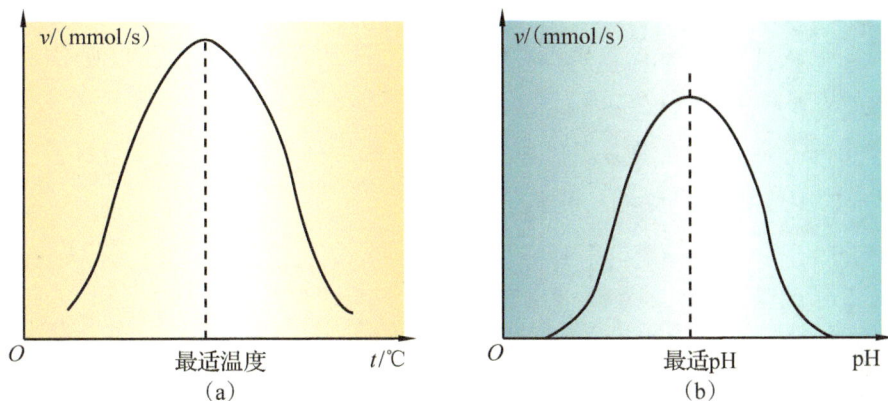

图 4-6　温度(a)，pH(b)对酶活性影响示意图

实验四　　比较过氧化氢在不同条件下的分解

实验原理

新鲜的肝脏中含有过氧化氢酶，Fe^{3+} 是一种无机催化剂，它们都可以催化过氧化氢分解成水和氧。

分别用一定数量的过氧化氢酶和 Fe^{3+} 催化过氧化氢分解成水和氧，可以比较两者的催化效率。经计算，质量分数为 3.5% 的 $FeCl_3$ 溶液和质量分数为 20% 的肝脏研磨液相比，每滴 $FeCl_3$ 溶液中的 Fe^{3+} 数，大约是每滴肝脏研磨液中过氧化氢酶分子数的 25 万倍。

目的要求

通过比较过氧化氢在不同条件下分解的快慢，了解过氧化氢酶的作用和意义。

材料用具

1. 实验材料：新鲜的质量分数为 20% 的肝脏(如猪肝、鸡肝)研磨液。

2. 器具：量筒，试管，滴管，试管架，卫生香，火柴，酒精灯，试管夹，大烧杯，三脚架，石棉网，温度计。

3. 试剂：新配制的体积分数为 3% 的过氧化氢溶液，质量分数为 3.5% 的 $FeCl_3$ 溶液。

方法步骤(图 4-7)

1. 取 4 支洁净的试管，编上序号 1～4，向各试管内分别加入 2 mL 过氧化氢溶液，按序号依次放置在试管架上。

2. 将 2 号试管放在 90 ℃左右的水浴中加热，观察气泡冒出的情况，并与 1 号试管进行比较。

3. 向 3 号试管中加入 2 滴 $FeCl_3$ 溶液，向 4 号试管中加入 2 滴肝脏研磨液，仔细观察哪支试管产生的气泡多。

4. 2～3 min 后，将点燃的卫生香分别放到 3 号和 4 号试管内液面的上方，观察哪支试管中的卫生香燃烧猛烈。

讨论

1. 与 1 号试管相比，2 号试管出现什么不同的现象？这一现象说明什么？

2. 在细胞内，能通过加热来提高反应速度吗？

3. 3 号和 4 号试管未经加热，也有大量气泡产生，这说明什么？

4. 3 号和 4 号试管相比，哪支试管中反应速率较快？这说明什么？

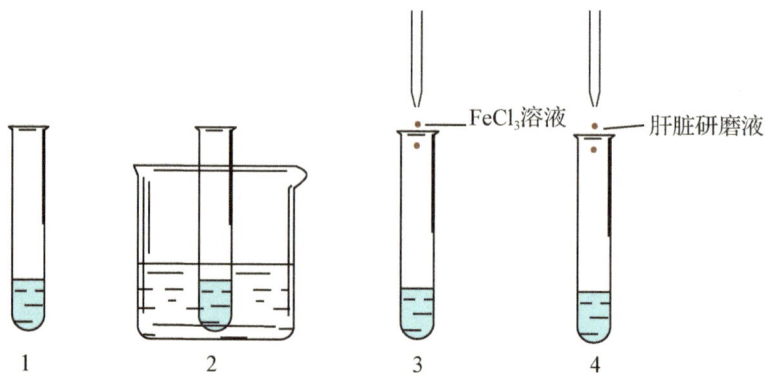

图 4-7

控制变量

实验过程中可以变化的因素称为变量。其中，人为改变的变量叫作自变量，上述实验中热水浴、$FeCl_3$ 溶液和肝脏研磨液，都属于自变量；随着自变量的变化而变化的变量叫作因变量，上述实验中过氧化氢分解速率就是因变量。除自变量外，实验过程中可能还会存在一些可变因素，对实验结果造成影响，这些变量称为无关变量。

除了一个因素以外，其余因素都保持不变的实验叫作对照实验。大多数实验都要设立对照组和实验组。上述实验中对照组和实验组分别是几号试管？通过该实验，可以得到什么结论？

练 习

一、填空题

1. 酶具有极强催化功能的原因是＿＿＿＿＿＿＿＿＿＿＿＿＿＿。

2. 酶具有＿＿＿＿＿＿、＿＿＿＿＿＿和＿＿＿＿＿＿＿＿的主要特点。

3. 桃果实成熟后硬度降低，其硬度降低与细胞壁中的＿＿＿＿＿降解有关，该物质的降解与＿＿＿＿＿的活性变化有关。

二、选择题

1. 下列关于酶的概念，最准确的叙述是（　　）。

A. 酶是活细胞产生的一种蛋白质

B. 酶是一种具有催化能力的蛋白质

C. 酶是一种蛋白质

D. 酶是活细胞产生的具有催化能力的有机物

2. 与酶的化学本质不同的物质是（　　）。

A. 抗体　　　　　　　　　　　　B. 胰岛素

C. 脂肪酶　　　　　　　　　　　D. 性激素

3. 下列关于过氧化氢的叙述，正确的是（　　）。

A. 在无催化剂时，不会分解成水和氧

B. 过氧化氢和水一样无色无味，对皮肤无害

C. Fe^{3+} 和过氧化氢酶都能加速过氧化氢的分解反应

D. 有催化剂存在时，过氧化氢分解反应的平衡会向分解一侧移动

4. 活细胞内酶合成的主要场所和原料分别是（　　）。

A. 细胞核、核苷酸　　　　　　　B. 线粒体、氨基酸

C. 高尔基体、氨基酸　　　　　　D. 核糖体、氨基酸或核苷酸

5. 嫩肉粉是以蛋白酶为主要成分的食品添加剂，就酶的作用特点而言，下列使用方法最佳的是（　　）。

A. 炒肉的过程中加入

B. 先用沸水溶解后与肉片混匀，炒熟

C. 肉炒熟后起锅前加入

D. 室温下与肉片混匀，放置一段时间，炒熟

6. 如下图，在四支试管中均加入 3 mL 糨糊。A 和 C 试管各注入 2 mL 清水，B 和 D 试管各注入 2 mL 新鲜的唾液淀粉酶，把四支试管均置于水槽中保温 5 min，然后分别滴入 2 滴碘液，其中不变为蓝色的是（　　）。

三、分析简答题

1. 加酶洗衣粉为什么能有效地去除衣物上的污渍？使用加酶洗衣粉时要注意些什么？

2. 多酶片属于非处方类助消化药，其作用原理是什么？

▶第三节　细胞呼吸

细胞的能量"通货"是 ATP。ATP 分子高能磷酸键中能量的主要来源是呼吸作用。由于呼吸作用是在细胞内进行的，因此也叫细胞呼吸（cell respiration）。细胞呼吸是指有机物在细胞内经过一系列的氧化分解，生成 CO_2 或其他产物，释放出能量并生成 ATP 的过程。通常说人要进行呼吸活动，是指从周围空气中吸入 O_2，并呼出 CO_2，是一种气体交换。

细胞呼吸与气体交换是密切相关的两个过程。以人为例，气体交换发生在肺中，O_2 进入肺再进入血流，通过动脉和毛细血管进入每个细胞。在每一个细胞中发生着细胞呼吸，将葡萄糖氧化成 CO_2 等。CO_2 又通过毛细血管和静脉进入肺中，并被呼出体外。

细胞呼吸是否需要氧？生物在有氧和无氧条件下是否都能进行细胞呼吸？

科学家通过大量的实验证实，细胞呼吸可分为有氧呼吸（aerobic respiration）和无氧呼吸（anaerobic respiration）两种类型。

一、有氧呼吸

对于绝大多数生物来说，有氧呼吸是细胞呼吸的主要形式，这一过程必须有氧的参与。有氧呼吸的主要场所是线粒体。线粒体具有内膜和外膜两层膜（图 4-8），

内膜的某些部位向线粒体的内腔折叠形成嵴，嵴使内膜的表面积大大增加。嵴的周围充满了液态的基质。线粒体的内膜上和基质中含有许多种与有氧呼吸有关的酶。

图 4-8　线粒体的结构示意图

有氧呼吸最常利用的物质是葡萄糖，其化学反应式可以表示如下：

$$C_6H_{12}O_6 + 6H_2O + 6O_2 \xrightarrow{\text{酶}} 6CO_2 + 12H_2O + 能量。$$

有氧呼吸是由一系列化学反应组成的一个连续完整的代谢过程，每一步化学反应都需要特定的酶催化才能完成。一般将有氧呼吸的全过程概括地分为以下三个阶段（图 4-9）。

第一阶段为糖酵解（glycolysis）阶段，发生在细胞质基质中，不需要氧参与。一分子葡萄糖分解为两分子丙酮酸，产生少量的[H]（还原性氢），同时释放出少量的能量。

第二阶段为三羧酸循环（citric acid cycle）阶段，在线粒体基质中进行，也不需要氧的参与。丙酮酸和 H_2O 彻底分解成 CO_2 和[H]，同时也释放出少量的能量。

第三阶段为电子传递链（electron transport chain）阶段，在线粒体内膜上进行，需要氧的参与。前两个阶段产生的[H]，经过一系列的化学反应，与氧结合生成 H_2O，同时释放出大量的能量。

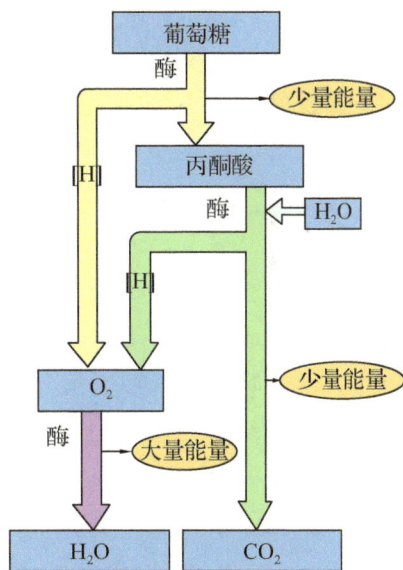

图 4-9　有氧呼吸过程图解

概括地说，有氧呼吸是指细胞在氧的参与下，通过多种酶的催化作用，把葡萄糖等有机物彻底氧化分解，产生 CO_2 和 H_2O，同时释放大量能量，生成许多 ATP

的过程。

在生物体的细胞内，1 mol 葡萄糖彻底氧化分解共释放 2 870 kJ 的能量，其中约有 1 161 kJ 的能量储存在 ATP 中，其余的能量都以热能的形式散失掉了，即有氧呼吸的能量利用率约为 40%，这些能量大约能使 38 个 ADP 转化为 ATP。

> ### 糖酵解
>
> "glycolysis"（糖酵解）这一名词来源于希腊语"glykos"的词根，是"甜"的意思，"lysis"是"分解"或"解开"的意思。糖酵解过程被认为是生物获得能量最古老、最原始的一种方式。在自然发展过程中出现的大多数较高等的生物，虽然进化为利用有氧条件进行生物氧化获取大量的自由能，但仍保留了这种原始的方式。糖酵解的一系列过程，不但成为生物体共同经历的葡萄糖分解代谢的前期途径，而且有些生物体还利用这一途径在供氧不足的条件下，给机体提供能量，或供应急需要。
>
> 早在数千年前，人们就已经会用酵母菌将葡萄糖发酵成酒精和 CO_2，在生产实践中，人们发展了酿酒、制作工业酒精以及面包制作等。这些都利用了酵母菌的发酵过程。虽然人们很早就开始利用发酵，但是对发酵的研究却是在 19 世纪后半叶才开始的。

二、无氧呼吸

有氧呼吸是细胞呼吸的主要形式，但只有在绝大多数真核细胞和少数的好氧细菌中才能完成。而对于所有的生活细胞，在不需要氧气参与的情况下都能进行另一种类型的呼吸，也就是无氧呼吸。

苹果储藏久了，为什么会有酒味？这是因为在无氧呼吸过程中葡萄糖被分解为酒精和 CO_2。高等植物在水淹的情况下也可以进行短时间的无氧呼吸以适应缺氧的环境。高等动物在剧烈运动时，由于呼吸运动不能满足骨骼肌对 O_2 的需要，这时骨骼肌内也会出现无氧呼吸。不过高等动物的无氧呼吸是将葡萄糖分解为乳酸而非酒精。还有一些高等植物的某些器官在进行无氧呼吸时也产生乳酸，如马铃薯块茎、甜菜块根等。

无氧呼吸的全过程可以分为两个阶段，两个阶段都是在细胞质基质中进行的，但需要不同酶的催化。

第一阶段与有氧呼吸的第一阶段完全相同。

第二阶段是丙酮酸在不同酶的催化作用下，分解成酒精和 CO_2，或者转化为乳酸（$C_3H_6O_3$）。

无论是分解成酒精和 CO_2 或者是转化为乳酸，无氧呼吸都只释放出少量的能量，生成少量 ATP。葡萄糖分子中的大部分能量则留在酒精或乳酸分子中。例如，1 mol 葡萄糖在分解为乳酸以后，只释放出 196.65 kJ 的能量，其中只有 61.08 kJ 的能量储存在 ATP(2 mol)中，其余的能量都以热能的形式散失了。

无氧呼吸的化学反应式可以概括为以下两种：

$$C_6H_{12}O_6 \xrightarrow{\text{酶}} 2C_2H_5OH + 2CO_2 + 能量，$$

$$C_6H_{12}O_6 \xrightarrow{\text{酶}} 2C_3H_6O_3 + 能量。$$

酵母菌在无氧条件下，可以将丙酮酸转变为酒精，称为酒精发酵。乳酸杆菌也可以在无氧条件下，将丙酮酸转变为乳酸，称为乳酸发酵。通常将微生物在无氧条件下的呼吸称为发酵。

概括地说，无氧呼吸是指细胞在无氧条件下，通过酶的催化作用，把葡萄糖等有机物分解成为不彻底的氧化产物，同时释放出少量的能量，生成少量 ATP 的过程。

有氧呼吸与无氧呼吸

在地球形成的初期，原始大气中不含游离氧，那时的微生物适应在无氧的条件下生活，所以这些微生物（专性厌氧微生物）体内缺乏氧化酶类，至今仍只能在无氧的条件下生活。随着地球上蓝藻和绿色植物的出现，大气中出现了氧，于是也出现了体内具有有氧呼吸酶系统的好氧微生物。可见，有氧呼吸是在无氧呼吸的基础上发展而成的。尽管现今生物体内细胞呼吸的形式主要是有氧呼吸，但仍保留有无氧呼吸的能力。

从能量供应角度看，有氧呼吸每分解 1 mol 葡萄糖，可以释放 2 870 kJ 的能量。而无氧呼吸分解 1 mol 葡萄糖，只能释放 196.65 kJ 的能量。对于需氧型生物来说，生命活动所需要的能量，大部分由有氧呼吸提供，无氧呼吸所提供的能量无法满足维持生物生命活动的需要。所以，对于提供能量来说，有氧呼吸优于无氧呼吸。

从产物的角度看，有氧呼吸的终产物是 CO_2 和 H_2O，对生物体是无害的。而无氧呼吸的终产物是乳酸或酒精和 CO_2。乳酸的形成，会使动物出现一些不良反应，如肌肉酸痛；乳酸过多还可能引起稳态的改变、乳酸中毒等。酒精对植物细胞有很强的毒害作用。所以，需氧型生物的无氧呼吸，基本上是为了帮助生物度过一些缺氧的不良环境。从终产物有无毒害这一角度来看，有氧呼吸亦优于无氧呼吸。

三、细胞呼吸的意义

对生物体来说，细胞呼吸具有非常重要的生理意义，这主要表现在以下两个方面。

第一，细胞呼吸能为生物体的生命活动提供能量。细胞呼吸释放出来的能量，一部分转变为热能散失，另一部分储存在 ATP 中。ATP 是细胞生命活动的直接能量来源。当 ATP 在酶的作用下分解时，就把储存的能量释放出来，用于生物体的各项生命活动，如细胞的分裂、植株的生长、矿质元素的吸收、肌肉的收缩、神经冲动及冲动的传导等。

第二，细胞呼吸能为体内其他化合物的合成提供原料。在呼吸过程中产生的一些中间产物，可以成为合成体内一些重要化合物的原料。例如，葡萄糖分解时的中间产物丙酮酸是合成氨基酸的原料。

练 习

一、填空题

1. 有氧呼吸从葡萄糖开始，到最终生成 CO_2 和 H_2O，O_2 用于 _____。

2. 有氧呼吸与无氧呼吸比较，相同的中间产物是 _____。

3. 高等植物体内产生 ATP 的生理过程是 _____。

4. 如果氧气供应不足，酵母菌细胞内葡萄糖的分解产物是 _____，反应的场所是 _____，该反应可以写成 _____。

二、选择题

1. 人体进行有氧呼吸的场所是（   ）。

A. 肺泡   B. 细胞质基质

C. 线粒体   D. 细胞质基质和线粒体

2. 用含 ^{18}O 的葡萄糖跟踪有氧呼吸过程中的氧原子，^{18}O 转移的途径是（   ）。

A. 葡萄糖—丙酮酸—H_2O B. 葡萄糖—丙酮酸—O_2

C. 葡萄糖—O_2—H_2O D. 葡萄糖—丙酮酸—CO_2

3. 马铃薯块茎进行无氧呼吸只能释放少量能量，其他能量（   ）。

A. 储存在葡萄糖中   B. 存留于酒精中

C. 存留于乳酸中   D. 以热能形式散失

4. 在营养丰富、水分充足、气温适宜、黑暗密闭的环境中，分别培养下列生物，过一段时间后，仍能生存的是（   ）。

A. 乳酸菌   B. 蘑菇

C. 白菜   D. 蚯蚓

5. 把青蛙和小白鼠从 25 ℃的温室中移到 5 ℃的环境中，这两种动物的需氧量变化是（　　）。

　　A. 两种动物的需氧量都减少

　　B. 两种动物的需氧量都增加

　　C. 青蛙的需氧量减少，小白鼠的需氧量增加

　　D. 青蛙的需氧量增加，小白鼠的需氧量减少

6. 新鲜蔬菜放在冰箱的冷藏室中能适当延长保存时间的原因是（　　）。

　　A. 呼吸作用减弱　　　　　　　　B. 呼吸作用加强

　　C. 光合作用减弱　　　　　　　　D. 促进了物质的分解

7. 在呼吸作用过程中，若有 CO_2 放出，则可以推出此过程一定（　　）。

　　A. 是有氧呼吸　　　　　　　　　B. 是无氧呼吸

　　C. 不是酒精发酵　　　　　　　　D. 不是乳酸发酵

8. 制作泡菜时泡菜坛子必须密封，其原因是（　　）。

　　A. 防止产生的乳酸挥发掉　　　　B. 防止水分过度蒸发

　　C. 防止氧气进入坛内　　　　　　D. 防止坛内蔬菜萎蔫

9. 植物在有氧呼吸和无氧呼吸过程中，产生等量的 ATP 所消耗葡萄糖的摩尔数量关系是（　　）。

　　A. 前者是后者的 9 倍　　　　　　B. 后者是前者的 9 倍

　　C. 后者是前者的 19 倍　　　　　 D. 前者是后者的 19 倍

三、分析简答题

下图为生物体内葡萄糖分解代谢过程的图解。据图回答下列问题。

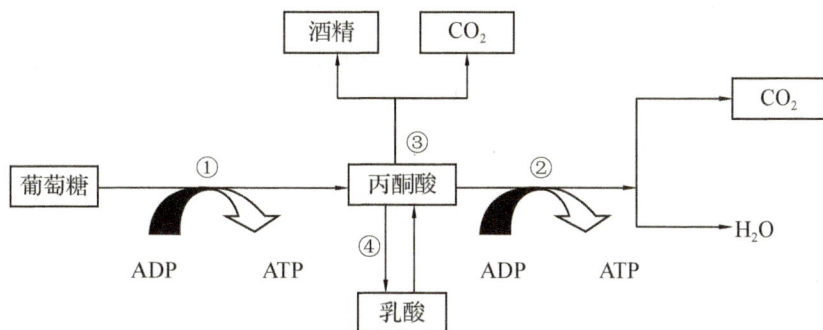

(1)反应①②③④中，可在人体细胞中进行的是＿＿＿＿＿＿＿。

(2)粮食储藏进程中有时会发生粮堆湿度增大的现象，这是因为 ＿＿＿＿＿＿＿
＿＿＿＿＿＿＿。

(3)在反应①②③④中，必须在有氧条件下进行的是＿＿＿＿＿＿＿。

（4）苹果贮藏久了，会有酒味产生，其原因是发生了图中_____过程，而马铃薯块茎在无氧条件下进行了图中_____过程。

（5）如果有氧呼吸和无氧呼吸产生等量的 CO_2，所消耗的葡萄糖之比为_____。

第四节 光合作用

光合作用（photosynthesis）是指绿色植物通过叶绿体，利用光能，把 CO_2 和 H_2O 转化成储存能量的有机物，并且释放出 O_2 的过程。人们每时每刻都在吸入光合作用释放的 O_2。每天吃的食物，也都直接或间接地来自光合作用制造的有机物。

光合作用的探究历程

直到 18 世纪中期，人们一直以为只有土壤中的水分是植物建造自身的原料，而没有考虑到植物能否从空气中得到什么。1771 年，英国化学家普里斯特利（J. Priestley，1733—1804）通过实验证明植物能够更新空气。但是，他没有发现光在植物更新空气中的作用，而是将空气的更新归因于植物的生长。当时有人重复普里斯特利的实验，却得到完全相反的结论，认为植物跟动物一样能使空气变浑浊。这一结论引起了人们的广泛关注。

1779 年，荷兰科学家英格豪斯（J. Ingen-housz）做了超过 500 次植物更新空气的实验，结果发现光照是普里斯特利实验成功的必要条件，植物体只有绿叶才能更新污浊的空气。然而，受当时化学发展水平的限制，人们尚不了解植物吸收和释放的究竟是什么气体。直到 1785 年，科学家发现了空气的组成后，人们才明确绿叶在光照下放出的是 O_2，吸收的是 CO_2。

1845 年，德国科学家梅耶（R. Mayer）根据能量转换和守恒定律明确指出，植物在进行光合作用时，把光能转化成化学能储存起来。

光能转化成化学能，储存于什么物质中呢？也就是植物在吸收 H_2O 和 CO_2、释放 O_2 的过程中，还产生了什么物质呢？这一问题迟迟未能解决。

1864 年，德国植物学家萨克斯（J. Sachs，1832—1897）做了一个实验，他把植物的绿叶先在暗处放置几小时，然后将绿叶的一半遮住，另一半曝光。过一段时间后，他将绿叶先用酒精去除色素，再用碘溶液染色，结果发现只有光照到的地方，才显出深紫蓝色。萨克斯的实验说明植物在光下制造了淀粉。

1880 年，美国科学家恩格尔曼（G. Engelmann，1809—1884）用水绵进行了光合作用的实验，他把载有水绵和好氧细菌的临时装片放在没有空气的黑暗环境里，然后用极细的光束照射水绵。通过显微镜观察发现，好氧细菌只集中在叶绿体上被光束照到的部位附近；如果把上述临时装片全部暴露在光下，好氧细菌则集中在叶绿体所有受光部位的周围。恩格尔曼的实验证明：O_2 是由叶绿体释放出来的，叶绿体是绿色植物进行光合作用的场所。

光合作用产生的 O_2 究竟来自原料中的 CO_2 还是 H_2O 呢？对这一问题的研究，在相当长的时间内没有进展，直到 20 世纪 30 年代，物理学的发展为生命科学的研究提供了新的思路和方法。例如，同位素示踪（isotopic tracing）实验被应用于追踪光合作用中 O_2 的来源。1941 年，美国科学家鲁本（S. Ruben）和卡门（M. Kamen）发现用同位素标记的 $H_2^{18}O$ 和普通的 CO_2 进行光合作用实验，放出的 $^{18}O_2$ 具有放射性，而用同位素标记的 $C^{18}O_2$ 和普通的 H_2O 进行光合作用实验，产生的 O_2 却没有放射性（图 4-10）。这一实验有力地证明光合作用释放的 O_2 来自 H_2O。

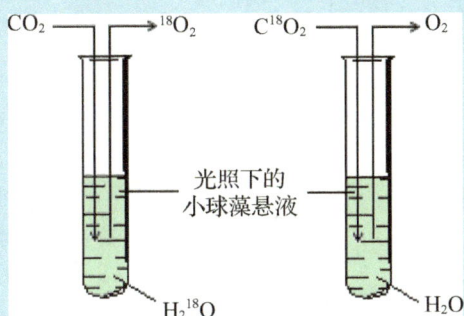

图 4-10　鲁本实验

光合作用产生的有机物又是怎样合成的呢？进入 20 世纪 40 年代，科学家开始用放射性同位素 ^{14}C 做实验研究这一问题。美国科学家卡尔文（M. Calvin，1911—1997）等用小球藻做实验，他们用 ^{14}C 标记的 $^{14}CO_2$ 供小球藻（一种单细胞的绿藻）进行光合作用，然后追踪检测其放射性，最终探明了 CO_2 中的碳在光合作用中转化成有机物中的碳的途径，这一途径称为卡尔文循环，又称光合碳循环。

一、捕获光能的色素和结构

对绝大多数生物来说，活细胞所需能量的最终源头是来自太阳的光能。将光能转化成细胞能够利用的化学能的是光合作用。地球上能进行光合作用的生物主要是绿色植物和藻类，也包括光合细菌等。为什么绝大多数动物都不能进行光合作用呢？因为进行光合作用的细胞，首先要能够捕获光能。

1. 捕获光能的色素

玉米中有时会出现白化苗，白化苗不能进行光合作用，待种子中储存的养分耗尽就会死亡。由此可见，光合作用与细胞中的色素有关。

那么，绿叶中到底有哪些色素呢？

通过科学实验分析得知，绿叶中的色素主要有四种，它们可以归结为两类：类胡萝卜素、叶绿素（图 4-11）。

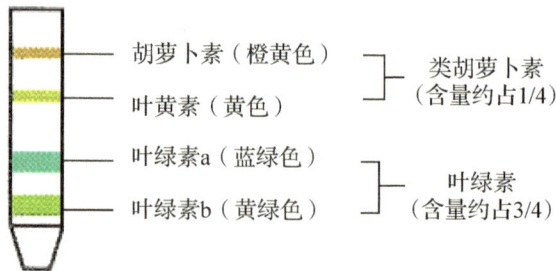

图 4-11　绿叶中四种色素

这四种色素对光的吸收有区别吗？

将绿叶中的四种色素溶液，分别放在可见光光束和三棱镜之间，从连续光谱中可以看到不同波长的光被吸收的情况：叶绿素 a 和叶绿素 b 主要吸收蓝紫光和红橙光，胡萝卜素和叶黄素主要吸收蓝紫光（图 4-12）。这些色素吸收的光都能用于光合作用。因为叶绿素 a 和叶绿素 b 对绿光吸收较少，绿光被反射出来，所以叶片呈现绿色。

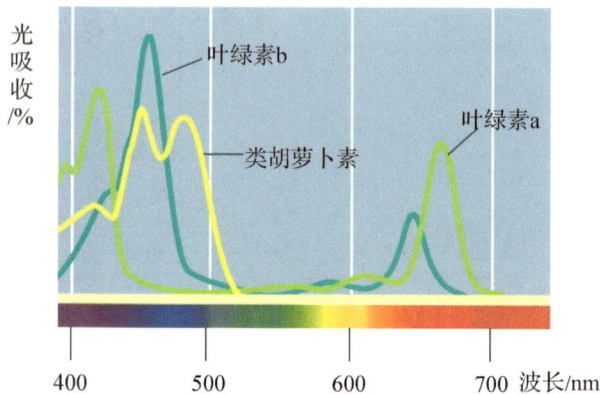

图 4-12　类胡萝卜素和叶绿素的吸收光谱

这些捕捉光能的色素存在于细胞中什么部位呢？

1817 年，两位法国科学家首次从植物中分离出叶绿素，但是当时并不清楚叶绿素在植物细胞中的分布情况。1865 年，德国植物学家萨克斯（J. Sachs, 1832—1897）研究叶绿素在光合作用中的功能时，发现叶绿素并非普遍分布在植物的整个细胞中，而是集中在一个个更小的结构里，后来人们称之为叶绿体。

2. 叶绿体的结构

每个叶肉细胞内含有 20～100 个叶绿体。在光学显微镜下观察，水稻、玉米等被子植物的叶绿体一般呈扁平的椭球形或球形。在电子显微镜下观察，可以看到叶绿体的表面有双层膜，内部有许多基粒，基粒与基粒之间充满了基质。每个基粒都由一个个圆饼状的囊状结构堆叠而成(图 4-13)，这些囊状结构称为类囊体。吸收光能的色素就分布在类囊体的薄膜上。

每个基粒都含有 2 个以上的类囊体，多者可超过 100 个。叶绿体内有如此多的基粒和类囊体，极大地扩展了受光面积。据计算，1 g 菠菜叶片中类囊体的总面积竟达 60 m^2 左右。

图 4-13 叶绿体的结构

叶绿体是进行光合作用的场所。它内部巨大的膜表面上，不仅分布着许多吸收光能的色素分子，还有许多进行光合作用所必需的酶。

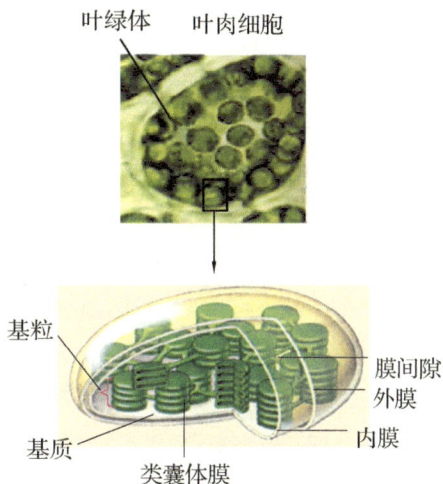

二、光合作用的过程

光合作用的总反应式可表示如下，其中的(CH₂O)表示糖类。

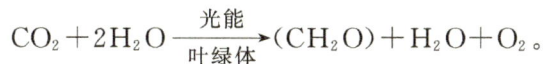

$$CO_2 + 2H_2O \xrightarrow[\text{叶绿体}]{\text{光能}} (CH_2O) + H_2O + O_2。$$

光合作用的过程十分复杂，它包括一系列化学反应。根据是否需要光能，这些化学反应可以概括地分为光反应(light reaction)和暗反应(dark reaction)两个阶段。

1. 光反应阶段

光反应阶段是光合作用过程中需要光的阶段，发生在叶绿体的类囊体膜上。叶绿体中各种色素吸收的光能，有两方面的用途：一是将 H_2O 分解成氧和[H]，其中的氧以分子状态释放出去，[H]则被传递到叶绿体基质中，作为活泼的还原剂参与暗反应中的化学反应；二是在有关酶的催化作用下，促成 ADP 与磷酸基团(Pi)结合形成 ATP。这样，光能就转变成储存在 ATP 中的化学能。这些 ATP 将参与光合作用第二阶段的化学反应(图 4-14)。

2. 暗反应阶段

暗反应阶段的化学反应有没有光都能进行，发生在叶绿体的基质中。在暗反应阶段中，绿叶通过气孔从外界吸进的 CO₂ 不能直接被[H]还原。它必须首先与植物体内

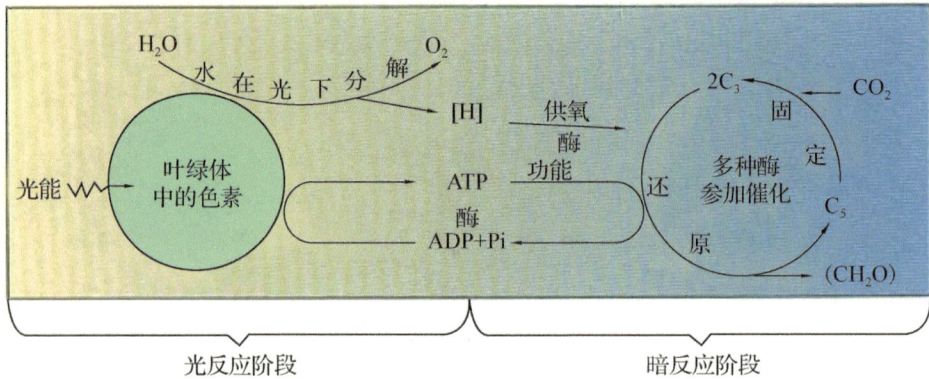

图 4-14　光合作用过程的图解

的 C_5（一种五碳化合物）结合，这个过程叫作 CO_2 的固定。一个 CO_2 分子被一个 C_5 分子固定后，很快形成两个 C_3（一种三碳化合物）分子。在有关酶的催化作用下，C_3 接受 ATP 释放的能量并且被[H]还原。随后，一些接受能量并被还原的 C_3 经过一系列变化，形成糖类；另一些接受能量并被还原的 C_3 则经过一系列的化学变化，又形成 C_5，从而使暗反应阶段的化学反应循环往复地进行下去（图 4-14）。在这一反应中，叶绿体利用光反应产生的 ATP 和[H]这两个高能化合物分别作为能源和还原的动力将 CO_2 固定，使之转变成葡萄糖，由于这一过程不需要光所以称为暗反应。

由此可见，在光合作用的过程中，光反应阶段与暗反应阶段既有区别又紧密联系，两者缺一不可。

三、光合作用的重要意义

光合作用为包括人类在内的几乎所有生物的生存提供了物质来源和能量来源。具体地说，光合作用除了制造数量巨大的有机物，将太阳能转化成化学能并储存在光合作用制造的有机物中，维持大气中 O_2 和 CO_2 含量的相对稳定外，还对生物的进化具有重要作用。

在蓝藻出现以前，地球的大气中并没有 O_2。只有在距今 30 亿～20 亿年，蓝藻在地球上出现以后，地球的大气中才逐渐出现 O_2，从而使地球上其他进行有氧呼吸的生物得以发生和发展。大气中的一部分 O_2 会转化成臭氧（O_3）。臭氧在大气上层形成的臭氧层，能够有效地过滤掉太阳辐射中对生物具有强烈破坏作用的紫外线，从而使水生生物开始逐渐在陆地上生活。经过长期的生物进化过程，最后才出现广泛分布在自然界的各种生物。

农业生产增产措施

农业生产上的许多增加农作物产量的措施，是为了提高光合作用的强度（简单地说，是增加植物在单位时间内通过光合作用制造糖类的数量）。空气中 CO_2 浓度的高低、土壤中水分的多少、光照的长短与强弱、光的成分以及温度的高低等，都是影响光合作用强度的外界因素。

合理利用光能主要包括延长光合作用的时间和增加光合作用的面积。延长全年内单位土地面积上绿色植物进行光合作用的时间，是合理利用光能的一项重要措施。例如，同一块土地由一年之内只种植和收获一次小麦，改为一年之内收获一次小麦后，又种植和收获一次玉米，可以提高单位面积的农作物产量。

合理密植是增加光合作用面积的一项重要措施。合理密植是指在单位面积的土地上，根据土壤肥沃程度等情况种植适当密度的植物。如果种植得太稀，光能得不到充分的利用；如果种植得太密，植株相互遮挡，植物也不会茁壮地生长。

实验五　绿叶中色素的提取和分离

实验原理

绿叶中的色素能够溶解在有机溶剂中，所以用无水乙醇可以提取绿叶中的色素。层析液是一种脂溶性很强的有机溶剂。绿叶中的色素不止一种，它们都能溶解在层析液中。然而，它们在层析液中的溶解度不同：溶解度高的随层析液在滤纸上扩散得快；反之则慢。这样，运用纸层析的方法就可以使绿叶中的不同色素在扩散过程中被分离开来。

目的要求

1. 进行绿叶中色素的提取和分离。

2. 探究绿叶中含有几种色素。

材料用具

1. 实验材料：新鲜的绿色叶片（菠菜或其他植物叶片）。

2. 器具：毛细吸管，干燥的滤纸，研钵，研磨杵，滴管，剪刀，铅笔，广口瓶，药匙，5～10 mL 量筒，天平。

3. 试剂：混合层析液（石油醚：丙酮：苯为 20：2：1），无水乙醇，石英砂（二氧化硅），碳酸钙。

方法步骤

1. 提取绿叶中的色素。

（1）称取 5 g 除去主叶脉的绿色叶片，剪碎后放入研钵中。

（2）向研钵中放入少量石英砂和碳酸钙，分次加入总量为 8 mL 的无水乙醇，进行迅速、充分地研磨。完成后再加入 1 mL 无水乙醇并静置。

2. 制备滤纸条。

取一张干燥滤纸，剪成长 15 cm、宽 1.5 cm 的滤纸条，在滤纸条的一端约 1.5 cm 处对称地剪去两角，沿两角用铅笔画一条细的横线（图 4-15）。

3. 画上清液细线。

用毛细吸管从研钵中吸取上层清液，沿铅笔线均匀地画出一条细而直的线。待阴干后，再在原细线上重复画 2～3 次。

点样线

图 4-15　滤纸条示意图

4. 分离叶绿体色素。

在广口瓶中加入一定量的层析液，此时应注意勿使层析液沾污瓶壁。将滤纸条画有细线的一端浸入层析液（上端折后固定在瓶口处）。注意不可将细线浸入层析液中，盖上瓶盖。

5. 观察色素条带。

数分钟后，取出滤纸条，待滤纸条干燥后观察滤纸条上出现了几条色素带以及各条色素带的颜色。将观察结果记录下来。

讨论

1. 滤纸条上的上清液细线为什么不能触及层析液？

2. 滤纸条上有几条不同颜色的色素带？其排序怎样？这说明了什么？

3. 为什么植物的叶片通常呈绿色？而秋天有些树叶会变黄？

练习

一、填空题

1. 在光合作用中，糖类是在 _____ 阶段形成的，O_2 是在 _____ 阶段形成的，ATP 是在 _____ 阶段形成的。

2. 植物进行光合作用的场所是 _____。

3. 养鱼缸里经常放一些新鲜水草的主要目的是 _____。

二、选择题

1. 关于绿叶中的色素在光合作用过程中作用的描述，错误的是（   ）。

A. 绿叶中的色素与 ATP 的合成有关

B. 绿叶中的色素参与 ATP 的分解

C. 绿叶中的色素与 O_2 和[H]的形成有关

D. 绿叶中的色素能吸收和传递光能

2. 光合作用暗反应阶段中直接利用的物质是（   ）。

A. O_2 和 C_3 化合物

B. 叶绿体色素

C. H_2O 和 O_2

D. [H]和 ATP

3. 1880 年美国生物学家恩格尔曼设计了一个实验研究光合作用的光谱。他将棱镜产生的光谱投射到水绵上，并在水绵悬液中放入好氧细菌，观察细菌的聚集情况。他得出光合作用在红光区和蓝光区最强。这个实验的思路是（   ）。

A. 细菌对不同的光反应不一，细菌聚集多的地方，细菌光合作用强

B. 好氧性细菌聚集多的地方，O_2 浓度高，水绵光合作用强

C. 好氧性细菌聚集多的地方，产生的有机物多，水绵光合作用强

D. 好氧性细菌大量消耗 O_2，使水绵光合作用速度快，则该种光有利于光合作用

4. 大多数植物的叶片呈绿色，是因为（   ）。

A. 绿色能使光合作用发生

B. 叶绿素吸收绿光最少

C. 空气滤过了除绿光外的其他波长的光

D. 绿光是阳光中光合作用最有效的光

5. 光合作用的过程中，CO_2 被[H]还原，这个[H]来源于（   ）。

A. 固定 CO_2 的五碳化合物

B. 水被光解后产生的

C. 体内有机物氧化产生的

D. 吸收大气中的氢

6. 下列物质中，暗反应阶段所必需的是（   ）。

A. 叶绿素   B. ADP   C. ATP   D. O_2

7. 下图是利用小球藻进行光合作用实验的示意图。图中 A 物质和 B 物质的相对分子质量的比是（ ）。

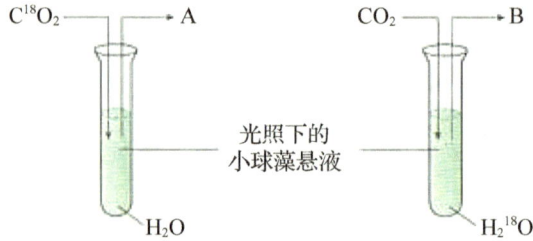

A. 1:2   B. 8:9   C. 2:1   D. 9:8

8. 科学家用含有^{14}C 的 CO_2 来追踪光合作用中的碳原子，这种碳原子的转移途径是（ ）。

A. CO_2→叶绿素→ADP   B. CO_2→叶绿体→ATP

C. CO_2→酒精→糖类   D. CO_2→三碳化合物→糖类

三、分析简答题

1. 光反应阶段和暗反应阶段在所需条件、进行场所、发生的物质变化和能量转换等方面有什么区别？

2. 下图是夏季晴朗的白天，某种绿色植物叶片光合作用的曲线图。分析曲线图并回答下列问题。

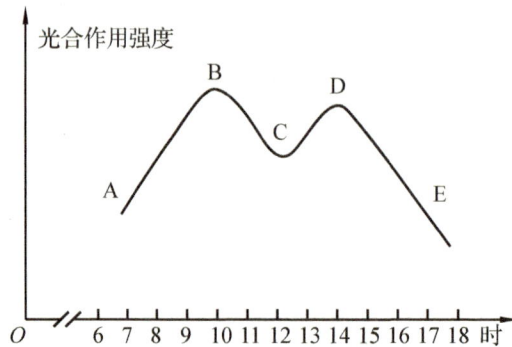

(1) 为什么 7～10 时光合作用强度不断增强？

(2) 为什么 12 时左右光合作用强度明显减弱？

(3) 为什么 14～17 时光合作用强度不断下降？

第五章　生命活动的调节

生物体内随时都在进行着非常复杂的生命活动。那么，这些活动为什么能够非常顺利地进行？为什么生物体对外界的刺激变化又会做出非常精确的反应呢？这一切依靠的是生物体自身的调节作用。

▶第一节　内环境与稳态

无论是在冰天雪地的寒冬，还是在酷暑难当的盛夏，人的体温总是维持在 37 ℃左右，这是因为在外界环境发生剧烈变化的情况下，人体仍能通过自身的调节作用，维持体内环境的相对稳定，从而使体内的细胞拥有稳定而适宜的存活条件。

一、内环境

自然界所有的生命系统都存在于一定的环境中，与环境之间不断进行着物质和能量的交换。细胞作为最基本的生命系统，也不例外。

生活在水中的单细胞生物，可以直接从水中获取生存必需的养料和 O_2，并把废物直接排入水中。这些单细胞生物只能在水环境中生活，如果水体干涸，它们就会休眠或者死亡。

组成人躯体的绝大多数细胞并没有直接与外界环境接触，不能直接与外界环境进行物质交换。那么，这些细胞生活的直接环境是什么呢？

人体内含有大量以水为基础的液体，这些液体统称为体液（body fluid）。简单地说，体液就是身体内的液体。体液中除含有大量的水以外，还有许多溶解在水中的离子和化合物。体液可以分为两大部分：存在于细胞内的部分，叫作细胞内液，约占总量的 2/3；存在于细胞外的部分，叫作细胞外液，约占总量的 1/3。

值得注意的是，血液并不全是体液，因为血液中既有液体成分——血浆（plasma），也有大量的有形成分——血细胞。血浆的绝大部分是水（占体积的 90％～92％），其中溶解的物质主要是血浆蛋白，还包括葡萄糖、氨基酸、无机盐、激素以及尿素、CO_2 等。血浆的主要功能是运载血细胞，同时血浆也是运输维持人体生命活动所需的物质和体内产生的废物等的主要媒介。血细胞悬浮于血浆中，因此，血浆是血细胞生活的直接环境。

动脉中的血浆沿动脉流入毛细血管的动脉端，其中的许多物质会透过毛细血管壁进入组织液（tissue fluid）。组织液是存在于组织细胞间隙的体液，又叫细胞间隙液。绝大多数组织的细胞都浸浴在组织液中，与组织液进行物质交换。因此，组织液是体内绝大多数细胞生活的直接环境。

组织液是血浆从毛细血管壁滤过到组织间隙形成的，除蛋白质含量和种类较少外，其他成分基本与血浆相同。组织液是血液与组织细胞进行物质交换的媒介。在毛细血管静脉端，大部分组织液又透过管壁被重新吸收回血液，进入血浆。另外，有少量没被重新吸收的组织液进入毛细淋巴管，形成淋巴液（lympha），或称淋巴（lymph），淋巴是一种无色透明液体。毛细淋巴管内的淋巴汇集到淋巴管中，经过淋巴循环汇入血浆中，进入心脏，参与全身的血液循环。因此，淋巴循环是组织液向血液循环回流的一个重要辅助部分。淋巴内混悬着大量的淋巴细胞和吞噬细胞等，可以协助机体抵抗疾病，对这些细胞来说，淋巴就是它们生活的直接环境。

血浆、组织液和淋巴通过动态的有机联系，共同构成了机体内细胞生活的直接环境（图 5-1）。为了区别于个体生活的外界环境，人们把这个由细胞外液构成的体内细胞生活的液体环境叫作内环境（internal environment）。

内环境是细胞直接进行新陈代谢的场所，细胞代谢所需要的 O_2 和各种营养物质只能从内环境中摄取，而细胞代谢产生的 CO_2 和代谢终产物也需要直接排到细胞外液中，然后通过血液循环运输，由呼吸系统和泌尿系统等排出体外。此外，内环境还是细胞生活与活动的地方。因此，内环境对于细胞的生存及维持细胞的正常生理功能非常重要（图 5-2）。体内的细胞只有通过内环境，才能与外界环境进行物质交换。

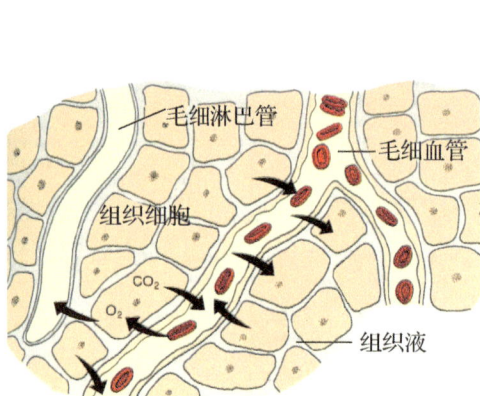

图 5-1　血浆、组织液和淋巴之间的关系

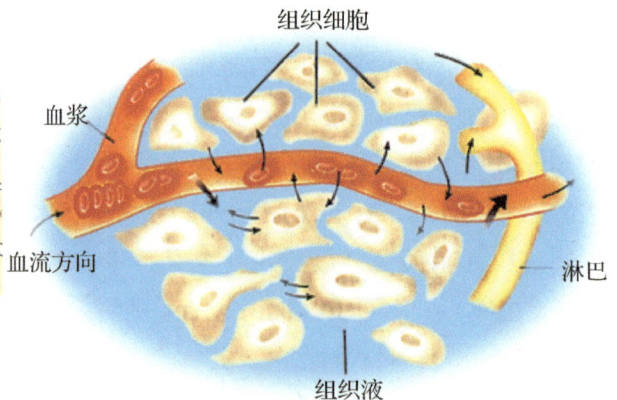

图 5-2　体内细胞和内环境之间物质交换示意图

二、稳态

由于细胞与内环境之间不断地进行着物质交换，因此，细胞的代谢活动和外界环境的不断变化，必然会影响到内环境的理化性质，如温度、渗透压、pH、血压、血糖等。那么，内环境的理化性质会不会经常发生剧烈的变化呢？以体温为例，无论在冰天雪地的严冬，还是在酷暑难当的盛夏，人的体温总是维持在 37 ℃ 左右（正常情况下，不同人的体温，会因年龄、性别、昼夜、运动和情绪的变化等因素而有所波动，但一般不超过 1 ℃）。人的体温来源于体内物质代谢过程中释放出来的热量。体温的相对恒定，是机体产热量和散热量保持动态平衡的结果，而这种动态平衡，是靠完善的体温调节机制来实现的。

像体温的情况一样，健康人的内环境的每一种成分和理化性质都处在一个相对稳定的状态。例如，正常人血浆的 pH 在 7.35～7.45；人的血浆渗透压在 37 ℃时，约为 770 kPa，相当于生理盐水的渗透压；人体血糖浓度正常值在 0.8～1.2 g/L。生理学家把正常机体通过调节作用，使各个器官、系统协调活动，共同维持内环境的相对稳定状态，叫作稳态（homeostasis）。那么，稳态是怎样实现的呢？

1. 稳态调节机制

维持内环境稳定的基础是人体各器官和各系统分工合作、协调一致地正常运行（图 5-3）。如果某器官的功能出现障碍，就会引起稳态失调。例如，肾功能衰竭，会出现尿毒症。

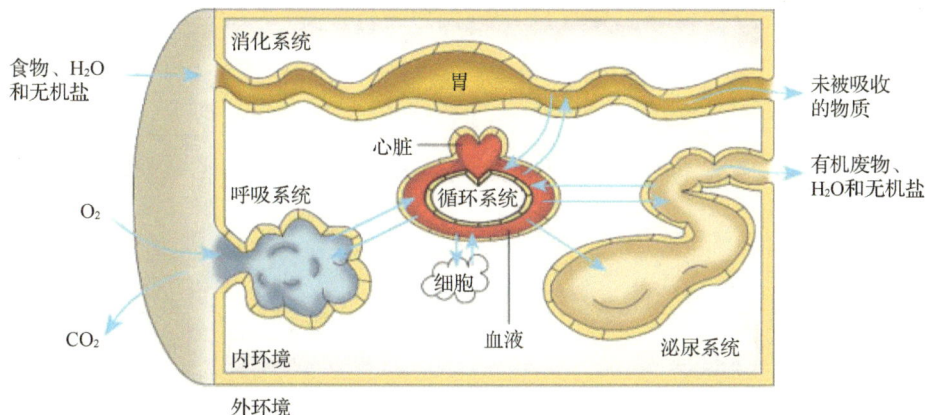

食物、H_2O 和无机盐

消化系统

胃

未被吸收的物质

心脏

循环系统

有机废物、H_2O 和无机盐

O_2

呼吸系统

细胞

CO_2

内环境

血液

泌尿系统

外环境

图 5-3　内环境稳态与消化、呼吸、循环、泌尿系统的功能联系示意图

那么，机体内各个器官、系统为什么能保持协调一致呢？

最初，法国生理学家贝尔纳（C. Bernard，1813—1878）曾推测，内环境的恒定主要依赖于神经系统的调节。后来美国生理学家坎农（W. B. Cannon，1871—1945）提出了稳态维持机制的经典解释：内环境稳态是在神经调节和体液调节的共同作用下，通过机体各个器官、系统分工合作、协调统一而实现的。

免疫系统曾一度被认为是机体的防御系统。随着分子生物学的发展，人们发现，免疫系统也起着重要的调节作用：它能发现并清除异物及外来病原微生物等引起内环境波动的因素。目前普遍认为，神经—体液—免疫调节网络是机体维持稳态的主要调节机制。

人体的内环境稳态有没有失调的可能呢？人体维持稳态的调节能力是有一定限度的。当外界环境的变化过于激烈，或人体自身的调节功能出现障碍时，内环境稳态就会遭到破坏。

2. 内环境稳态的重要意义

机体的新陈代谢是由细胞内很多复杂的酶促反应组成的，而酶促反应的进行需要温和的外界条件，如温度、pH 等都必须保持在适宜的范围内，酶促反应才能正常进行。可见，内环境稳态是机体进行正常生命活动的必要条件。当内环境稳态遭到破坏时，就会引起代谢紊乱，并导致疾病。例如，当血液中 Ca、P 的含量降低时，会影响骨组织的钙化，这在成年人表现为骨软化病，在儿童则表现为骨质生长障碍、骨化不全的佝偻病，血钙过高则会引起肌无力等疾病。

练 习

一、填空题

1. 血细胞、肌细胞和淋巴细胞所处的内环境分别是_____、_____、_____。

2. 直接参与体内细胞与外界环境之间气体交换的系统是_____。

3. 长时间行走使脚掌磨出了水泡，几天后水泡消失。此时水泡中的液体主要渗入了_____。

二、选择题

1. 人体的体液是指（　　）。

A. 细胞外液和消化液　　　　　　B. 细胞内液和血液

C. 细胞内液和细胞外液　　　　　D. 血浆、组织液和淋巴

2. 下列物质中，不属于人体内环境组成成分的是（　　）。

A. Ca^{2+}　　　　　　　　　　B. 血红蛋白

C. 葡萄糖　　　　　　　　　　　D. 血浆蛋白

3. 下列物质中，人体血液中不可能含有的是（　　）。

A. 纤维素　　　　　　　　　　B. 尿素

C. 激素　　　　　　　　　　　D. 维生素

4. 血浆中的 H_2O 来自（　　）。

A. 组织液

B. 组织液、消化液

C. 组织液、淋巴

D. 组织液、消化液、淋巴

5. 下列属于哺乳动物和人体内环境的是（　　）。

A. 肺泡腔内的气体　　　　　　B. 小肠腔内的消化液

C. 心室腔内的血浆　　　　　　D. 膀胱腔内的尿液

6. 下列关于稳态的叙述，正确的是（　　）。

A. 稳态是机体通过消化、呼吸、循环、泌尿这四个系统的协调活动来维持的

B. 稳态是机体在神经系统的调节下，通过各器官、系统的协调活动来共同维持的

C. 在正常情况下，内环境的各项理化性质是保持不变的

D. 在正常情况下，内环境的各项理化性质经常处于变动之中，但都保持在适宜的范围内

7. 当内环境的稳态遭到破坏时，必将引起（　　）。

A. 酶促反应速率的加快　　　　B. 渗透压下降

C. 细胞代谢紊乱　　　　　　　D. 糖尿病

8. 关于内环境稳态调节机制的现代观点是（　　）。

A. 神经调节　　　　　　　　　B. 体液调节

C. 神经—体液调节　　　　　　D. 神经—体液—免疫调节

9. 人体内环境必须保持相对稳定状态，才能保证组织细胞正常的生命活动。下列各项生理活动中，与内环境的相对稳定无直接关系的是（　　）。

A. 尿液和汗液的排出

B. 食物残渣形成粪便排出体外

C. 血液运输养料和废物

D. 血液中 CO_2 浓度升高使呼吸加快

10. 下列有关稳态生理意义的叙述不正确的是（　　）。

A. 当血液的成分稳定时，人一定不会发生疾病

B. 稳态有利于酶促反应的正常进行

C. 当稳态遭到破坏时，可导致疾病发生

D. 稳态是机体进行正常生命活动的必要条件

三、分析简答题

1. 为什么说内环境的稳态是人体进行正常生命活动的必要条件？

2. 右图表示人体细胞与外界环境之间进行物质交换的过程。Ⅰ、Ⅱ、Ⅲ、Ⅳ表示能直接与内环境进行物质交换的器官或系统，①②是有关的生理过程。据图回答下列问题。

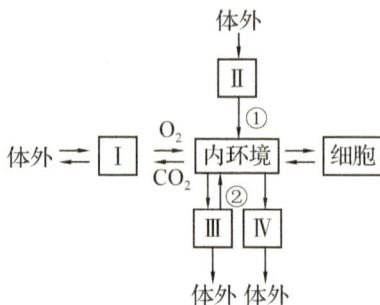

(1) 内环境与Ⅰ交换气体必须通过的结构是_____。

(2) Ⅱ内的营养物质通过①过程进入内环境，①表示的过程是_____。

(3) ②过程表示_____作用。

(4) Ⅳ表示的器官是_____。

第二节　动物与人体生命活动的调节

神经调节和体液调节是动物与人体生命活动中最基本的调节方式，也是实现动物与人体个体稳态的最重要的方式。

一、神经调节

动物与人体内各个器官、系统的协调统一，各项生命活动的正常进行以及能对外界环境的各种变化做出相应的反应等，主要通过神经系统的调节作用来完成。

1. 反射和反射弧

神经系统调节动物与人体各项活动的基本方式是反射(reflex)，它是指在中枢神经系统的参与下，动物体与人体对体内和外界环境的各种刺激所发生的规律性反应。根据形成过程的不同，反射可分为非条件反射和条件反射。非条件反射是通过遗传而获得的先天性反射；条件反射是指出生后机体通过训练逐渐形成的后天性反射，它可以建立，也能消退，数量可以不断增加。条件反射的建立扩大了机体的反应范围，当生活环境改变时条件反射也跟着改变。因此，条件反射较非条件反射有更大的灵活性，更适应复杂变化的生存环境。

完成反射的结构基础是反射弧(reflex arc)。反射弧通常由感受器、传入神经纤维、神经中枢、传出神经纤维和效应器组成(图 5-4)。反射需要经过完整的反射弧来实现，如果反射弧中任何一个环节中断，反射就不能发生。

感受器接受了一定的刺激后，产生兴奋(excitation)。兴奋是指动物体或人体内的某些组织(如神经组织)或细胞感受外界刺激后，由相对静止状态变为显著活跃状

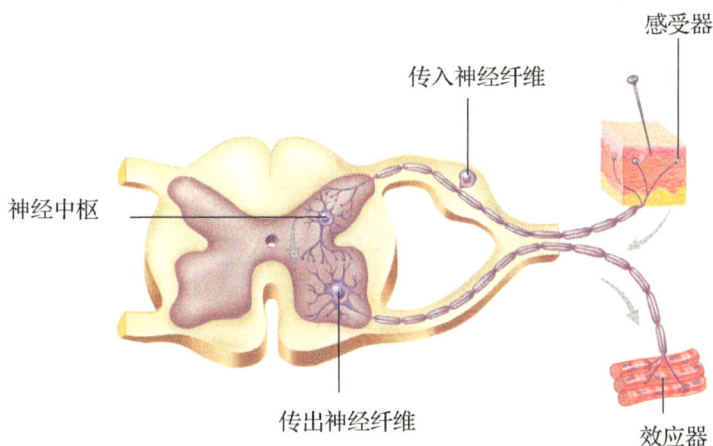

图 5-4　反射弧的基本结构

态的过程。感受器的兴奋沿着传入神经纤维向神经中枢传导；神经中枢随即产生兴奋并对传入的信息进行分析与综合；神经中枢的兴奋经过一定的传出神经纤维到达效应器；效应器对刺激做出应答。这就是反射的基本过程。

2. 兴奋在神经纤维上的传导

神经纤维在未受到刺激时，细胞膜内、外的电位（膜电位）表现为膜外正电位、膜内负电位，即静息电位。当神经纤维的某一部分受到刺激产生兴奋时，兴奋部位的细胞膜就发生一次很快的电位变化，膜外由正电位变为负电位，膜内由负电位变为正电位，即动作电位。但是，邻近的未兴奋部位仍然是膜外正电位、膜内负电位。这样，在细胞膜外的兴奋部位与邻近的未兴奋部位之间形成了电位差，于是就有了电荷的移动；在细胞膜内的兴奋部位与邻近的未兴奋部位之间也形成了电位差，也有了电荷的移动，形成了局部电流。该电流在细胞膜外由未兴奋部位流向兴奋部位，在细胞膜内则由兴奋部位流向

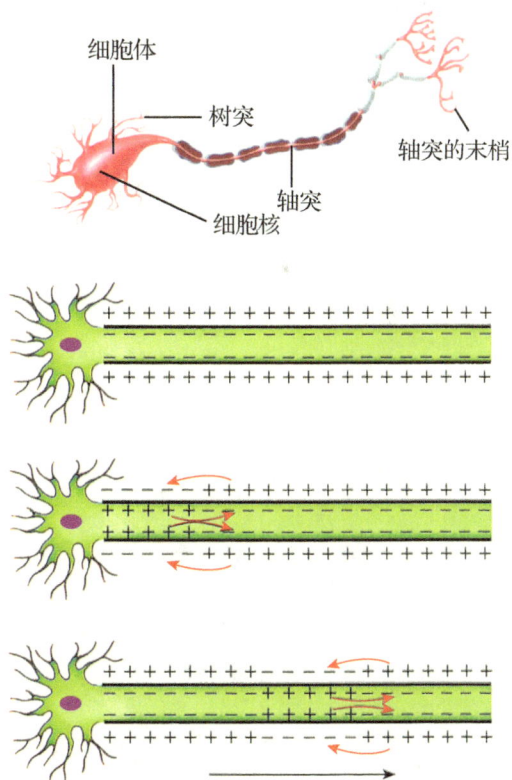

图 5-5　神经冲动在神经纤维上传导的模式图
（红色箭头表示膜内、外局部电流的流动方向，
下方黑色箭头表示兴奋传导方向）

未兴奋部位，从而形成了局部电流回路。这种局部电流又刺激相邻的未兴奋部位发生上述同样的电位变化，又产生局部电流。如此依次进行下去，兴奋不断地向前传导，而已经兴奋的部位又不断地依次恢复原先的电位。兴奋就是按照这样的方式沿着神经纤维迅速向前传导的(图 5-5)。

3. 兴奋在神经元之间的传递

在完成一个反射的过程中，兴奋要经过传入神经纤维和传出神经纤维等多个神经元，相邻的两个神经元之间并不直接接触。那么，信息是怎样由前一个神经元传到后一个神经元的呢？

兴奋在神经元与神经元之间是通过突触来传递的。

一个神经元与另一神经元相接触的部位叫作突触(synapse)。在光学显微镜下观察，可以看到一个神经元的轴突末梢经过多次分支，最后每一个小枝的末端膨大呈杯状或球状，叫作突触小体。这些突触小体可以与多个神经元的细胞体或树突相接触而形成突触。在电子显微镜下观察，可以看到突触是由突触前膜、突触间隙和突触后膜三部分构成的(图 5-6)。突触前膜是轴突末端突触小体的膜；突触后膜是与突触前膜相对应的胞体膜或树突膜；突触间隙是突触前膜与突触后膜之间存在的间隙。突触小体内靠近前膜处含有大量的突触小泡，泡内含有化学物质——神经递质。当兴奋通过突触传导到突触小体时，突触小体内的突触小泡就将神经递质释放到突触间隙里，使另一个神经元产生兴奋或抑制。这样，兴奋就从一个神经元通过突触而传递给了另一个神经元(图 5-7)。

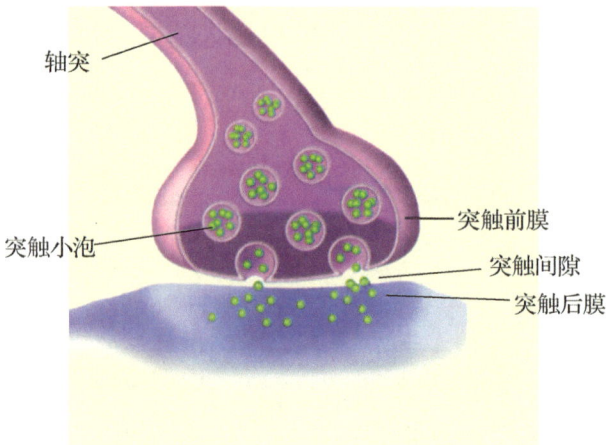

图 5-6 突触的亚显微结构示意图

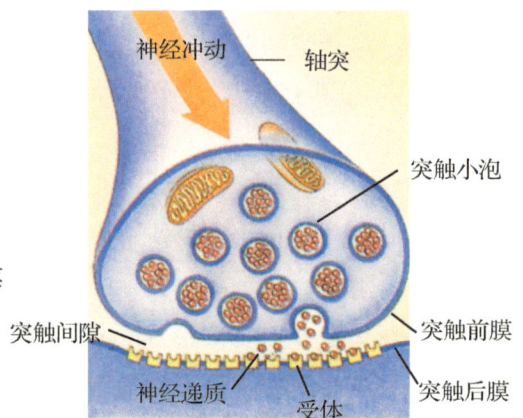

图 5-7 神经元之间的信息传递图解

由于神经递质只存在于突触前膜的突触小泡内，只能由突触前膜释放，然后通过胞吐作用于突触后膜上，使后一个神经元发生兴奋或抑制，因此，神经元之间兴奋的传递只能是单向的。兴奋可以从一个神经元的轴突传递给另一个神经元的细胞体、树突或者轴突。

外界刺激传入神经中枢后，通过神经中枢的分析与综合，再由神经中枢对机体的各项活动进行调节。虽然各级神经中枢对机体的活动都有调节作用，但高级神经中枢的调节起着主导的作用。

4. 高级神经中枢的调节

神经中枢是中枢神经系统里，功能相同的神经元细胞体集中的区域。脊椎动物和人的中枢神经系统包括脑和脊髓。调节高级动物和人生理活动的高级神经中枢在大脑皮层上。

大脑皮层有许多功能区，管理着人体某一方面的活动，但各功能区之间是相互协调的。比较重要的功能区有躯体运动中枢、躯体感觉中枢、视觉中枢、听觉中枢等（图 5-8）。

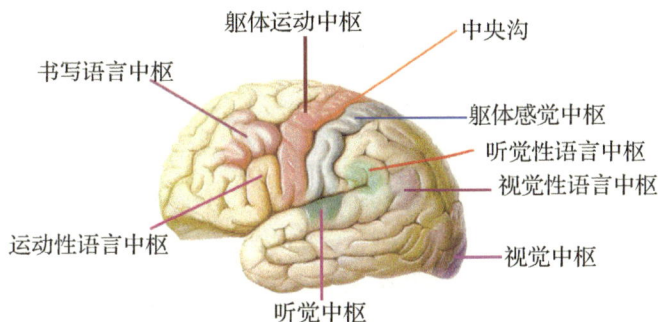

图 5-8　大脑皮层主要功能区示意图

语言中枢是人类特有的高级神经活动中枢，多在大脑左侧半球。临床实践证明，右利者（惯用右手的人）的语言中枢在大脑左侧半球，大部分左利者的语言中枢也在大脑左侧半球，只有少数位于大脑右侧半球。语言中枢所在的大脑半球称为优势半球。儿童如在大脑优势半球尚未建立时，大脑左侧半球受损伤，则有可能在大脑右侧半球皮质区再建立其优势，从而使语言机能得到恢复。语言中枢在大脑皮层的代表区较为分散。人类的语言有多种形式，如口语、书写、听语、阅读等，与这些功能相关的代表区一般靠在相应的功能区附近。例如，运动性语言中枢和书写语言中枢靠在躯体运动中枢附近，听觉性语言中枢靠在听觉中枢附近，视觉性语言中枢则靠在视觉中枢附近（图 5-8）。

各级语言中枢并不是孤立存在的，它们之间有着密切联系，语言能力需要大脑皮质有关区域的协调及配合才能完成。据研究，听到别人说话，理解后用口语回答的过程可能是：首先，听觉冲动传至听觉中枢，产生听觉，并理解句意；然后，经过联络区的分析，将信息传送到运动性语言中枢，运动性语言中枢通过与头面部有关皮质的联系，控制唇、舌、喉肌等运动，形成语言，并表达出来。

植物性神经调节

人们生活中常有这样的体验：在剧烈运动时，心跳会加快，呼吸也会加深、加快；转入安静状态时，心跳和呼吸则会变慢，并逐渐恢复到正常状态。人体之所以会出现这些变化，与中枢神经系统的调节作用有关，而中枢神经系统对心脏、肺等内脏活动的调节，是通过植物性神经的活动来实现的。

植物性神经是指支配着各种内脏器官活动的传出神经，包括交感神经和副交感神经两大类。交感神经起源于整个脊髓胸腰节段，副交感神经起源于脑干和脊髓骶节段。植物性神经分布在心肌、全身各内脏器官（包括血管）的平滑肌和腺体等处，调节机体的营养、呼吸、分泌、生长和生殖等生理功能。

人和动物体内大多数内脏器官都同时分布着交感神经和副交感神经，所以这些内脏器官接受双重神经的支配。交感神经和副交感神经对同一个内脏器官的作用往往是相反的。例如，交感神经可以使心跳加快、加强，副交感神经则使心跳减慢、减弱。但是在人和动物体内，这两类的神经作用，是在中枢神经系统的调节下，密切配合、相辅相成的。例如，人在剧烈运动时，交感神经的作用加强，副交感神经的作用受到抑制，使心脏的跳动和血液的循环加快，肺的通气量增大，以适应人体剧烈活动的需要。相反，当人由剧烈运动转变为安静状态时，副交感神经的作用加强，交感神经的作用受到抑制，使心脏的跳动和血液的循环变慢，肺的通气量减小，以适应人体在安静状态时的需要。

植物性神经对内脏活动的调节，要受到中枢神经系统中各级神经中枢的控制。植物性神经调节的低级中枢在脊髓和脑干，可以完成一些调节内脏功能的基本反射活动；比较高级的中枢在下丘脑，主要是在情绪反应中调节内脏与躯体的活动；高级中枢在大脑皮层，可以协调整体行为中的内脏活动。

二、体液调节

体液调节（humoral regulation）是指动物与人体内的一些细胞能生成并分泌某些特殊的化学物质（如激素、代谢产物等），经体液（血液、组织液等）的运输，到达全身的组织细胞或某些特殊的组织细胞，通过作用于细胞上相应的受体，对这些细胞的活动进行的调节。

在体液调节中，激素（hormone）的调节作用最为重要。激素是一类化学信号物质，由特化的内分泌细胞或神经分泌细胞所分泌，这些细胞将激素分泌至体液，由体液运送至靶细胞。

1. 激素的种类和生理作用

人体内主要的内分泌腺如图 5-9 所示，表 5-1 显示了激素的种类、分泌部位、生理作用及作用部位。

表 5-1 激素的种类、分泌部位、生理作用及作用部位

种类		分泌部位	生理作用及作用部位
甲状腺激素		甲状腺	促进新陈代谢和生长发育，加速体内物质氧化分解，尤其对中枢神经系统的发育和功能具有重要影响，提高神经系统的兴奋性。 作用于全身。
肾上腺素		肾上腺髓质	增强心脏活动，使血管收缩，血压上升，促进糖原分解，使血糖升高，提高体温。 主要作用于心血管、肝脏。
生长激素		垂体	促进生长，主要促进蛋白质的合成和骨的生长。 作用于全身。
促甲状腺激素		垂体	促进甲状腺的生长发育，调节甲状腺激素的合成和分泌。 作用于甲状腺。
促性腺激素		垂体	促进性腺的生长发育，调节性激素的合成和分泌等。 作用于性腺。
催乳素		垂体	调控人对婴幼儿的照顾行为，促进某些合成食物的器官发育和生理机能的完成。 主要作用于乳腺。
抗利尿激素		下丘脑神经细胞分泌，垂体后叶释放	促进肾小管和集合管对水分的重吸收，减少尿的排出，保留体内的水分，使细胞外液的渗透压趋向于恢复正常。 作用于肾小管和集合管。
胰岛素		胰岛 B 细胞	调节糖类代谢，降低血糖含量，促进血糖合成为糖原，抑制非糖物质转化为葡萄糖，从而使血糖含量降低。 作用于全身。
胰高血糖素		胰岛 A 细胞	强烈促进肝糖原分解，促进非糖物质转化为葡萄糖，从而使血糖含量升高。 主要作用于肝脏。
醛固酮		肾上腺皮质	促进肾小管和集合管对钠的重吸收和钾的分泌，维持血钠和血钾含量的平衡(保钠排钾)。 作用于肾小管和集合管。
性激素	雄性激素	主要是睾丸	分别促进雌、雄生殖器官的发育和生殖细胞的生成，激发和维持各自的第二性征；雌激素能激发和维持雌性正常的性周期。 主要作用于生殖器官、喉结(雄性激素)、乳腺(雌性激素)。
	雌性激素	主要是卵巢	
	孕激素	卵巢	促进子宫内膜和乳腺等的生长发育，为受精卵着床和泌乳准备条件。 主要作用于女性生殖器官、乳腺。

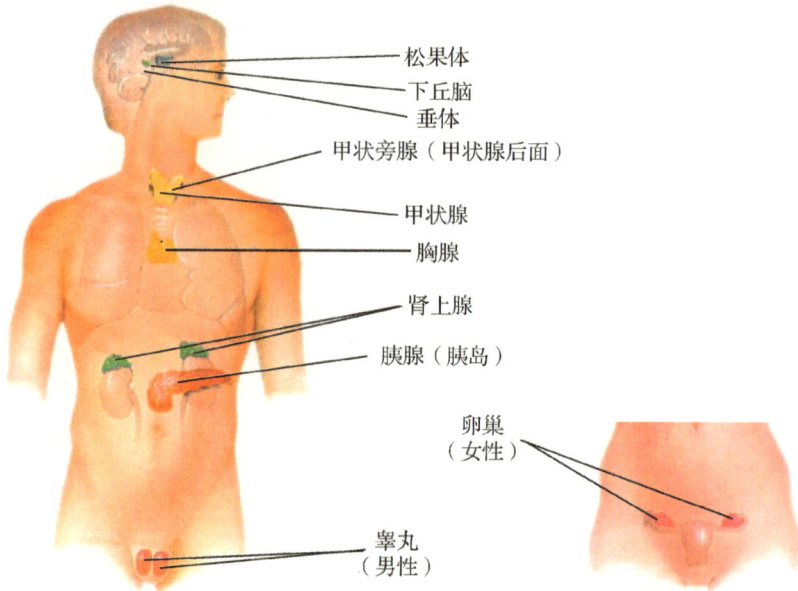

图 5-9　人体主要内分泌腺

　　从表5-1中促甲状腺激素和促性腺激素的分泌部位可以看出，垂体具有调节、管理其他某些内分泌腺的作用。垂体分泌激素的多少，是受下丘脑支配的。下丘脑中有一些细胞不仅能传导兴奋，而且能分泌激素。这些激素的功能是促进垂体中激素的合成和分泌。例如，下丘脑分泌的促性腺激素释放激素，能够促进垂体合成和分泌促性腺激素，进而促进性腺的生长发育，调节性激素的合成和分泌等。因此，可以说下丘脑是机体调节内分泌活动的枢纽。

　　下丘脑又称丘脑下部，是调节内脏活动和内分泌活动的较高级神经中枢所在。下丘脑面积虽小，但接受很多神经冲动，所以是内分泌系统和神经系统的中心。下丘脑具有许多细胞核团和纤维束，与中枢神经系统的其他部位具有密切的相互联系。它不仅通过神经和血管途径调节垂体激素的分泌和释放，而且还参与调节自主神经系统，如控制水盐代谢及情绪等。

　　下丘脑是大脑皮层下调节内脏活动的高级中枢，它把内脏活动与其他生理活动联系起来，调节着体温、摄食、水盐平衡和内分泌腺活动等重要的生理功能。

2. 激素的调节

　　激素调节的种类很多，下面通过两个具体的实例来了解其调节方式。

　　(1)血糖平衡的调节

　　血糖是指血液中的葡萄糖。要知道血糖平衡是如何维持的，首先需要分析血糖的来源和去向(图5-10)。

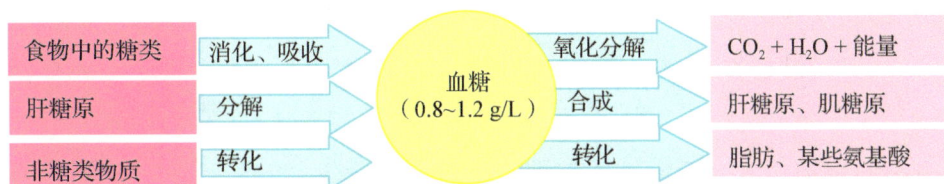

图 5-10　血糖的来源和去向

通过图 5-10 可以看出，肝脏和肌肉细胞中糖原分解或合成的快慢、细胞吸收和利用葡萄糖的速率等，都可能影响血糖含量。血糖为各种组织细胞的代谢活动提供能量。在正常情况下，血糖的来源和去向能够保持动态平衡，从而使血糖相对稳定地保持在 0.8～1.2 g/L。如果血糖的来源和去向不能保持动态平衡，血糖含量就不能维持相对稳定。血糖含量过低时，会引起头昏、心慌、四肢无力等；血糖含量过高时，会使葡萄糖从肾脏排出，形成糖尿，造成体内营养物质流失，同样有损健康。

研究发现，机体主要是通过胰岛分泌的胰岛素（insulin）和胰高血糖素（glucagon）来调节血糖代谢速率的。通过图 5-11 可以看出，胰岛素和胰高血糖素相互拮抗，共同维持血糖含量的稳定。同时，在血糖调节的过程中，胰岛素的作用结果会

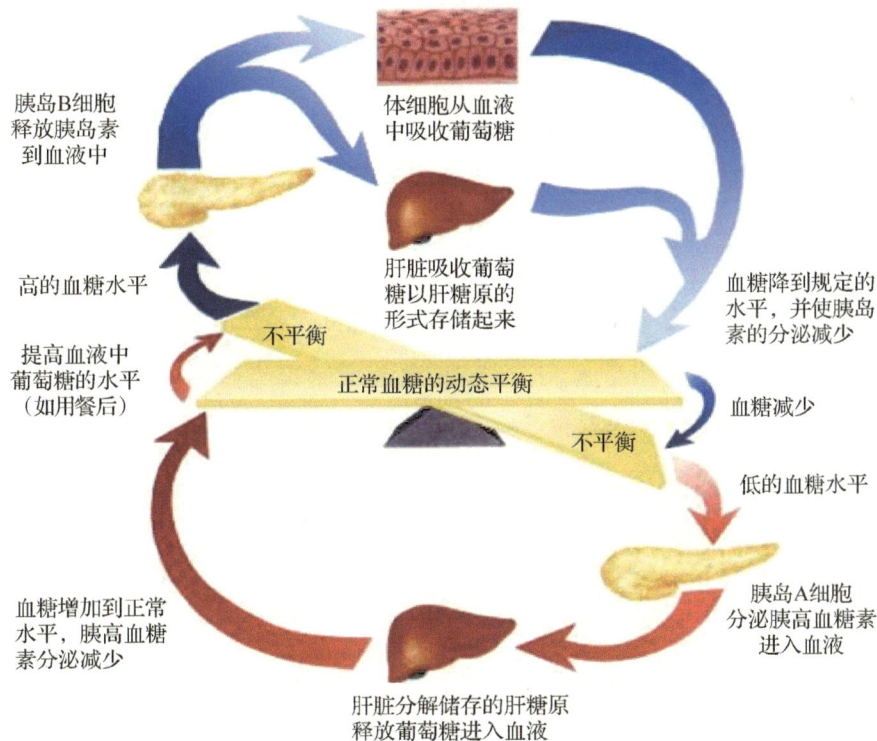

图 5-11　胰岛素和胰高血糖素对血糖的调节

反过来影响胰岛素的分泌，胰高血糖素也是如此。像这样，在一个系统中，系统本身工作的效果，反过来又作为信息调节该系统的工作，这种调节方式叫作反馈调节（feedback regulation）。在生物化学中，反馈调节也指一个代谢反应的终产物（或某些中间产物）对生化反应关键酶的影响。反馈调节是生命系统中非常普遍的调节机制，它对于机体维持稳态具有重要意义。

（2）甲状腺激素分泌的调节

当人处于寒冷的环境中时，身体内几乎所有的细胞都被动用起来，共同抵御寒冷。起动员作用的是神经冲动和激素。寒冷刺激了皮肤里的冷觉感受器，冷觉感受器产生兴奋并将兴奋传入下丘脑的体温调节中枢，通过中枢的分析与综合，再使有关神经兴奋，进而引起皮肤血管收缩，减少皮肤的血流量，从而使皮肤的散热量减少。与此同时，皮肤的立毛肌收缩，产生"鸡皮疙瘩"；骨骼肌也产生不自主战栗，使产热量增加。在上述过程中，甲状腺分泌的甲状腺激素随血液运输到全身，几乎作用于体内所有的细胞，提高细胞代谢的速率，使机体产生更多的热量。

甲状腺分泌甲状腺激素的多少，受到垂体和下丘脑的调节。

当身体的冷觉感受器受到寒冷刺激时，相应的神经冲动传到下丘脑。下丘脑就会分泌促甲状腺激素释放激素（TRH）并运输到垂体，促使垂体分泌促甲状腺激素（TSH）。TSH随血液运输到甲状腺，促使甲状腺增加甲状腺激素的合成和分泌。

当血液中的甲状腺激素含量增加到一定程度时，又反过来抑制下丘脑和垂体分泌相关激素，进而使甲状腺激素的分泌减少，这样体内的甲状腺激素含量就不至于过高（图5-12）。可见甲状腺激素的分级调节，也存在着反馈调节。

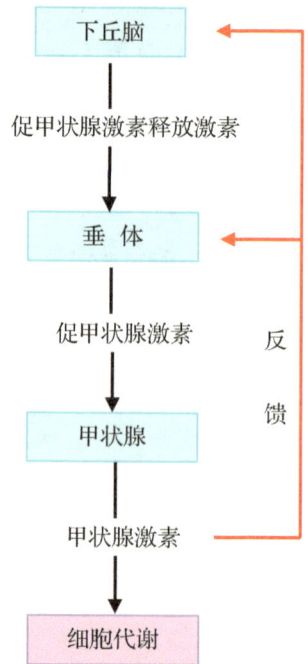

图5-12　甲状腺激素分泌的分级调节

3. 激素调节的特点

激素虽然种类很多，作用复杂，但它们的作用方式具有一些共同的特征。

（1）特异性

激素随血液被运送到全身各处，与组织细胞广泛接触，但它们选择性地作用于某些器官和细胞，称为激素作用的特异性。被选择性作用的器官和细胞，分别称为靶器官（target organ）和靶细胞（target cell）。例如，甲状腺激素几乎对全身的细胞都起作用，而促甲状腺激素只作用于甲状腺。激素一经靶细胞接受并起作用后就被灭活了，因此，机体需要源源不断地产生激素，以维持激素含量的动态平衡。

（2）高效性

激素是作用很强的信号物质，在血液中的含量甚微，但作用显著。例如，在人体血液中甲状腺激素的含量只有 $3 \times 10^{-5} \sim 1.4 \times 10^{-4}$ mg/mL，而 1 mg 甲状腺激素可使人体产热增加 4 200 kJ。

（3）激素间的协同作用和拮抗作用

在激素调节中，激素对于某一种生理活动的调节，往往不是由一种激素完成的，而是由多种激素相互协调、相互作用共同完成的。

协同作用是指不同激素对同一生理效应都发挥作用，从而达到增强效应的结果。例如，生长激素和甲状腺激素对生长和发育共同起作用。

生长激素主要通过促进蛋白质的合成和骨的生长而达到促进生长的作用；甲状腺激素则对机体的生长和发育，尤其是中枢神经系统的发育和功能具有重要的促进作用。如果人在幼年时期生长激素分泌不足，就会患"侏儒症"；但是，如果生长激素分泌正常，甲状腺激素分泌不足，则会患"呆小症"（身材矮小，智力低下）。只有当生长激素和甲状腺激素协同作用时，才能保证机体正常的生长和发育。

拮抗作用是指不同激素对某一生理效应发挥相反的作用。例如，胰岛素和胰高血糖素对血糖含量的调节。

胰高血糖素的主要作用是促进糖原分解和非糖物质转化为葡萄糖，从而使血糖升高；而胰岛素的作用是促进血糖合成糖原，抑制非糖物质转变为葡萄糖，从而使血糖含量降低。当血糖含量较高时，胰岛素分泌增加，胰高血糖素分泌减少，两种激素拮抗作用的结果是促进血糖合成糖原，并抑制非糖物质转化为葡萄糖，使血糖的含量降低；当血糖含量较低时，情况正好相反。胰高血糖素的升血糖作用和胰岛素的降血糖作用相互拮抗，共同实现对糖代谢的调节，使血糖含量维持在相对稳定的水平。

4. 其他化学物质的调节作用

参与体液调节的化学物质除了激素以外，还有 CO_2 和 H^+ 等，它们对机体的生理活动也有调节作用。

CO_2 是调节呼吸的有效生理刺激。当吸入 CO_2 含量较高的混合气时，会使肺泡气的 CO_2 含量升高，动脉血中的 CO_2 含量也随之升高，这样就形成了对呼吸中枢的有效刺激，呼吸中枢的活动就加强，呼吸加深、加快，肺的通气量也增大，从而加快对 CO_2 的清除，使肺泡气和动脉血中的 CO_2 含量维持在正常水平。

三、神经调节和体液调节的关系

1. 神经调节和体液调节的比较

单细胞动物和一些低等动物只有体液调节，但在任何高等动物体内，神经调节和体液调节都是机体调节生命活动的重要方式，两者有着不同的特点（表 5-2）。

表 5-2　神经调节和体液调节特点的比较

比较项目	神经调节	体液调节
作用途径	反射弧	体液运输
反应速度	迅速	较缓慢
作用范围	准确、比较局限	较广泛
作用时间	短暂	比较长

2. 神经调节和体液调节的协调

神经调节和体液调节之间的关系可以概括为以下两个方面。一方面，体内大多数内分泌腺本身直接或间接地接受中枢神经系统的调节，如肾上腺激素的分泌是受中枢神经系统调节的，此时，体液调节可以看作神经调节的一个环节。另一方面，内分泌腺分泌的激素也可以影响神经系统的发育和功能，如幼年时甲状腺激素缺乏（如缺碘），就会影响大脑的发育等。

总之，动物体的各项生命活动常常同时受神经和体液的调节。正是由于这两种调节方式的协调作用，各器官、系统的活动才能协调一致，内环境的稳态才得以维持，细胞的各项生命活动才能正常进行，机体才能适应内、外环境的不断变化。

但是，神经调节和体液调节并不能直接消灭入侵的病原体，也不能直接清除体内出现的衰老、破损或异常的细胞。对付病原体和体内出现的异常细胞，要靠免疫调节。免疫调节是依靠免疫系统（immune system）实现的。

练 习

一、填空题

1. 神经调节的基本方式是＿＿＿＿＿＿，完成反射的结构基础是＿＿＿＿＿＿，其结构包括＿＿＿＿＿＿＿＿＿＿＿＿＿＿＿＿＿＿＿＿＿＿。

2. 神经元之间兴奋的传递通过（填写结构）＿＿＿＿＿＿，包括＿＿＿＿＿＿、＿＿＿＿＿＿和＿＿＿＿＿＿三个部分。

二、选择题

1. 如果支配某一肢体的传入神经纤维及神经中枢完整，而传出神经纤维受损，那么该肢体会（   ）。

A. 能运动，针刺有感觉   B. 不能运动，针刺有感觉

C. 能运动，针刺无感觉   D. 不能运动，针刺无感觉

2. 关于兴奋在神经元之间传递的叙述，正确的是（   ）。

A. 甲神经元轴突→突触→乙神经元树突（或细胞体）

B. 甲神经元树突→突触→乙神经元轴突（或细胞体）

C. 乙神经元细胞体→突触→甲神经元轴突（或细胞体）

D. 乙神经元树突→突触→甲神经元树突（或细胞体）

3. 下列六项是接受刺激和传导兴奋的结构，当某人手指被刀割伤时，由于疼痛而咬紧牙关，其神经冲动传递的途径是（   ）。

①感觉神经纤维   ②运动神经纤维   ③手部感受器   ④脊髓   ⑤牵动上下颌的肌肉   ⑥脑

A. ①②③④⑤⑥   B. ③②④⑥①⑤

C. ③①④⑥②⑤   D. ③⑥④①②⑤

4. 下列关于神经调节的叙述，错误的是（   ）。

A. 神经系统调节机体活动的基本方式是反射

B. 最简单的反射弧至少由两个神经元组成

C. 神经递质经主动运输穿过突触前膜而传递兴奋

D. 兴奋时神经纤维细胞膜内局部电流方向与兴奋传导方向一致

5. 下列关于抗利尿激素分泌的叙述，正确的是（   ）。

A. 喝水多，抗利尿激素分泌多

B. 喝水少，抗利尿激素分泌多

C. 喝水少，抗利尿激素分泌少

D. 出汗多，抗利尿激素分泌少

6. 当人体长时间大量运动时，血液中的葡萄糖等营养物质会被大量消耗，此时胰岛 A 细胞和胰岛 B 细胞的变化是（   ）。

A. 胰岛 A 细胞活动加强，胰岛 B 细胞活动减弱

B. 胰岛 A 细胞和胰岛 B 细胞活动都加强

C. 胰岛 A 细胞和胰岛 B 细胞活动都减弱

D. 胰岛 A 细胞活动减弱，胰岛 B 细胞活动加强

三、分析简答题

1. 下图表示人体内化学物质传输信息的两种方式，据图回答下列问题。

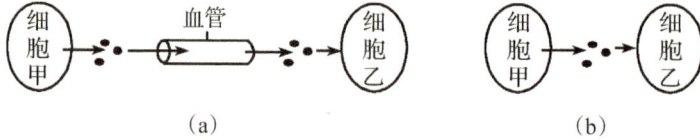

(1)神经递质的传输方式是图_____。细胞合成的神经递质，经过_____加工，形成突触小泡，释放到突触间隙，该过程依赖于细胞膜的_____性。神经递质与突触后膜上相应的受体结合引起反应，受体的化学本质是_____。

(2)兴奋在神经元之间的传递特点是_____，原因是_____。

(3)甲状腺激素的传输方式是图_____。甲状腺激素分泌过多时会抑制_____和_____的分泌活动，这种调节方式叫_____。

2. 下图是分泌细胞分泌的某种物质与靶细胞结合的示意图，据图回答下列问题。

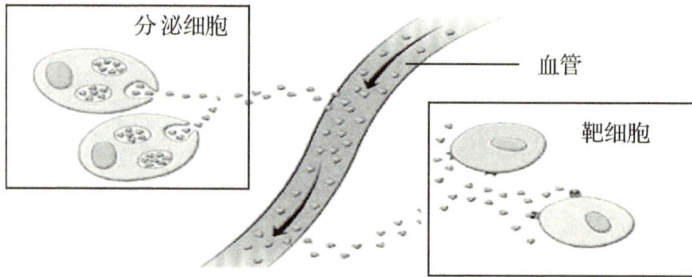

(1)分泌细胞的分泌物与靶细胞相互结合的原因是靶细胞膜上有_____。

(2)正常人饭后，胰静脉血液中明显增多的激素是由_____分泌的。

(3)若图中靶细胞为病原菌，那么与分泌细胞形成分泌物有关的细胞器是_____。

(4)如果分泌细胞为甲状腺细胞，那么靶细胞能否为垂体细胞？简要说明理由：_____。

▶第三节　植物的激素调节

植物的形态结构比高等动物简单得多。它们没有神经系统，对外界刺激的反应也就不如动物灵敏。

植物体受到单一方向的外界刺激引起的定向运动，称为向性运动。例如，在单侧光的照射下，植物的茎、叶朝向光源方向生长的现象叫作向光性（phototropism）

（图 5-13）；植物在重力影响下保持一定方向生长的特性叫作向重力性（gravitro-pism）（图 5-14）。

图 5-13　植物的向光性生长

图 5-14　植物的向重力性生长

植物的向性运动在植物生活中具有重要的意义。例如，向光性使植物的茎、叶处于最适宜利用光能的位置，有利于接受充足的阳光而进行光合作用；向重力性使植物的根向土壤深处生长，这样既有利于植株的固定，又有利于植株从土壤中吸收 H_2O 和无机盐。可见，向性运动是植物对于外界环境适应的结果。

一、植物生长素的发现

为了弄清植物体为什么会表现出向性运动，科学家做了大量的研究，并逐步揭示了植物生命活动调节的奥秘。

1. 生长素的发现过程

1880 年，达尔文（C. R. Darwin，1809—1882）通过实验发现：金丝雀虉草（一种单子叶禾本科植物）的胚芽鞘在受到单侧光照射时，会弯向光源生长；如果去掉胚芽鞘尖端，胚芽鞘既不生长，也不弯曲；如果将胚芽鞘尖端用一个锡箔小帽罩起来，胚芽鞘则直立生长；如果用锡箔纸罩住胚芽鞘尖端下面的一段，则胚芽鞘仍然会弯向光源生长（图 5-15）。根据上述现象，达尔文推测，胚芽鞘尖端可能

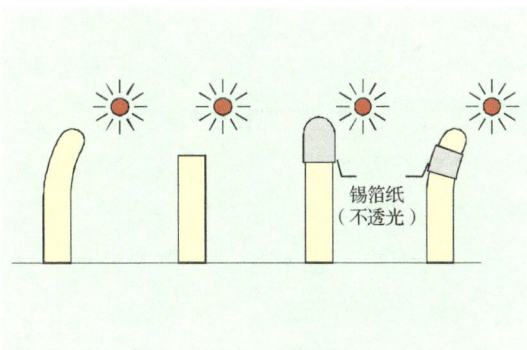

锡箔纸
（不透光）

图 5-15　达尔文实验示意图

会产生某种物质，这种物质受单侧光刺激后，对胚芽鞘下面的部分产生了一定的"影响"。

1910 年，鲍森-詹森（P. Boysen-Jensen）通过实验证明，胚芽鞘尖端产生的"影响"可以透过琼脂块传递到胚芽鞘下部（图 5-16）。

1914 年，拜尔（A. Paal）进一步的实验证明，胚芽鞘的弯曲生长，是胚芽鞘尖端产生的"影响"在其下部分布不均匀造成的（图 5-17）。

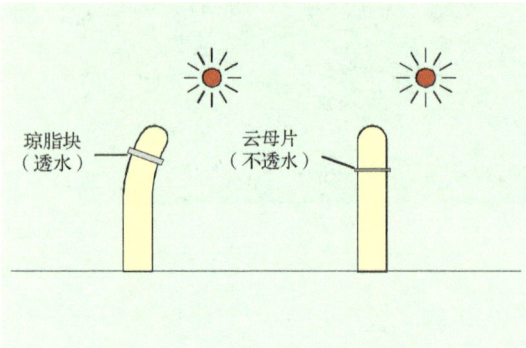

图 5-16　鲍森-詹森实验示意图

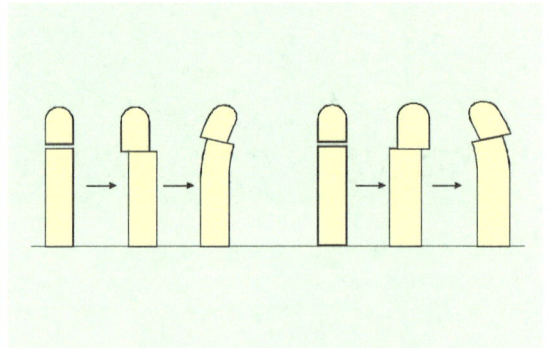

图 5-17　拜尔实验示意图

以上实验初步证明胚芽鞘尖端产生的"影响"可能是一种化学物质造成的，是这种化学物质的分布不均匀导致了胚芽鞘的弯曲生长。

1928 年，荷兰科学家温特（F. W. Went）把切下的燕麦胚芽鞘尖端放在琼脂薄片上，在1~2 h后移去胚芽鞘尖端，并将该琼脂薄片切成小块，放在切去尖端的燕麦胚芽鞘切面的一侧，然后置于黑暗条件下培养，结果发现胚芽鞘会向放琼脂块的对侧弯曲生长（图 5-18）。但是，如果把没有接触过胚芽鞘尖端的琼脂块放在切去尖端的胚芽鞘切面的一侧，

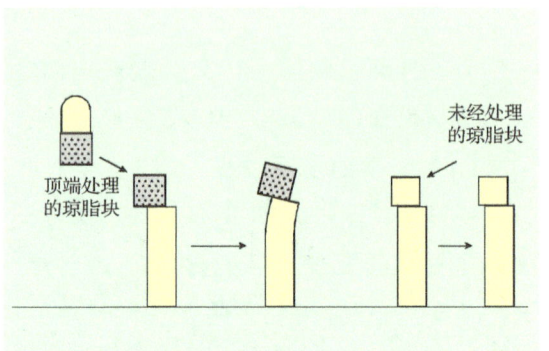

图 5-18　温特实验示意图

胚芽鞘既不生长也不弯曲。由此证明，胚芽鞘尖端确实产生了某种化学物质，该物质从尖端运输到下部，并能促使胚芽鞘下面某些部分的生长。温特还认为这可能是一种和动物激素类似的物质，并把这种物质命名为生长素（auxin）。

1931 年，荷兰科学家郭葛（Kogl）等人从人尿中分离出一种化合物，加入到琼脂中，同样能诱导胚芽鞘弯曲，该化合物被证明是吲哚乙酸（indoleacetic acid,

IAA)（图 5-19）。此后，在 1946 年，郭葛等人在植物组织中也找到了吲哚乙酸。

生长素的发现使人们认识到，植物的向光性是由于生长素分布不均匀造成的：单侧光照射后，胚芽鞘背光一侧的生长素含量多于向光一侧，因而引起两侧的生长不均匀，从而造成植物向光弯曲。

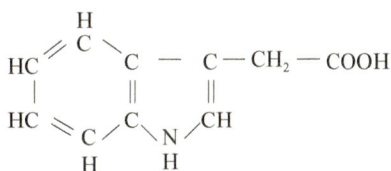

图 5-19　吲哚乙酸化学结构

后来，人们又陆续发现了赤霉素、细胞分裂素、脱落酸和乙烯等对植物生命活动的调节起重要作用的物质。人们把这类由植物体产生，能从产生部位运送到作用部位，对植物的生长发育有显著影响的微量有机物，称为植物激素（phytohormone）。

2. 生长素的产生、分布和运输

生长素的合成部位主要是幼嫩的芽、叶和发育中的种子，而在成熟叶片及根尖中产生生长素的数量较少。

生长素在植物体各器官中都有分布，但相对集中地分布在生长旺盛的部分，如胚芽鞘、芽和根顶端的分生组织、形成层、发育中的种子和果实等处。

生长素的运输有三种方式：一是需要耗费能量的极性运输，二是被动的非极性运输（通过韧皮部），三是横向运输。

（1）极性运输

所谓极性运输，是指生长素总是从形态学上端向形态学下端运输，不能颠倒。需要指出的是，这里的形态学上端和形态学下端与空间位置中的"上"和"下"无必然联系。形态学上端通常指茎尖、根尖等分生迅速，向上或者向下延伸的部分；而分生缓慢，不延伸或者延伸很少的则是形态学下端，如树干。生长素的极性运输需要能量和载体蛋白，比扩散速度约快 10 倍。在缺氧或有呼吸抑制剂存在的条件下，极性运输会受到抑制。

（2）非极性运输

成熟叶子合成的生长素可能就是通过韧皮部进行非极性的被动运输。这种运输的方向取决于两端生长素的浓度差，而与部位无关。例如，在叶面施加外源性的生长素，之后在根的基部能够检测得到；相反，在根部施加生长素，在叶子上也能够检测得到。

（3）横向运输

所谓横向运输，就是指生长素由茎的一侧（向光一侧）横向移动到另一侧（背光一侧）的过程，其原理与电荷分布有关。生长素是带弱酸性的，在细胞中常以阴离子形式存在。对植物来说，单侧光照会引起器官尖端不同部位产生电势差，向光一侧带负电荷,背光一侧带正电荷。这样一来,带负电荷的生长素就向带正电荷的背光一侧移动,再向下运输,从而引起尖端下背光一侧生长素分布多,细胞纵向伸长快,向光一侧生长素分布少,细胞纵向伸长慢,使植物弯向光源生长。单侧光照射胚芽鞘尖端时,生长素在尖端部位会出现一定程度地由向光一侧向背光一侧的横向运输。

二、生长素的生理作用及应用

科学家经过长期深入的研究发现,植物之所以能够显示出向光性,是因为在单侧光线的照射下,生长素在背光一侧比向光一侧分布多。这样,背光一侧的细胞纵向伸长生长得快,结果使得茎朝向生长慢的一侧弯曲,也就是朝向光源的一侧弯曲。

1. 生长素的生理作用

研究发现,生长素对植物生长的作用表现出两重性:既能促进生长,也能抑制生长;既能促进发芽,也能抑制发芽;既能防止落花落果,也能疏花疏果。这些作用与生长素的浓度、植物细胞的成熟情况以及植物器官的种类不同而有较大的差异。

一般情况下,生长素在浓度较低时促进生长;在浓度过高时则会抑制生长,甚至杀死植物。幼嫩的细胞对生长素敏感,老细胞则比较迟钝。同一植株的不同器官对生长素浓度的反应也不一样。例如,对根来说,生长素的最适浓度为 10^{-10} mol/L 左右;对芽来说,最适浓度为 10^{-8} mol/L 左右;对茎来说,最适浓度为 10^{-4} mol/L 左右(图 5-20)。

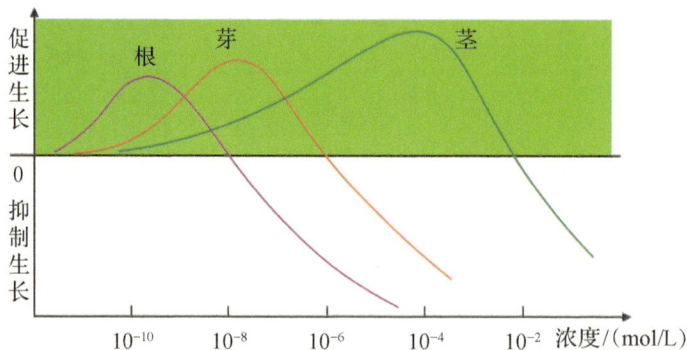

图 5-20 同一株植物的不同器官对生长素浓度的反应

植物表现出的顶端优势——植物的顶端优先生长而侧芽受到抑制的现象,就是因为顶芽产生的生长素逐渐向下运输,大量地积累在侧芽部位,而侧芽对生长素浓度比较敏感，因此发育受到抑制。如果去掉顶芽，侧芽部位的生长素来源暂时受阻，浓度降低，于是抑制就被解除，不久，侧芽萌动、加快生长。

2. 生长素类似物在农业生产中的应用

在农业生产中，人们常根据顶端优势的原理，采取一定的生产技术措施来提高农作物的产量。例如，农民会适时摘除棉花的顶芽，以解除顶端优势，促进侧芽的发育，从而使棉花多开花、多结果。由于植物体内的生长素含量非常少，提取困难，人们在多年的研究和实践中，发现一些人工合成的物质，如 α-萘乙酸（NAA）、2,4-D 等，具有与 IAA 相似的生理效应。这些化学物质，称为生长素类似物。生长素类似物在农业生产中的应用，主要有以下几个方面。

（1）促进扦插的枝条生根

在进行扦插繁殖的时候，对于不容易生根的植物，可以先用一定浓度的生长素类似物溶液浸泡插枝的下端，然后栽插下去。不久，插枝的下端就会长出大量的根来，插枝就容易成活。

（2）促进果实发育

研究证明，雌蕊授粉以后，在胚珠发育成种子的过程中，发育着的种子里合成了大量的生长素。在这些生长素的作用下，子房发育成果实。根据这个原理，在没有接受花粉的雌蕊柱头上涂上一定的生长素类似物溶液，子房就能够发育成果实。只是因为胚珠内的卵细胞没有经过受精，所以果实里没有形成种子，即无子果实。农业生产上利用此方法获得无子果实的有番茄、黄瓜、辣椒等。

（3）防止落花落果

例如，农业生产上常利用一定浓度的生长素类似物溶液喷洒棉株，避免花蕾和棉铃脱落，从而提高棉花的产量和质量。

三、其他植物激素

1. 其他植物激素的种类和作用

1926 年，科学家观察到，当水稻感染了赤霉菌后，会出现植株疯长的现象，病株往往比正常植株高 50% 以上，并且结实率大大降低，因而称为恶苗病。科学家将赤霉菌培养基的滤液喷施到健康水稻幼苗上，发现这些幼苗虽然没有感染赤霉菌，却出现了恶苗病的症状。1935 年，科学家从培养基滤液中分离出致使水稻患恶苗病的物质，称为赤霉素（简称 GA）。此后，科学家又发现了细胞分裂素等其他植物激素。

赤霉素、细胞分裂素、脱落酸和乙烯的合成部位和主要生理作用如图 5-21
所示。

赤霉素
合成部位：主要是未成熟的种子、幼根和幼芽。
主要作用：促进细胞伸长，从而引起植株增高和果实成熟。

施用赤霉素

细胞分裂素
合成部位：主要是根尖。
主要作用：促进细胞分裂。

对照

其他植物激素

脱落酸
合成部位：根冠、萎蔫的叶片等，将要脱落的器官和组织中含量多。
主要作用：抑制细胞分裂，促进叶和果实的衰老和脱落。

乙烯
合成部位：植物体各个部位。
主要作用：促进果实成熟。

图 5-21　其他植物激素的合成部位和主要生理作用

科学家还发现，除了上述的五种植物激素外，植物体内还有一些天然物质也在
调节着植物的生长和发育过程，如油菜素（甾体类化合物）。

在植物的生长和发育以及适应环境变化的过程中，各种植物激素并不是孤立地
起作用，而是多种激素相互作用、共同调节。例如，科学家在对黄化豌豆幼苗切段
的实验研究中发现，低浓度的生长素促进细胞的生长，但生长素浓度增高到一定值
时，就会促进切段中乙烯的合成，而乙烯含量的增高，反过来又抑制了生长素促进
切段中细胞的伸长作用。

激素调节在植物的生长和发育以及对环境的适应过程中发挥着重要作用，但是，
激素调节只是植物生命活动调节的一部分。植物的生长和发育过程，在根本上是基因
组在一定时间和空间上程序性表达的结果。光照、温度等环境因子的变化，会引起植
物体内产生包括植物激素合成在内的多种变化，进而对基因组的表达进行调节。

2. 植物生长调节剂

人工合成的对植物的生长和发育有调节作用的化学物质称为植物生长调节剂。
生长素类似物也是植物生长调节剂。植物生长调节剂具有容易合成、原料广泛、效
果稳定等优点。人们成功地合成了多种植物生长调节剂，它们在生产上得到广泛的
应用，并产生了一些人们原来没有预料到的影响。

练 习

一、填空题

1. 生长素对植物生长的作用表现出_____；既能_____，也能抑制生长；既能促进发芽，也能抑制发芽；既能防止落花落果，也能_____。

2. 在胚芽鞘、芽、幼叶和幼根中，生长素只能从形态学_____运输到形态学_____，而不能反过来运输，也就是只能单方向运输，称为_____。

3. 促进果实成熟的植物激素是_____，抑制细胞分裂的是_____。

二、选择题

1. 用生长素除草，其原理与下列实验相似的一项是（　　）。

A. 用一定浓度的生长素涂在没有授粉的番茄花蕾上，培育出无子番茄

B. 用一定浓度的生长素处理扦插的枝条

C. 除去发育的种子，子房发育停止

D. 植物的顶端优势现象

2. 用一定浓度的生长素溶液处理没有授粉的番茄花蕾能获得无子番茄，其原因是（　　）。

A. 生长素促进子房发育成果实　　B. 生长素抑制了番茄种子的发育

C. 生长素抑制番茄的受精　　　　D. 生长素使子房发育快、种子发育慢

3. 胚芽鞘产生生长素的部位、感受单侧光刺激的部位和弯曲生长的部位分别是（　　）。

A. 尖端、尖端、尖端

B. 尖端、尖端下面的部分、尖端下面的部分

C. 尖端、尖端、尖端下面的部分

D. 尖端、尖端下面的部分、尖端

4. 下列一年生枝条中，扦插最容易成活的是（　　）。

A. 带叶带芽的枝条　　　　　　　B. 带叶去芽的枝条

C. 去叶去芽的枝条　　　　　　　D. 去叶带芽的枝条

5. 移栽作物时剪去主根和部分叶片的作用分别是（　　）。

A. 减少养分和减少水分的散失

B. 抑制向重力性和向光性

C. 解除主根尖端产生的生长素对侧根的抑制作用和减少蒸腾作用

D. 减少机械刺激作用和减少蒸腾作用

6. 绿色植物倒伏后，它的茎秆能部分恢复直立状态，引起这种现象的原因是
（　　）。

A. 受重力影响，向重力性　　　　B. 受重力影响，背重力性

C. 受水的影响，向水性　　　　　D. 受光的影响，向光性

三、分析简答题

1. 春天将活的幼嫩柳条切成段，悬于潮湿的空气中，几天后会出现下图所示的现象。据图回答下列问题。

(1)造成这种生根与生芽的极性，与植物体内的_____分布有关，因为这种物质总是从茎的_____部位产生，向_____运输。

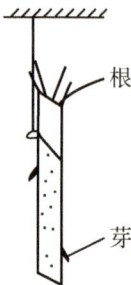

(2)在一定范围内，高浓度的该物质对植物生长则会产生相反的作用，松柏类植物具有显著的_____。而且离顶芽越近的侧芽受到的抑制作用越强，致使整个植株呈_____形。

2. 在农业生产中，常用一定浓度的生长素类似物除去单子叶农作物中的双子叶杂草。据图回答下列问题。

(1)生长素类似物作为除草剂的原理是：

_____。

(2)图中①②曲线，其中代表单子叶作物的是_____，代表双子叶杂草的是_____。

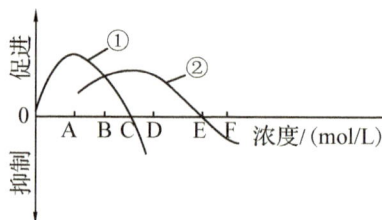

(3)所用的生长素类似物的浓度最好在_____左右(用字母表示)。

第六章　遗传与变异

▶第一节　孟德尔遗传定律

人们对于遗传问题的研究，最初是从对生物性状的研究开始的。现代遗传学奠基人孟德尔（G. J. Mendel，1822—1884）用豌豆做实验材料，最先揭示出遗传学的两个基本定律——基因的分离定律和基因的自由组合定律。

孟德尔发现豌豆植株之间存在着不同的形态特征。例如，有些豌豆植株长得高，有些长得矮；有些结出的豌豆是绿色的，有些是黄色的。豌豆的这些特征称为性状（trait）。通过进一步的观察，孟德尔发现豌豆植株的性状大多和它们的上一代相似，这就是遗传（heredity）。但子代与亲代之间以及子代的不同个体之间总有些差异，这就是变异（variation）。孟德尔先后种植了上千株豌豆做实验，来了解遗传的过程。他的这些工作为后来的研究奠定了基础，这门研究遗传规律的学科就叫作遗传学（genetics）。

一、基因的分离定律

1. 豌豆是研究遗传规律的理想材料

孟德尔的杂交实验是用豌豆做材料的，这是一种很理想的实验材料。豌豆是严格的自花传粉的植物，而且是闭花传粉，也就是豌豆花在未开放时，就已经完成了授粉，避免了外来花粉的干扰。所以在自然状态下豌豆一般都是纯种，用豌豆做人工杂交实验，结果既可靠，又容易分析。自花传粉是自交的一种形式。孟德尔在豌豆杂交实验中采用

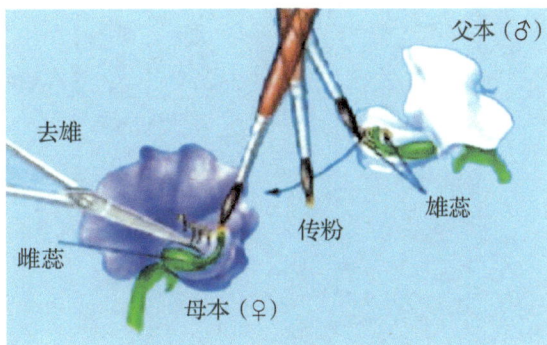

图 6-1　人工异花传粉示意图

了人工异花传粉（图 6-1），也叫杂交（cross）。不同植株的花进行异花传粉时，提供花粉的植株叫父本（♂），接受花粉的植株叫母本（♀）。孟德尔在做杂交实验时，先

除去未成熟的全部雄蕊（去雄），然后套上纸袋。待雌蕊成熟时，采集另一植株的花粉，撒在去雄花朵雌蕊的柱头上，再套上纸袋。

不同品系的豌豆具有对比鲜明、易于区分的性状，而且豌豆的许多性状只存在两种相对形式。例如，豌豆中有高茎（高度 1.5～2.0 m）的，也有矮茎（高度 0.3 m 左右）的；有结圆粒种子的，也有结皱粒种子的。像这样，一种生物的同一种性状的不同表现类型，叫作相对性状（relative character）。这些性状能够稳定地遗传给后代，而且不同品系的豌豆可以杂交，所得的杂种豌豆完全可育。用具有相对性状的植株进行杂交实验，实验结果很容易观察和分析。并且，豌豆一次能产生许多后代，因而很容易收集到大量的数据用于分析。孟德尔从纯系豌豆中挑选出在种子形状、子叶颜色等七对相对性状上呈鲜明对比的植株进行杂交（通过人工异花传粉）（表 6-1），追踪观察这些性状在杂交后代中分离的情况，并对观察结果进行仔细的统计分析。由于孟德尔是在考察单个性状的遗传，而不是笼统地观察植株全部性状的遗传，这就使其有可能从中得出某些规律性的结论。

表 6-1　豌豆七对相对性状分别杂交的实验结果

性状	显性性状		隐性性状		F_2显性	F_2隐性	显性：隐性
种子形状		圆滑		皱缩	5 474	1 850	2.96：1
子叶颜色		黄色		绿色	6 022	2 001	3.01：1
种皮颜色		灰色		白色	705	224	3.15：1
豆荚形状		饱满		皱缩	882	299	2.95：1
豆荚颜色		绿色		黄色	428	152	2.82：1
花的位置		叶腋		茎顶	651	207	3.14：1
茎的高度		高茎		矮茎	787	277	2.84：1

2. 豌豆一对相对性状的杂交实验

纯种植株繁殖出的后代性状总是与亲代相同。为了获得纯种的植株，孟德尔让具有一定性状的植株通过自花授粉来传代，并选择那些经过多代培育性状仍保持稳定的植株为纯系植株。孟德尔用纯种高茎豌豆与纯种矮茎豌豆作亲本（用字母 P 表示）进行杂交，他惊奇地发现，无论用高茎豌豆作母本（正交），还是作父本（反交），杂交后产生的第一代（简称子一代，用 F_1 表示）总是高茎的（图 6-2）。

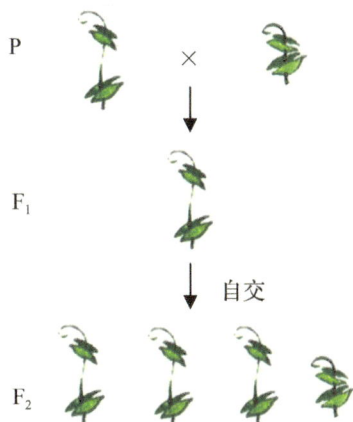

图 6-2　高茎豌豆和矮茎豌豆的杂交实验

> 两种个体甲和乙杂交，如果将甲作父本、乙作母本定为正交，那么以乙作父本，甲作母本为反交；反之，若将乙作父本、甲作母本为正交，则以甲作父本，乙作母本为反交。在实践中，正、反交常用于判断某性状的遗传方式是细胞核遗传还是细胞质遗传。例如，具有相对性状的两个亲本杂交，若正交和反交的子代性状表现相同，则该性状属于细胞核遗传；若正交和反交的子代性状表现不同，且子代总表现出母本性状，则该性状属于细胞质遗传。

为什么子一代都是高茎的？难道矮茎性状消失了吗？孟德尔带着疑惑，用子一代自交（自花授粉），结果在第二代（简称子二代，用 F_2 表示）植株中，不仅有高茎的，还有矮茎的。看来矮茎性状并没有消失，只是在子一代中隐而未现。孟德尔将两个具有相对性状的纯种作为亲本杂交，F_1 只显现其中一个亲本的性状，这个性状叫作显性性状（dominant character），如高茎；而另一个亲本的性状不显现，这个性状叫作隐性性状（recessive character），如矮茎。在杂交后代中，同时出现显性性状和隐性性状的现象叫作性状分离（segregation of character）。

孟德尔没有停留在对实验现象的观察与描述上，而是对 F_2 中不同性状的个体进行数量统计，分析 F_2 中高茎植株与矮茎植株之间的数量关系。结果发现在所得的 1 064 株 F_2 植株中，高茎植株与矮茎植株的数量比接近 3∶1。F_2 中出现 3∶1 的性状分离并不是偶然的，孟德尔还对豌豆的其他 6 对相对性状进行了杂交实验（表 6-1），实验结果都十分相似，总体上体现了 3∶1 的规律。

3. 对性状分离现象的解释

是什么原因导致遗传性状在杂种后代中按一定的比例分离呢？孟德尔通过实验和分析，果断地摈弃了前人融合遗传的观点，对分离现象做出了以下假设。

首先，生物的性状是由遗传因子（hereditary factor）决定的。这些因子就像一个个独立的颗粒，既不会相互融合，也不会在传递中消失。每个因子决定着一种特定的性状。直到 1909 年，丹麦遗传学家约翰逊（W. L Johannsen，1857—1927）根据希腊语"给予生命"之义，创造了"基因"（gene）一词来代替孟德尔假定的遗传因子。从此基因便成为遗传因子的代名词一直沿用至今。不过此时的基因仍然是一个未经证实的、仅靠逻辑推理得出的概念。决定显性性状的基因称为显性基因（dominant gene），用大写字母（如 D）表示；决定隐性性状的基因称为隐性基因（recessive gene），用小写字母（如 d）表示。而控制同一个性状的不同基因称为等位基因（alleles）。正是这些不同的等位基因在控制着性状的遗传。例如，控制豌豆茎高度这个性状的等位基因有 2 个：控制高茎的基因为显性基因（如 D）；控制矮茎的基因为隐性基因（如 d）。

> 融合遗传（blending inheritance）理论主张两个亲代的相对性状在杂种后代中融合成为新的性状而出现，即子代的性状是亲代性状的平均结果，且以这种方式传递的遗传性状在后代中不分离，就像把一瓶蓝墨水和一瓶红墨水倒在一起，混合液是另外一种颜色，再也无法分出蓝色和红色。孟德尔通过实验分析，摈弃了前人融合遗传的观点，提出了遗传因子的概念，并且他认为这些遗传因子互不融合，互不干扰，独立分离，自由组合，具有颗粒性，因此称为颗粒遗传（particulate inheritance）。

其次，体细胞中遗传因子（基因）是成对存在的，其中一个来自父本，一个来自母本。例如，纯种高茎豌豆的体细胞中有成对的基因 DD，纯种矮茎豌豆的体细胞中有成对的基因 dd。像这样，基因组成相同的个体叫作纯合子（homozygote）。F_1 体细胞中的基因组成是 Dd，像这样，基因组成不同的个体叫作杂合子（heterozygote）。由于显性基因能掩盖隐性基因的作用，杂合子 F_1（Dd）表现为显性性状（高茎）。

再次，生物体在形成生殖细胞——配子时，成对的遗传因子（基因）彼此分离，分别进入不同的配子中，配子中只含有每对遗传因子中的一个。

> 孟德尔根据实验现象提出遗传因子在体细胞中成对存在，在配子中单个出现，是超越时代的假设。因为，当时生物界还没有认识到配子形成和受精过程中染色体的变化。

最后，受精时，雌、雄配子的结合是随机的。例如，含遗传因子 D 的雌配子，既可以与含遗传因子 D 的雄配子结合，又可以与含遗传因子 d 的雄配子结合。

根据孟德尔的假设，可以用图 6-3 表示高茎豌豆与矮茎豌豆杂交实验过程的分析，这样的图解称为遗传分析图解。

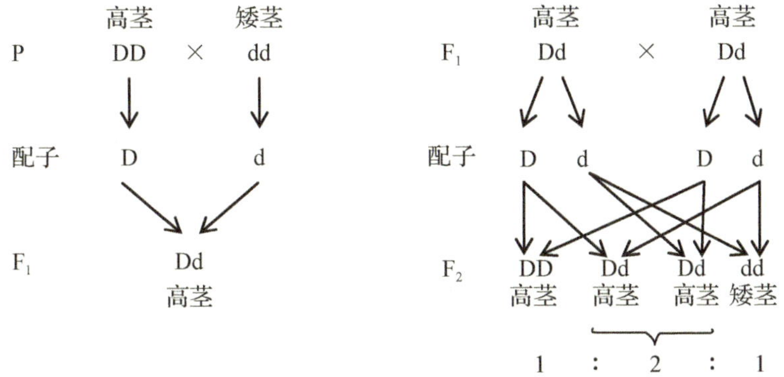

图 6-3　高茎豌豆与矮茎豌豆杂交实验的遗传分析图解

遗传学上，把生物个体表现出来的性状叫作表现型（phenotype），如豌豆的高茎和矮茎；把与表现型有关的基因组成叫作基因型（genotype），如高茎豌豆的基因型是 DD 或 Dd，矮茎豌豆的基因型是 dd。通过豌豆的杂交实验可以知道，生物个体的基因型在很大程度上决定了生物个体的表现型。例如，含有显性基因 D（基因型 DD 或 Dd）的豌豆，表现为高茎；只含隐性基因 d（基因型 dd）的豌豆，表现为矮茎。可见，基因型是性状表现的内在因素，而表现型是基因型的外在表现形式。

生物体在整个发育过程中，不仅要受到内在因素基因的控制，还要受到外部环境条件的影响。例如，同一株水毛茛的叶形可能不同，裸露在空气中的叶呈扁平状，而浸在水中的叶深裂呈丝状（图 6-4）。这种现象表明，在不同的环境条件下，同一种基因型的个体，也可能有不同的表现型。因此，表现型是基因和环境共同作用的结果。

图 6-4　水毛茛

4. 测交（test cross）

孟德尔的假设合理地解释了豌豆一对相对性状的杂交实验中出现的性状分离现象。但是一种正确的假设，仅能解释已有的实验结果是不够的，还应该能够预测另一些实验结果。孟德尔首创了测交实验方法。测交是将某一待测基因型的个体与隐性纯合子杂交，通过测交结果判断待测个体基因型。测交实验中，需要选择隐性纯合子为亲本之一。例如，孟德尔用 F_1（Dd）与隐性纯种（dd）杂交，根据假设预测实验结果为：测交后代高茎与矮茎豌豆的性状分离比是 1∶1（图 6-5）。

在实际的测交实验中，64 株测交后代有 30 株是高茎，34 株是矮茎，这两种性状的分离比接近 1∶1，结果与预期的假设相符。

遗传学上常用测交的方法来判断某一性状的基因型。例如，基因型为 DD 和 Dd 的高茎豌豆分别与隐性纯种（dd）进行测交：如果测交后代全部是显性性状（高茎），则亲本的高茎豌豆是纯合体（DD）；如果测交后代出现了隐性性状（矮茎），并且显性性状与隐性性状的个体数接近 1∶1，则亲本的高茎豌豆是杂合体（Dd）。

图 6-5　一对相对性状测交实验的遗传分析图解

5. 基因分离定律的表述

孟德尔关于豌豆一对相对性状杂交实验的实验结果及其解释，后人把它归纳为遗传学第一定律，即分离定律（law of segregation）：在生物的体细胞中，控制同一性状的基因成对存在，不相融合；在形成配子时，成对的基因发生分离，分离后的基因分别进入不同的配子中，随配子遗传给后代。

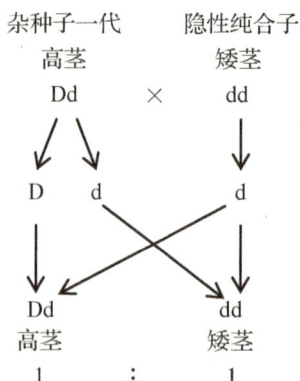

遗传学与概率

概率（possibility）就是指某一特定事件发生的可能性。用概率原理预测，每次抛硬币时，正面朝上的概率是多少？反面朝上的概率又是多少？如果抛 20 次硬币，可能会预测 10 次正面朝上，10 次反面朝上。然而实际结果可能是 11 次正面朝上和 9 次反面朝上，或者是 8 次正面朝上和 12 次反面朝上等。概率原理只能用来预测可能会发生什么，而不是必然会发生什么。尽管如此，随着抛硬币次数的增加，实际结果还是会越来越接近根据概率预测的结果。

如果再抛一次硬币，那么已有的结果并不会影响下一次的结果。每个事件都是独立发生的。打个比方，假设已经抛了 5 次硬币，每次都是正面朝上，那么下一次抛硬币正面朝上的概率是多少？也许有人会认为，既然前 5 次都是正面朝上，那下一次也可能会反面朝上。但这是不对的。下一次抛硬币正面朝上的概率仍然是 1/2（50%），前 5 次的结果不会影响第 6 次的结果。

那么，遗传学与概率有什么关系？为了回答这个问题，再回到孟德尔的豌豆实验。每次杂交实验后，孟德尔都对具有不同性状的后代进行精确计数。当他把高茎的杂种植株(Dd)相互杂交时，约3/4的子代是高茎的，其余1/4的子代是矮茎的。孟德尔每次重复杂交实验都会获得相近的结果，这时孟德尔意识到关于概率的数学原理也适合于运用到他的研究中，结果可以这样表述：通过杂交实验产生高茎豌豆植株的概率为3/4，产生矮茎豌豆植株的概率为1/4。概率知识也可以运用到人类某些遗传病的分析中。例如，人类的白化病是由隐性致病基因(b)控制的，表现型正常的双亲生育了一个白化病患儿(bb)，假设这对夫妇再生育一个孩子，这个孩子患白化病的概率是多少？

二、基因的自由组合定律

孟德尔完成了豌豆一对相对性状的杂交实验研究之后，又产生了新的疑问：不同的相对性状之间有没有联系呢？观察自然状态下的豌豆，就子叶颜色和种子形状来说，他发现豌豆只有两种表现型：黄色圆粒和绿色皱粒。黄色的豌豆一定是圆粒，绿色的豌豆一定是皱粒吗？如果进行人工杂交实验，会不会出现新的性状组合呢？于是，孟德尔又进一步研究了豌豆两对相对性状的遗传规律。

1. 豌豆两对相对性状的杂交实验

孟德尔用纯种黄色圆粒豌豆和纯种绿色皱粒豌豆作亲本进行杂交(图6-6)，无论正交还是反交，结出的种子(F₁)都是黄色圆粒的。这表明黄色对绿色是显性性状，圆粒对皱粒是显性性状。

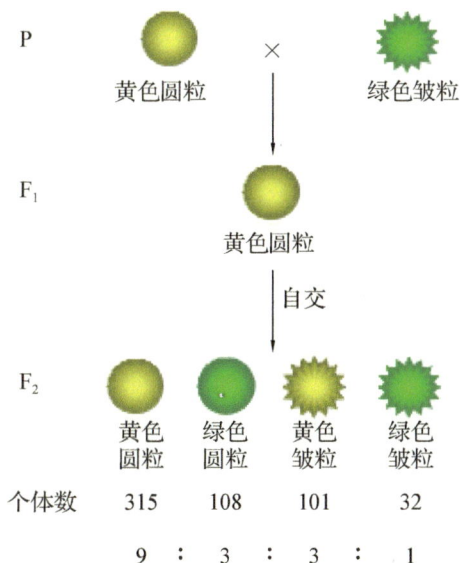

图6-6　黄色圆粒豌豆和绿色皱粒豌豆的杂交实验

孟德尔又让 F_1 自交，在产生的 F_2 中，出现了黄色圆粒和绿色皱粒，这两种性状与亲本的性状是相同的。令人惊奇的是，F_2 中还出现了亲本所没有的性状组合——绿色圆粒和黄色皱粒，似乎是在两种性状之间发生了重组。孟德尔同样对 F_2 不同的性状类型进行了数量统计：在总共得到的 556 粒种子中，黄色圆粒、绿色圆粒、黄色皱粒和绿色皱粒的数量依次是 315、108、101 和 32，它们的数量比接近于 9∶3∶3∶1。这与一对相对性状的杂交实验中，F_2 出现 3∶1 的数量比之间有什么联系？分析表 6-2，可以得出什么结论？

表 6-2　两对相对性状的杂交实验中某一对性状的数量比

性状	黄色	绿色	圆粒	皱粒
数量	315＋101	108＋32	315＋108	101＋32
比例				

上述分析表明，无论是豌豆种子的粒色还是粒形，只看一对相对性状，依然符合分离现象。因此，在多对相对性状的遗传中，每对相对性状仍遵循分离定律；而两对性状之间表现出自由组合的现象。

2. 对自由组合现象的解释

孟德尔假设豌豆的粒色和粒形分别由一对等位基因控制，即黄色和绿色分别由 Y 和 y 控制，圆粒和皱粒分别由 R 和 r 控制，这两对基因称为非等位基因。而且，这两对非等位基因在遗传的传递中彼此是独立的。这样，纯种黄色圆粒和纯种绿色皱粒豌豆的基因组成分别是 YYRR 和 yyrr，它们分别只能产生一种配子，即 YR 和 yr。它们产生的 F_1 的基因组成是 YyRr，由于 Y 对 y、R 对 r 是显性的，因此，F_1 的表现型是黄色圆粒。

孟德尔假设 F_1 在产生配子时，每对基因彼此分离，不同对的基因可以自由组合。这样 F_1 产生的雌配子和雄配子各有 4 种，YR、Yr、yR、yr，它们之间的数量比为 1∶1∶1∶1。从 F_1 产生的配子看，黄色和圆粒的基因没有总是同时存在于同一个配子中，绿色和皱粒的基因也没有总是同时存在于同一个配子中，这两对非等位基因是自由组合的。受精时，雌、雄配子的结合是随机的。雌、雄配子的结合方式有 16 种；基因的组合形式（基因型）有 9 种，即 YYRR、YYRr、YyRR、YyRr、YYrr、Yyrr、yyRR、yyRr、yyrr；性状表现（表现型）为 4 种，即黄色圆粒、黄色皱粒、绿色圆粒、绿色皱粒，它们之间的数量比是 9∶3∶3∶1（图 6-7）。

P

YYRR × yyrr

减数|分裂　　　减数|分裂

YR　　　yr

受精

F_1

YyRr

减数分裂

F_1配子 → YR　yR　Yr　yr

F_2

	YR	yR	Yr	yr
YR	YYRR	YyRR	YYRr	YyRr
yR	YyRR	yyRR	YyRr	yyRr
Yr	YYRr	YyRr	YYrr	Yyrr
yr	YyRr	yyRr	Yyrr	yyrr

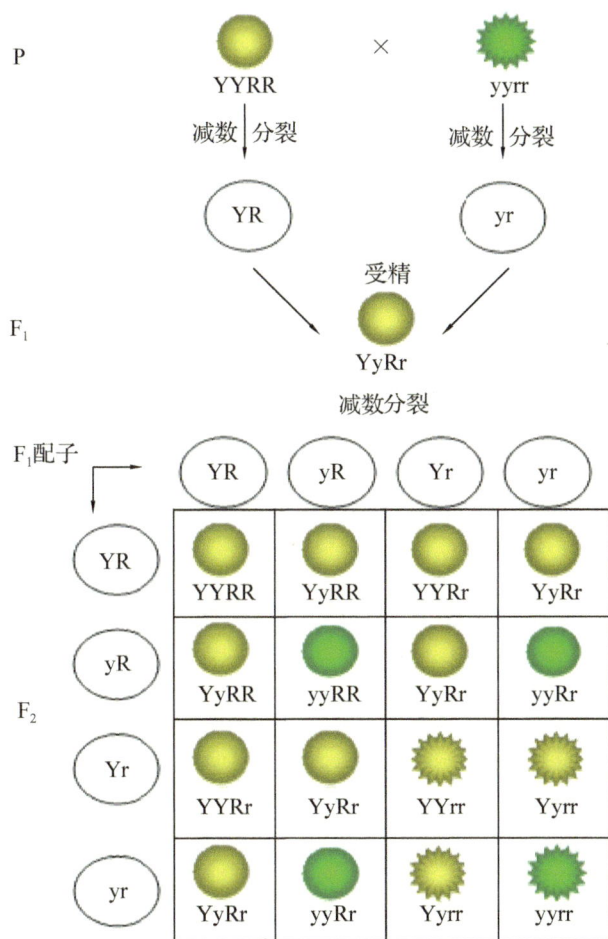

图 6-7　豌豆两对相对性状的杂交实验遗传分析图解

3. 测交

孟德尔同样用测交的方法来检验对自由组合现象的解释是否正确，他将 F_1 黄色圆粒豌豆（YyRr）与隐性纯合子（yyrr）杂交，并预测实验结果：测交后代将有 4 种表现型，每一种表现型出现的概率是 1/4，即黄色圆粒：黄色皱粒：绿色圆粒：绿色皱粒的性状分离比为 1：1：1：1（图 6-8）。孟德尔所做的测交实验，无论是 F_1 作母本还是作父本，结果都符合预期的设

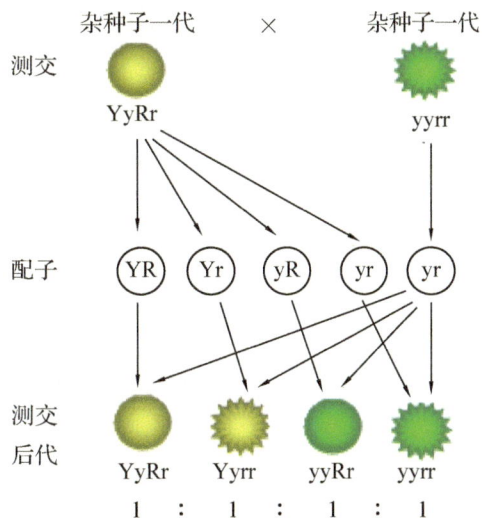

杂种子一代 × 杂种子一代

测交

YyRr　　　　　　yyrr

配子　YR　Yr　yR　yr　yr

测交后代

YyRr　Yyrr　yyRr　yyrr

1 ： 1 ： 1 ： 1

图 6-8　黄色圆粒豌豆和绿色皱粒豌豆的测交实验

想(表 6-3)。

表 6-3 两对相对性状的测交实验结果

表现型		黄色圆粒	黄色皱粒	绿色圆粒	绿色皱粒
实际粒数	F_1作母本	31	27	26	26
	F_1作父本	24	22	25	26
不同性状的数量比		1∶1∶1∶1			

4. 基因自由组合定律的表述

孟德尔在他所研究的豌豆七对相对性状中，任取两对相对性状进行杂交实验，结果都是一样的。这种情况在其他生物体上也常常看到。后人将此归纳为遗传学第二定律，即自由组合定律(law of independent assortment)：控制不同性状的基因的分离和组合是互不干扰的；在形成配子时，决定同一性状的成对的基因彼此分离，决定不同性状的基因之间自由组合。

实验六 性状分离比模拟实验

实验用甲、乙两个小桶分别表示雌、雄生殖器官，甲、乙小桶内的小球分别代表雌、雄配子。用不同的小球的随机组合，模拟生物在生殖过程中，雌、雄配子的随机结合。建议小组内合作完成。

目的要求

通过模拟实验，认识和理解基因的分离和配子的随机结合与性状之间的数量关系；体会控制某一性状的基因在配子中成单、在合子中成对的情况。

材料用具

小桶 2 个，分别标记甲、乙；2 种颜色的小球各 20 个，一种颜色的小球标记 D，另一种颜色的小球标记 d；记录用的纸和笔。

方法步骤

1. 在甲、乙 2 个小桶中放入 2 种颜色小球各 10 个。

2. 摇动 2 个小桶，使小桶内的小球充分混合。

3. 分别从 2 个小桶内随机抓取一个小球，组合在一起，记下 2 个小球的字母组合(图 6-9)。

4. 将抓取的小球放回原来的桶内，摇匀，按步骤 3 重复做 50～100 次。

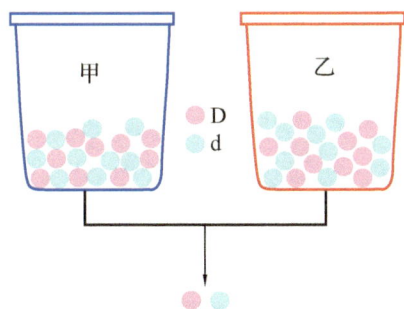

图 6-9　抓取情况之一

结果和讨论

1. 统计本小组实验结果：小球组合有几种？每种组合的数量是多少？计算小球组合类型之间的数量比。设计表格，记录实验结果。

2. 统计全班的实验结果，计算全班小球组合类型之间的数量比。

3. 将每个小组的实验结果与全班总的实验结果做比较，有什么发现？

4. 通过本次模拟活动，可以得到怎样的结论？

练　习

一、填空题

1. 相对性状是指＿＿＿＿＿＿＿＿＿＿＿＿＿＿＿＿＿＿＿＿＿＿＿＿。例如，＿＿＿＿＿＿＿＿＿＿＿＿＿＿＿＿＿＿。

2. 等位基因是指＿＿＿＿＿＿＿＿＿＿＿＿＿＿＿＿＿＿＿＿＿＿＿。

3. 基因分离定律表述为＿＿＿＿＿＿＿＿＿＿＿＿＿＿＿＿＿＿＿＿。

4. 基因自由组合定律表述为＿＿＿＿＿＿＿＿＿＿＿＿＿＿＿＿＿＿。

二、选择题

1. 家兔的黑毛对褐毛是显性，要判断一只黑毛兔是否是纯合子，选用与它交配的兔子最好是（　　　）。

A. 纯种黑毛兔　　　B. 褐毛兔　　　　C. 杂种黑毛兔　　　D. A、B、C 都不对

2. 人眼的虹膜有褐色的和蓝色的，褐色是由显性遗传因子控制的，蓝色是由隐性遗传因子控制的。已知一个蓝眼男人和一个褐眼女人（这个女人的母亲是蓝眼）结婚，这对夫妇生下蓝眼女孩的可能性是（　　　）。

A. 1/2　　　　　B. 1/4　　　　　C. 1/8　　　　　D. 1/6

3. 在一对相对性状的遗传实验中，性状分离是指（　　　）。

A. 纯种显性个体与纯种隐性个体杂交产生显性的后代

B. 杂种显性个体与纯种显性个体杂交产生显性的后代

C. 杂种显性个体与纯种隐性个体杂交产生隐性的后代

D. 杂种显性个体自交产生显性和隐性的后代

4. 豚鼠黑色对白色是显性，一对杂合黑豚鼠产仔四只，四只仔鼠的表现型可能是（　　）。

    A. 三黑一白   B. 全部黑色

    C. 二黑二白   D. 以上三种都有可能

5. 用纯种紫花豌豆与白花豌豆做杂交实验时，必须（　　）。

    A. 以紫花作母本，白花作父本   B. 以白花作母本，紫花作父本

    C. 对母本去雄，授以父本花粉   D. 对父本去雄，授以母本花粉

6. 通过测交实验，不能够测定 F_1 的（　　）。

    A. 基因型   B. 相关基因的结构

    C. 产生配子的类型   D. 产生配子的比例

7. 调查发现人群中夫妇双方均表现正常也能生出白化病患儿。研究表明白化病由一对等位基因控制。判断下列有关白化病遗传的叙述，错误的是（　　）。

    A. 致病基因是隐性基因

    B. 如果夫妇双方都是携带者，他们生出白化病患者的概率是 1/4

    C. 如果夫妇一方是白化病患者，他们所生表现正常的子女一定是携带者

    D. 白化病患者与表现正常的人结婚，所生子女表现正常的概率是 1

8. 假如水稻高秆（D）对矮秆（d）为显性，抗稻瘟病（R）对易感稻瘟病（r）为显性，两对性状独立遗传。现用一个纯合易感稻瘟病的矮秆品种（抗倒伏）与一个纯合抗稻瘟病的高秆品种（易倒伏）杂交，F_2 中出现既抗倒伏又抗病类型的比例为（　　）。

    A. 9/16   B. 3/16   C. 1/16   D. 3/8

9. 属于纯合子的遗传因子组成是（　　）。

    A. Dd   B. AAbbEe   C. AaBB   D. AAEEff

10. 遗传因子组成为 AaBb 的个体，不可能产生的配子的基因型是（　　）。

    A. AB   B. ab   C. Bb   D. aB

11. 在孟德尔的具有两对相对性状的遗传实验中，F_2 出现的重组性状类型中能够稳定遗传的个体数约占 F_2 个体总数的（　　）。

    A. 1/4   B. 1/8   C. 1/16   D. 3/16

12. 人类多指是一种显性遗传病，白化病是一种隐性遗传病，已知控制这两种疾病的等位基因都在常染色体上，而且都是独立遗传的。在一个家庭中，父亲是多指，母亲正常。他们有一个患白化病但手指正常的孩子，则下一个孩子正常或同时

患有这两种疾病的概率分别是(　　)。

    A. 3/4、1/4   B. 3/8、1/8   C. 1/4、1/4   D. 1/4、1/8

13. 同一株水毛茛，裸露在空气中的叶和浸泡在水中的叶，表现出了两种截然不同的形态，前者呈扁平状而后者深裂呈丝状，这一现象说明(　　)。

    A. 生物的性状不受基因影响

    B. 生物的性状只受环境影响

    C. 生物的性状只受基因影响

    D. 生物性状的表现是基因和环境共同作用的结果

三、分析简答题

1. 牛的黑毛和棕毛是一对相对性状，并且黑毛(B)对棕毛(b)是显性。已知两头黑毛牛交配，生了一头棕毛小牛。据此回答下列问题。

(1)这两头黑毛牛的基因型如何？棕毛小牛的基因型如何？

(2)绘出这两头黑毛牛交配产生子一代的遗传分析图解。

(3)这两头黑毛牛是否能够生出黑毛小牛？如果可能，生出黑毛小牛的概率是多少？

2. 豌豆种子的形状是由一对等位基因 R 和 r 控制的，下表是有关豌豆种子形状的三组杂交实验结果。

组合序号	杂交组合类型	后代的表现型和植株数目	
		圆粒	皱粒
一	皱粒×皱粒	0	102
二	圆粒×圆粒	125	40
三	圆粒×皱粒	152	141

(1)根据哪一个组合能判断出显性性状？试说明理由。

(2)哪一个组合为测交实验？试说明理由。

(3)写出各个杂交组合的遗传分析图解。

3. 豌豆子叶的黄色(Y)对绿色(y)为显性，圆粒种子(R)对皱粒种子(r)为显性。某人用黄色圆粒和绿色圆粒的豌豆进行杂交，发现后代出现四种类型，对性状的统计结果如图所示。据图(见下页)回答下列问题。

(1)亲本的基因组成是_____(黄色圆粒)，_____(绿色圆粒)。

(2)在 F_1 中，表现型不同于亲本的性状是_____，它们之间的数量比为_____。F_1 中纯合子占的比例是_____。

(3)F_1 中黄色圆粒豌豆的基因组成是_____。

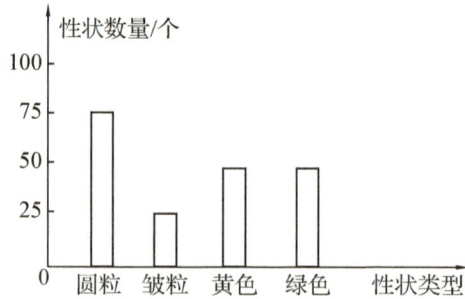

4. 白化病由隐性基因 a 控制，下图是表示某家系中白化病发病情况的图解。据图回答下列问题。

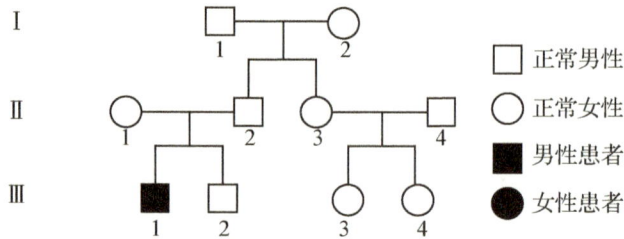

(1)Ⅱ1和Ⅱ2的基因型分别是_____和_____。

(2)如果Ⅱ1和Ⅱ2夫妇再生育一个孩子，那么这个孩子患白化病的概率是_____。

(3)Ⅲ2可能的基因型是_____，他是杂合子的概率是_____。

5. 某农场养了一群马，有栗色马和白色马，已知栗色对白色呈显性，育种工作者从中选出一匹健壮的栗色公马，要根据毛色这一性状，鉴定它是杂种还是纯种。

(1)为了在一个配种季节里完成这一鉴定所需要的杂交工作，应怎样安排配种？

(2)杂交后可能出现哪些结果？如何对每一结果做出相应的鉴定？

6. 下图是一个人类白化病遗传的家系谱图。6号和7号为同卵双生，即由同一个受精卵发育而成的两个个体。8号和9号为异卵双生，即由两个受精卵分别发育而成的两个个体。

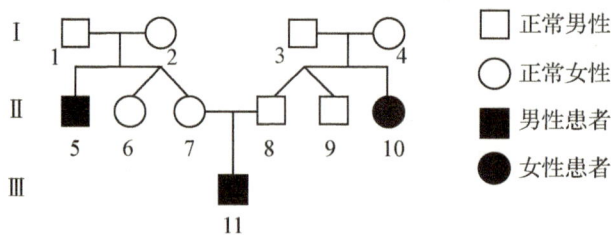

（1）该病是由_____性遗传因子（基因）控制的。

（2）若用 A 和 a 表示控制相对性状的一对等位基因，则 3 号、7 号的基因型分别为_____、_____。

（3）6 号是纯合子的概率是_____，9 号是杂合子的概率是_____。

（4）7 号和 8 号再生一个孩子有病的概率是_____。

（5）如果 6 号和 9 号结婚，则他们生出有病的男孩的概率是_____。如果他们所生的第一个孩子有病，则再生一个孩子为正常的概率是_____。

7. 小麦的毛颖（P）对光颖（p）是显性，抗锈（R）对感锈（r）是显性，这两对相对性状是自由组合的。下表是四组不同品种小麦杂交结果的数量比，试填写出每个杂交组合的基因型。

亲本植株		F_1表现型及植株数目比			
基因型	表现型	毛颖抗锈	毛颖感锈	光颖抗锈	光颖感锈
	毛颖抗锈×毛颖抗锈	9 ：	3 ：	3 ：	1
	毛颖抗锈×光颖感锈	1 ：	0 ：	1 ：	0
	毛颖感锈×光颖抗锈	1 ：	1 ：	1 ：	1
	光颖抗锈×光颖抗锈	0 ：	0 ：	3 ：	1

▶第二节　减数分裂和受精作用

19 世纪末叶，当孟德尔发现的遗传定律还不为人所知的时候，细胞学的研究由于显微制片技术的发展，大大地向前推进了。生物学家对染色体在有丝分裂、减数分裂和受精作用中的遗传行为，通过大量的实验研究，有了基本清楚的认识。1883 年，比利时胚胎学家贝内登（E. van Beneden，1846—1910），以马蛔虫为材料，发现其精子和卵细胞各自只有体细胞染色体数目的一半，而受精卵又恢复了正常数目的染色体，并且染色体成对。1887 年，德国生物学家魏斯曼（A. Weismann，1834—1914）通过进一步的考察和思考，做出了大胆的推测：由于细胞需要保持染色体数目的稳定，在精子和卵细胞成熟的过程中，必然要发生一种染色体数目减少一半的特殊细胞分裂。当精子和卵细胞融合形成受精卵后，其内染色体才能恢复成正常的数目。魏斯曼的这一天才式预见，很快就被德国实验胚胎学家鲍维里（T. Boveri，1862—1915）等人的实验观察所证实。魏斯曼预言的这个特殊的过程，实际上是特殊方式的有丝分裂，叫作减数分裂（meiosis）。

一、减数分裂

减数分裂是进行有性生殖的生物，在产生成熟生殖细胞时，进行的染色体数目减半的细胞分裂。在减数分裂过程中，染色体只复制一次，而细胞分裂两次。减数分裂的结果是，成熟生殖细胞中的染色体数目比原始生殖细胞（一种体细胞）的减少一半。

下面以哺乳动物精子和卵细胞的形成为例，讲述减数分裂的过程。

1. 精子的形成过程

哺乳动物的精子是在睾丸中形成的。睾丸里面有大量的原始生殖细胞，叫作精原细胞。每个精原细胞中的染色体数目都与体细胞相同。当雄性哺乳动物性成熟以后，睾丸里的一部分精原细胞就开始进行减数分裂，经过两次连续的细胞分裂，即减数第一次分裂（图 6-10）和减数第二次分裂（图 6-11），就形成了成熟的生殖细胞——精子（图 6-12）。

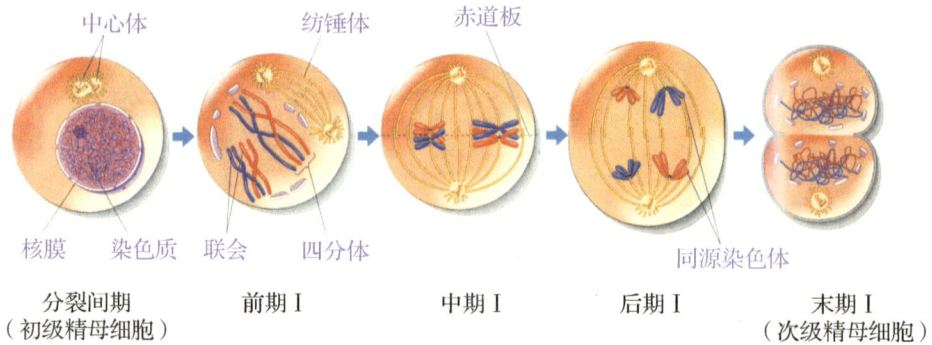

图 6-10　减数第一次分裂示意图

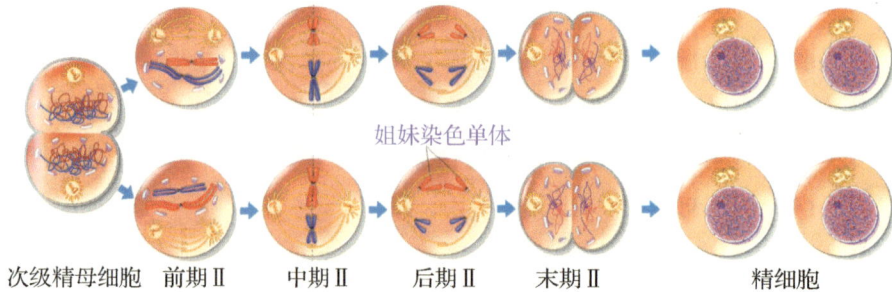

图 6-11　减数第二次分裂示意图

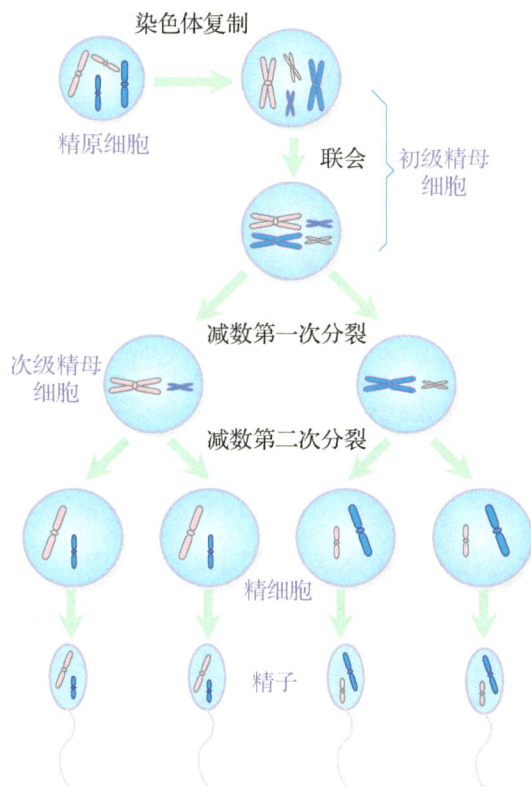

图 6-12　哺乳动物精子形成过程图解

　　在减数第一次分裂的间期，精原细胞的体积增大，染色体复制，成为初级精母细胞。复制后的每条染色体含有两条染色单体，即姐妹染色单体。这两条姐妹染色单体由同一个着丝点连接。与有丝分裂间期相似的是，此时，染色体虽然复制了，但是由于每条染色体上的姐妹染色单体并没有分离，所以，初级精母细胞中染色体的总数不变，仍与亲代细胞相同。每条姐妹染色单体上有一个 DNA，因此，DNA 的总量是亲代细胞的两倍。

　　减数第一次分裂期开始不久，初级精母细胞中原来分散的染色体进行两两配对。配对的两条染色体，形状和大小一般都相同，一条来自父方，一条来自母方，叫作同源染色体（homologous chromosome）。同源染色体两两配对的现象叫作联会（synapsis）。联会时，同源染色体中来自父本的染色体上的染色单体与来自母本的染色体上的染色单体称为非姐妹染色单体。联会时，由于每条染色体都含有两条姐妹染色单体，因此，联会后的每对同源染色体含有四条染色单体，叫作四分体（tetrad）。四分体中的非姐妹染色单体之间经常发生缠绕，并交换一部分片段（图 6-13）。

图 6-13　染色体的交叉互换

　　随后，各对同源染色体排列在赤道板上，每条染色体的着丝点都附着在纺锤丝上。不久，在纺锤丝的牵引下，配对的两条同源染色体彼此分离，分别向细胞的两极移动。这样，细胞的每极只得到各对同源染色体中的一条。在两组染色体到达细胞两极的时候，一个初级精母细胞分裂成两个次级精母细胞。

　　在这次分裂过程中，由于同源染色体分离，并分别进入两个子细胞，每个子细胞只能得到每对同源染色体中的一条，使得每个次级精母细胞只得到初级精母细胞中染色体总数的一半。因此，减数分裂过程中染色体数目的减半发生在减数第一次分裂，即次级精母细胞中的染色体数目与亲代细胞相比，减少了一半。但是每条染色体都由两条染色单体组成，因此每个次级精母细胞中的 DNA 总量仍与亲代细胞相同。

　　减数第一次分裂与减数第二次分裂之间通常没有间期，或者间期时间很短，染色体不再复制。在减数第二次分裂过程中，每条染色体的着丝点分裂，两条姐妹染色单体也随之分开，成为两条染色体。在纺锤丝的牵引下，这两条染色体分别向细胞的两极移动，并且随着细胞的分裂进入两个子细胞。这样，在减数第一次分裂中形成的两个次极精母细胞，经过第二次分裂，就形成了四个精细胞。精细胞要经过复杂的变形才成为精子。精子呈蝌蚪状，头部含有细胞核，尾长，能够摆动。与初级精母细胞相比，每个精细胞都含有数目减半的染色体。每个精细胞都是单倍体的（以 n 表示），而亲代细胞是二倍体的（以 2n 表示）。

　　经过减数分裂产生的精细胞，不仅染色体数目是亲代细胞的一半，而且染色体中的遗传物质（DNA）也发生了变化。这些变化是怎么产生的呢？在减数第一次分裂前期，联会以后，同源染色体的非姐妹染色单体之间可能相互交换一部分遗传物质，这种互换是导致生殖细胞中遗传物质变化的原因之一。另外，减数第一次分裂后期，同源染色体分离的同时，非同源染色体的随机自由组合，也是造成生殖细胞遗传物质变化的一种原因。因此，由同一个精原细胞分裂产生的精细胞，其遗传物质也可能不同。

2. 卵细胞的形成过程

　　哺乳动物的卵细胞是在卵巢中形成的。卵细胞的形成过程与精子的形成过程基本相同。首先是卵原细胞增大，染色体进行复制，成为初级卵母细胞。然后，初级卵母细胞经过减数第一次分裂和减数第二次分裂，形成卵细胞（图 6-14）。卵细胞和精子形成过程的主要区别是：初级卵母细胞经过减数第一次分裂，形成大小不同的两个细胞，大的叫作次级卵母细胞，小的叫作极体（polar body）。每个次级卵母细胞进行减数第二次分裂，形成一个大的卵细胞和一个小的极体。在减数第一次分裂过程中形成的极体也分裂为两个极体。这样，一个初级卵母细胞经过减数分裂，就

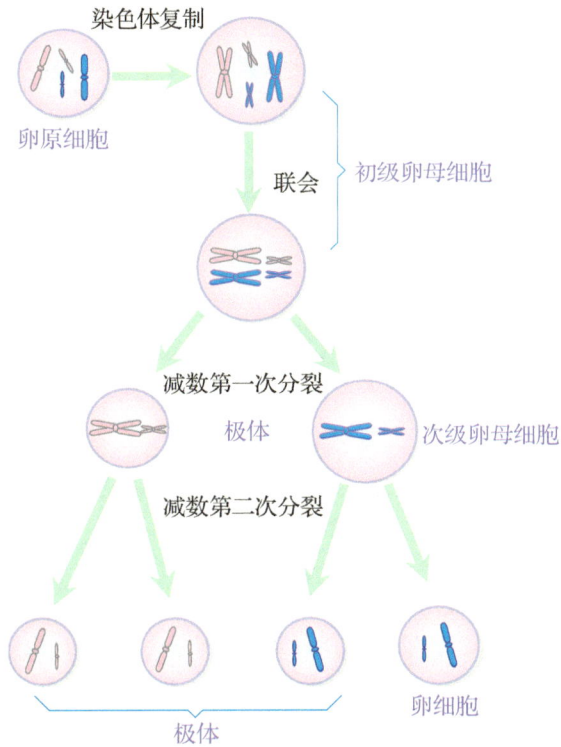

图 6-14　哺乳动物卵细胞形成过程图解

形成一个卵细胞和三个极体。不久，三个极体都退化消失，结果是一个卵原细胞经过减数分裂，只形成一个卵细胞。极体内细胞质极少，缺乏营养物质，很快就退化消失，从而保证卵细胞内大量胞质的储备，以供早期胚胎发育的需要。

二、受精作用

在生物体的有性生殖过程中，精子和卵细胞通常要融合在一起，才能发育成新个体。精子和卵细胞融合成为受精卵的过程，叫作受精作用（spermatiation）。在受精作用进行时，通常是精子的头部进入卵细胞，尾部留在外面。与此同时，卵细胞的细胞膜会发生复杂的生理反应，以阻止其他精子再进入。精子的头部进入卵细胞后不久，精子的细胞核就与卵细胞的细胞核相融合，使彼此的染色体会合在一起。这样，受精卵中的染色体数目又恢复到体细胞中的数目，其中有一半的染色体来自精子（父本），另一半来自卵细胞（母本）。新一代继承了父本和母本的遗传物质。由减数分裂形成的配子染色体组成具有多样性，导致不同配子的遗传物质具有差异，加上受精过程中精子和卵细胞结合的随机性，同一父本和母本的子代必然呈现多样性。这种多样性有利于生物在自然选择中进化，体现了有性生殖的优越性。此外，就进行有性生殖的生物来说，减数分裂和受精作用对于维持生物亲代和子代体细胞中染色体数目的恒定，对于生物的遗传和变异，都是十分重要的。

实验七　减数分裂中染色体行为的模拟

活动准备

活动由两人一组合作完成。

1. 课前准备好红色和绿色的橡皮泥，一张较大的白纸。

2. 用橡皮泥做出 4 条绿色和 4 条红色的染色单体。其中 2 条绿色的染色单体长 3～4 cm，2 条长 6～8 cm；2 条红色的染色单体长 3～4 cm，2 条长 6～8 cm。

3. 把颜色、长度相同的两条染色单体成对并排放置。用同种颜色的小块橡皮泥代表着丝点。在两条染色单体中部用小块橡皮泥粘起来，代表减数分裂开始时已完成复制的染色体(图 6-15)。

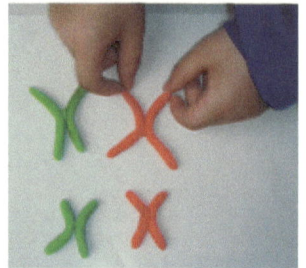

图 6-15

4. 在纸上画一个足够大的初级精母细胞的轮廓，能够容纳所做的 4 条染色体。画出中心体和纺锤体。

一、模拟减数分裂中染色体数目及主要行为的变化

方法步骤

1. 把做好的染色体放在画好的细胞内，让长度相同、颜色不同的两条染色体配对，使着丝点靠近。红色代表来自母本的染色体，绿色代表来自父本的染色体。并将两对染色体横向排列在纺锤体中部赤道板处，红色染色体放在赤道板的一侧，绿色染色体放在另一侧。

2. 双手分别抓住并移动染色体的着丝点，使红色和绿色的染色体分离，分别移向细胞的两极。

3. 在另一张纸上再画两个次级精母细胞的轮廓，并画出中心体和纺锤体。将已经移到细胞两极的染色体分别放到这两个新细胞中。

4. 把新细胞中的染色体横向排列在细胞中央的赤道板处。平均分开每条染色体上的小块橡皮泥——相当于着丝点分离。抓住粘有小块橡皮泥（着丝点）的部位，将染色体分别拉向细胞的两极。尽量一次移动所有的染色体，像在活细胞中发生的那样。

5. 在两极有染色体的部分画出细胞轮廓，代表新细胞生成。

讨论

1. 让长度相同、颜色不同的两条染色体配对代表什么？

2. 减数分裂开始时细胞内有多少条染色体？染色体数目减半发生在什么时候？减数分裂结束时形成的每个子细胞中有多少条染色体？

3. 实验模拟了减数分裂中哪些染色体行为？

4. 模型中只含红色染色体的配子有几个？只含绿色染色体的配子有几个？

二、模拟减数分裂中非同源染色体的自由组合

方法步骤

同活动一的方法步骤。将两对染色体横向排列在赤道板处时，注意在赤道板的每一侧放两条不同颜色的染色体。

讨论

1. 本次模拟形成的配子与活动一形成的配子有什么不同？

2. 同活动一的结果一并考虑，含两对同源染色体的初级精母细胞能产生几种配子？

3. 如果用三对染色体进行模拟，将产生多少种类型的配子？

练 习

一、填空题

1. 减数分裂是_____。

2. 生殖细胞与亲代细胞比较，其中染色体的数目_____，DNA 的总量
_____。

3. 同一个精原细胞产生的精子，所含有的遗传物质不完全相同，原因是_____
_____。

二、选择题

1. 减数第一次分裂的特点是（　　　）。

A. 同源染色体分离，着丝点分裂　　B. 同源染色体分离，着丝点不分裂

C. 同源染色体不分离，着丝点分裂　D. 同源染色体不分离，着丝点不分裂

2. 关于同源染色体的叙述确切的是（　　　）。

A. 由一条染色体复制成的两条染色体

B. 一条来自父本，一条来自母本的染色体

C. 相同来源的染色体

D. 在减数分裂过程中能联会的染色体

3. 果蝇的体细胞中有 4 对染色体,次级精母细胞中有同源染色体(　　　)。

A. 2 对　　　　　　　B. 4 对　　　　　　　C. 1 对　　　　　　　D. 0 对

4. 在有丝分裂过程中不发生,而发生在减数分裂过程中的是(　　　)。

A. 同源染色体分开　　　　　　　　　B. 染色体复制

C. 染色单体分开　　　　　　　　　　D. 细胞质分裂

5. 与有丝分裂相比,减数分裂过程中染色体显著的变化是(　　　)。

A. 染色体移向细胞两极　　　　　　　B. 同源染色体联会

C. 有纺锤体形成　　　　　　　　　　D. 着丝点分裂

6. 哺乳动物卵细胞的形成与精子形成过程的不同点是(　　　)。

①次级卵母细胞将进行普通的有丝分裂

②一个卵原细胞最终分裂只形成一个卵细胞

③一个卵原细胞经复制后形成一个初级卵母细胞

④卵细胞不经过变形阶段

⑤一个初级卵母细胞分裂成两个大小不等的细胞

⑥卵细胞中的染色体数目是初级卵母细胞的一半

A. ②④⑤　　　　　　B. ①③⑤　　　　　　C. ②③⑥　　　　　　D. ①④⑥

7. 下列关于减数分裂的叙述,正确的是(　　　)。

①减数分裂包括两次连续的细胞分裂

②在次级精母细胞中存在同源染色体

③着丝点在第一次分裂后期一分为二

④减数分裂的结果是染色体数减半,DNA 数不变

⑤同源染色体分离,导致染色体数目减半

⑥联会后染色体复制,形成四分体

⑦染色体数目减半发生在第二次分裂的末期

A. ①②③　　　　　　B. ④⑤⑥　　　　　　C. ①⑤　　　　　　D. ⑥⑦

8. 减数分裂过程中,四分体是指(　　　)。

A. 细胞中含有四条染色体

B. 细胞中含有四对染色体

C. 一对同源染色体含有四条姐妹染色单体

D. 两对同源染色体含有四条姐妹染色单体

9. 精子和卵细胞经过受精作用形成受精卵，在受精卵细胞中（　　）。

A. 细胞核中的遗传物质完全来自卵细胞

B. 细胞质中的遗传物质完全来自卵细胞

C. 细胞核和细胞质中的遗传物质都平均来自精子和卵细胞

D. 细胞中营养由精子和卵细胞共同提供

10. 交叉互换发生的时期及对象是（　　）。

①减数第一次分裂

②减数第二次分裂

③姐妹染色单体之间

④非同源染色体之间

⑤四分体中的非姐妹染色单体之间

A. ①③　　　　　　B. ①⑤　　　　　　C. ②④　　　　　　D. ②⑤

三、分析简答题

1. 正常人有 23 对染色体。有一种叫"21 三体综合征"的遗传病，患者智力低下，身体发育迟缓。对患者进行染色体检查，发现患者的 21 号染色体不是正常的一对，而是 3 条。据此从精子或卵细胞形成的角度推测这种病的可能原因。

2. 某种生物的精原细胞含有 8 对同源染色体，据此将其精原细胞形成精子过程中的染色体数目填写在下表中。

细胞类型	精原细胞	初级精母细胞	次级精母细胞	精细胞
染色体数目／条				

▶第三节　染色体遗传学说

　　孟德尔所说的遗传因子存在于生物体的什么地方？对于这个问题，在孟德尔时代不可能做出科学的解答。20 世纪初，细胞学发展起来，染色体、减数分裂和受精作用都被陆续发现，这些都为孟德尔遗传定律提供了细胞学的证据。1903 年，美国哥伦比亚大学的萨顿（Walter S. Sutton），在研究蝗虫的精子和卵细胞的形成过程时，发现染色体在减数分裂和受精作用中的行为与孟德尔假设的遗传因子在亲代和子代之间传递的行为惊人地相似。

一、萨顿的假说

　　萨顿在研究中发现，染色体是细胞中的永久性结构，它们在体细胞中成双成对

（同源染色体），一条来自父本，一条来自母本。减数分裂初期，同源染色体联会，之后，同源染色体彼此分离进入不同的配子。每个配子细胞只得到同源染色体中的一条。受精作用发生时，受精卵中的染色体又恢复成对。染色体的这些行为与孟德尔假设的遗传因子的分离和组合现象具有平行关系，具体表现在以下几点。

第一，基因在杂交过程中保持完整性和独立性。染色体在配子形成和受精过程中，也有相对稳定的形态结构。

第二，在体细胞中基因成对存在，染色体也是成对的。在配子中只有成对的基因中的一个，同样，也只有成对的染色体中的一条。

第三，体细胞中成对的基因一个来自父本，一个来自母本。同源染色体也是如此。

第四，非等位基因在形成配子时自由组合，非同源染色体在减数第一次分裂后期也是自由组合的。

因为基因和染色体行为存在着明显的平行关系，萨顿由此推论，基因是由染色体携带，从亲代传递给子代的，基因位于染色体上，一对等位基因分别位于一对同源染色体上，这就是遗传的染色体学说（chromosome theory of heredity）。

萨顿开创了染色体遗传学说的先河。但是若要证明萨顿的假说，还需要用实验证实。20世纪初，美国著名的遗传学家摩尔根通过果蝇杂交实验证实了萨顿的假说。

二、摩尔根的果蝇杂交实验

1. 果蝇是研究染色体遗传的理想材料

遗传学上经常研究的黑腹果蝇（*Drosophila melanogaster*）是双翅目昆虫，一般喜好腐烂的水果和发酵的果汁，很容易采集到。黑腹果蝇个体小，体长 3～4 mm；繁殖能力强，雌果蝇每次可产卵几百粒；发育速度快，在 25 ℃环境下，22 h 后幼虫就会破壳而出，并且立刻觅食。黑腹果蝇繁殖周期短，每 2 周可产生大量新的子代，有科学家说"用半瓶牛奶和一只开始腐烂的香蕉，14 天就可以得到 200 只果蝇"，可见其极易培养。并且，果蝇的染色体只有 4 对，形态各不相同，易于区别。果蝇的变异性状也特别多，如体色有灰色和黑色，眼色有红眼和白眼，翅膀有长翅和残翅等。鉴于果蝇的以上特点，它成为研究染色体遗传的极好材料。研究果蝇的科学家曾表示，一个世纪以来果蝇向生物学家提供了比任何其他复杂生物都更多的基因演变信息。

2. 果蝇的伴性遗传——基因位于染色体上的实验证据

多数动物和某些植物具有两性之分，不同生物的性别决定类型存在较大的差异，综合起来主要分为两大类，即遗传因素决定性别和环境因素决定性别。其中，遗传因素主要涉及细胞中的染色体。细胞中的染色体可以分为两类：一类是雌、雄个体的细胞中都具有的相同的染色体，称为常染色体（autosome）；另一类在雌、雄个体的细胞中是不同的，称为性染色体（sex chromosome）。性染色体是与生物的性别决定有直接关系的染色体。自然界中，多数生物的性别差异是由性染色体的差异决定的。

果蝇的体细胞中有 4 对同源染色体，其中 3 对是常染色体，1 对是性染色体（图 6-16）。雌果蝇的 1 对性染色体是同型的，用 XX 来表示；雄果蝇的 1 对性染色体是异型的，用 XY 表示。果蝇的这种性别决定类型称为 XY 型。

XY 型性别决定是最常见的性别决定类型，全部哺乳动物、大部分爬行类和两栖类、部分鱼类和昆虫以及一些雌雄异株的植物都属于 XY 型性别决定。该类型的雌性为同配性别，即雌性个体的体细胞内，含有 2 条同型的性染色体（XX）；雄性为异配性别，即雄性个体的体细胞内，含有 2 条异型的性染色体（XY）。Y 染色体在这种性别决定类型中

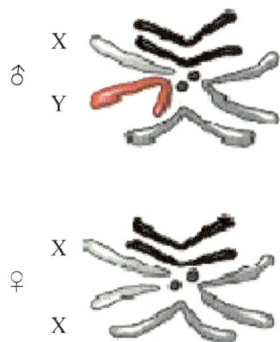

图 6-16　雌、雄果蝇体细胞的染色体图解

起主导作用，含有 Y 染色体的受精卵发育为雄性，不含有 Y 染色体的受精卵发育为雌性。其根本原因是 Y 染色体上具有 SRY 基因（睾丸决定因子基因），其表达产物锌脂蛋白，具有抑制雌性发育途径、启动雄性发育途径的调控性别分化的作用。因此，真正决定 XY 型生物性别的是 SRY 基因。

鸟类和蝶蛾类的性别决定属于 ZW 型，它与 XY 型刚好相反：雌性个体的体细胞中，含有 2 条异型的性染色体，用 ZW 表示；雄性个体的体细胞中，含有 2 条同型的性染色体，用 ZZ 表示。有些动物，如蚱蜢，雌虫的性染色体是 XX，雄虫只有一条 X 性染色体，没有 Y 染色体，此种类型可称作 XO 型。

摩尔根从 1909 年开始潜心研究果蝇的遗传行为。一天，摩尔根的实验室产生了一只奇特的突变体雄果蝇，它的眼睛不像其他果蝇那样是红色的，而是白色的。这只白眼雄果蝇同一只正常的红眼雌果蝇交配以后，留下了突变基因，以后繁衍成一个大家系。这个家系的子一代全是红眼的，显然红眼对白眼来说，表现为显性，正符合孟德尔的研究结果。摩尔根让子一代雌、雄果蝇之间交配，发现子二代中的红眼、白眼

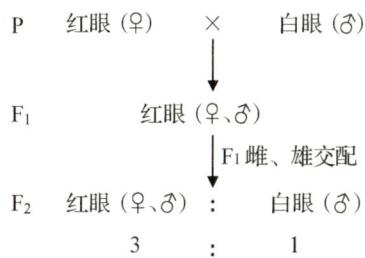

图 6-17　红眼果蝇与白眼果蝇杂交实验图解

果蝇的比例正好是 3∶1，也符合孟德尔的研究结果。摩尔根进一步观察，发现子二代的白眼果蝇全是雄性(图 6-17)。

看来，白眼性状与性别有一定的联系，那么，白眼性状是如何遗传的？为什么 F_2 的白眼果蝇没有雌性的呢？

摩尔根推测，果蝇的红眼和白眼这一对相对性状的遗传与果蝇的性别有关。他假设，控制红眼的基因(用 A 表示)和控制白眼的基因(用 a 表示)都在 X 染色体上，而 Y 染色体不含有它的等位基因，上述遗传现象就可以得到合理的解释(图 6-18)。

从图 6-18 可以看出，摩尔根关于果蝇眼色遗传的假设与实验完全符合。后来他们又通过测交等方法，进一步验证了这些假设，证明控制果蝇红眼和白眼的基因位于 X 染色体上。这种由性染色体上的基因决定的性状在遗传时与性别有联系的现象，叫作伴性遗传(sex-linked inheritance)。果蝇眼色遗传实验的重要意义在于：人类第一次把一个特定的基因(控制果蝇眼色遗传的基因)和一个特定的染色体(X 染色体)联系起来，从而用实验证明基因在染色体上，并且揭示了果蝇的伴性遗传。

P　(红眼，♀)　X^AX^A　×　X^aY　(白眼，♂)

配子 / F_1

♂ / ♀	X^a	Y
X^A	X^AX^a(红眼，♀)	X^AY(红眼，♂)

P　(红眼，♀)　X^AX^a　×　X^AY　(红眼，♂)

F_2

♂ / ♀	X^A	Y
X^A	X^AX^A(红眼，♀)	X^AY(红眼，♂)
X^a	X^AX^a(红眼，♀)	X^aY(白眼，♂)

图 6-18　红眼果蝇与白眼果蝇杂交实验的遗传分析图解

每种生物的基因数量远远多于这种生物染色体的数目。例如，果蝇体细胞中有 4 对染色体，被人们研究过的基因就达数百个。又如，人类的体细胞中有 23 对染色体，携带的基因大约有几万个。显然，一条染色体上应该有许多个基因。摩尔根和他的学生们经过多年的努力，发明了测定基因在染色体上相对位置的方法，并证明了基因在染色体上呈线性排列。

三、孟德尔遗传定律的发展

摩尔根等人的研究不但证明了孟德尔遗传定律的正确性，同时也进一步完善了孟德尔遗传定律。孟德尔的遗传因子(基因)自由组合定律只适合于不同染色体上或同一染色体上相距很远的遗传因子(基因)。同一染色体上相距较近的多个遗传因子(基因)，在减数分裂时就随着染色体一同分配到配子中，而不是按照孟德尔遗传定律彼此分开、自由组合。另一方面，由于减数分裂时四分体的非姐妹染色单体之间可以相互交换一些片段，所以同一染色体的遗传因子(基因)也不是绝对地不能分开，如果出现了交换，就有一部分遗传因子(基因)脱离原来的染色体，而和另一染色体上的遗传因子(基因)组合在一起。摩尔根等人的研究表明，孟德尔所说的一对遗传因子(基因)就是位于一对同源染色体上的等位基因，不同对的遗传因子(基因)就是位于非同源染色体上的非等位基因。于是，孟德尔遗传定律可以进一步完善为：

基因的分离定律的实质是，在杂合子的细胞中，位于一对同源染色体上的等位基因，具有一定的独立性；在减数分裂形成配子的过程中，等位基因会随同源染色体的分开而分离，分别进入两个配子中，独立地随配子遗传给后代。

基因的自由组合定律的实质是，位于非同源染色体上的非等位基因的分离或组合是互不干扰的；在减数分裂过程中，同源染色体上的等位基因彼此分离的同时，非同源染色体上的非等位基因自由组合。

四、人类的伴性遗传

由性染色体上的基因决定的性状在遗传时与性别有联系，这种现象叫作伴性遗传(sex-linked inheritance)。人类有 80 余种性状是伴性遗传的，如红绿色盲、血友病、抗维生素 D 佝偻病等。伴性遗传病，有的多发于男性，有的多发于女性，原因是什么呢？下面以红绿色盲为例分析伴性遗传的一些规律。

1. 红绿色盲及家系图

辨认图 6-19 中的数字和图形。不能辨认的人患有红绿色盲，患者由于色觉障碍，不能像正常人一样区分红色和绿色。

图 6-19　红绿色盲检查图

人的体细胞中有 23 对染色体，其中 22 对为常染色体，剩余 1 对是性染色体，称为 XY 染色体。人类的 X 染色体和 Y 染色体无论在大小和携带的基因种类上都是不一样的。X 染色体携带着许多基因，Y 染色体只有 X 染色体大小的 1/5 左右，携带的基因比较少。所以许多位于 X 染色体上的基因，在 Y 染色体上没有相应的等位基因。红绿色盲的基因位于 X 染色体上，为隐性基因（b），以 X^b 表示色盲基因，X^B 表示正常基因。Y 染色体上没有色盲基因及其等位基因。

女性有 2 条 X 染色体，如果其中一条 X 染色体上是正常基因，另一条 X 染色体即使带有色盲基因，也会由于是隐性的而得不到表达，这种基因型的个体称为携带者。男性只有 1 条 X 染色体，隐性基因没有相应的显性等位基因的存在，于是这些隐性基因是可以表达的。因此，红绿色盲男性患者常常多于女性患者。

表 6-4 为人的正常色觉与红绿色盲的基因型和表现型的 5 种情况。

表 6-4　人的正常色觉与红绿色盲的基因型和表现型

	女性			男性	
基因型	$X^B X^B$	$X^B X^b$	$X^b X^b$	$X^B Y$	$X^b Y$
表现型	正常	正常（携带者）	色盲	正常	色盲

2. 红绿色盲遗传方式举例

人类红绿色盲的遗传方式主要有以下几种情况。

如果一个色觉正常的女性纯合子和一个男性红绿色盲患者结婚，在他们的后代中：儿子的色觉都正常；女儿虽表现正常，但由于从父亲那里得到了一个红绿色盲基因，因此都是红绿色盲基因的携带者（图 6-20）。在这种情况下，父亲的红绿色盲基因随着 X 染色体传给了女儿，但是一定不会传给儿子。

如果女性红绿色盲基因的携带者和一个色觉正常的男性结婚，在他们的后代中：儿子有 1/2 正常，1/2 为红绿色盲；女儿都不是红绿色盲，但有 1/2 是红绿色盲基因的携带者（图 6-21）。在这种情况下，儿子的红绿色盲基因是从母亲那里遗传来的，而母亲的红绿色盲基因既可能传递给女儿，也可能传递给儿子。

如果一个女性红绿色盲基因的携带者和一个男性红绿色盲患者结婚，所生子女的基因型和表现型会怎样呢？

如果一个女性红绿色盲患者和一个色觉正常的男性结婚，情况又会如何？

通过分析可知，当女性红绿色盲基因的携带者和男性红绿色盲患者结婚，他们的后代中，儿子和女儿各有 1/2 患病。当女性红绿色盲患者和色觉正常的男性结婚，他们的后代中，儿子均为红绿色盲，女儿均为红绿色盲基因的携带者。

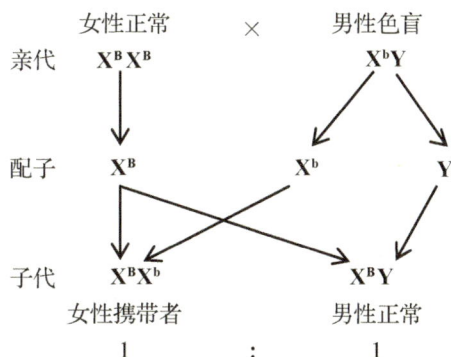

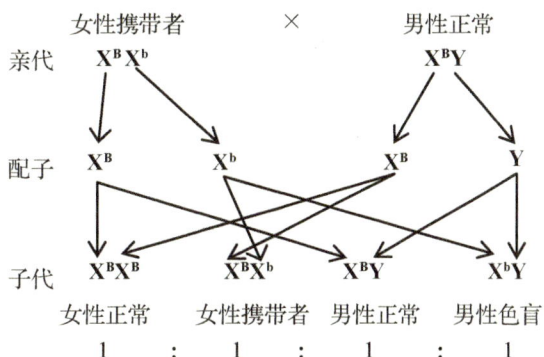

图 6-20　正常女性与男性红绿色盲患者的婚配图解　图 6-21　女性携带者与正常男性的婚配图解

通过对以上几种婚配方式的分析，可以看出，男性红绿色盲基因只能从母亲那里遗传来，以后只能传递给女儿，这种遗传特点，在遗传学上叫作交叉遗传（criss-cross inheritance）。

3. 其他伴性遗传病

（1）血友病

血友病是一组遗传性凝血因子缺乏引起的出血性疾病。在我国，血友病的社会人群发病率为 5～10/10 万人口，婴儿发生率约为 1/5 000。典型血友病患者常自幼年发病，自发出血或轻度外伤出血后出现凝血功能障碍，出血不能自发停止，从而在外伤、手术时常出血不止，严重者在较剧烈活动后也可自发出血。一般来说，血友病患者可以正常生活，但是他们需要尽量避免参加可能导致身体伤害的体育运动和其他活动。血友病因其缺乏凝血因子的种类而有所不同，这种病是由位于 X 染色体上的隐性基因（h）控制的，Y 染色体上没有相应的等位基因。可以思考关于血友病的基因型和表现型有哪几种情况？它的遗传方式与色盲症的遗传相似吗？

由于血友病基因通常是由女性携带导致下一代男性发病，那么就可以进行妊娠后的产前诊断，以实现优生、优育。对血友病患者家人特别是女性家人，应做基因检测。对于有家族史但无基因携带的女性，妊娠后可以放心地按正常程序分娩。而对于女性血友病基因携带者，最好在妊娠后（一般 12～14 周内）做性别鉴定，若胎儿为女性，就可以做正常的足月分娩，如果胎儿为男性，则需要进行羊水穿刺等提取 DNA 检测血友病的严重程度，或者通过脐带血（大约在妊娠 16～18 周后）取样以测定凝血因子的缺乏程度，根据实际情况确定是否进行治疗性流产手术，特别是胎儿凝血因子严重缺乏的孕妇，应尽早终止妊娠。此外，随着目前第三代试管婴儿技术的发展，可以对血友病基因携带者的女性进行体外受精，通过对受精卵的体外遗传学检测，确定有无血友病基因携带，从而在众多的胚胎中，挑选出健康的、无血友病基因携带的女性胚胎植入母亲的子宫内，以确保生出一个健康的婴儿。

(2)抗维生素 D 佝偻病

由于抗维生素 D 佝偻病患者的小肠存在对 Ca、P 的吸收不良等障碍，病人常常表现出 O 型腿、骨骼发育畸形(如鸡胸)、生长缓慢等症状。这种病是由位于 X 染色体上的显性基因(D)控制的。当女性的基因型为 $X^D X^D$、$X^D X^d$ 时，都是患者，但后者比前者发病轻。男性患者的基因型只有一种情况，即 $X^D Y$，发病程度与 $X^D X^D$ 相似。因此，位于 X 染色体上的显性基因的遗传特点是：女性多于男性，但部分女性患者病症较轻；男性患者与正常女性结婚的后代中，女性都是患者，男性正常。

练习

一、填空题

1. 摩尔根用实验证明，基因在_____上呈_____排列。因此，等位基因的分离是由于_____的分开，非等位基因的自由组合是由于_____的自由组合。

2. 细胞遗传学的研究结果表明，孟德尔所说的一对遗传因子就是位于一对同源染色体上的_____，不同对的遗传因子就是位于非同源染色体上的_____。

3. 位于性染色体上的基因，在遗传中表现_____的特点。

二、选择题

1. 下列关于孟德尔豌豆高茎和矮茎杂交实验的解释，正确的是( )。

①高茎基因和矮茎基因是一对等位基因

②豌豆的高茎基因和矮茎基因位于同源染色体的同一位置

③在杂种一代形成配子时，高茎基因和矮茎基因随同源染色体的分开而分离

④豌豆的高茎基因和矮茎基因都是随染色体向子代传递的

A. ①②　　　　B. ②③④　　　C. ①③④　　　　D. ①②③④

2. 萨顿和摩尔根在"基因在染色体上"的研究中，都做出了突出贡献。他们选择的研究材料分别是( )。

A. 蝗虫和果蝇　　B. 果蝇和蝗虫　　C. 蝗虫和蝗虫　　D. 果蝇和果蝇

3. 正常雄果蝇的染色体组成可以描述为( )。

A. 3+X　　　　B. 3+Y　　　　C. 6+XX　　　　D. 6+XY

4. 下列各项中，肯定含有 Y 染色体的是( )。

A. 受精卵和初级精母细胞　　　　B. 受精卵和次级精母细胞

C. 精子和男性口腔上皮细胞　　　　　D. 初级精母细胞和男性小肠上皮细胞

5. 下列关于红绿色盲的说法，不正确的是(　　)。

A. 红绿色盲患者不能像正常人那样区分红色和绿色

B. Y 染色体短小，因缺少与 X 染色体同源区段而缺乏红绿色盲基因

C. 由于红绿色盲基因位于 X 染色体上，所以不存在等位基因

D. 男性患者将红绿色盲基因传给孙子的概率是 0

6. 一对夫妇都正常，他们的父母也正常，但妻子的弟弟是色盲，预测他们独生子患色盲的概率是(　　)。

A. 1　　　　　　B. 1/2　　　　　　C. 1/4　　　　　　D. 1/8

7. 以性染色体为 XY 的牛体细胞核取代卵细胞核，经过多次卵裂后，植入母牛子宫孕育，所生牛犊(　　)。

A. 为雌性　　　　　　　　　　B. 为雄性

C. 性别不能确定　　　　　　　D. 雌、雄比例为 1∶1

8. 某男孩患血友病，他的父母、祖父母、外祖父母均表现正常。这个男孩的致病基因来源于(　　)。

A. 外祖母→母亲→男孩　　　　　B. 外祖父→母亲→男孩

C. 祖母→父亲→男孩　　　　　　D. 祖父→父亲→男孩

9. 下列关于性染色体的叙述，正确的是(　　)。

A. 性染色体上的基因都可以控制性别

B. 性别受性染色体控制而与基因无关

C. 女儿的性染色体必有一条来自父亲

D. 性染色体只存在于生殖细胞中

三、分析简答题

1. 人的白化病是常染色体遗传，正常(A)对白化(a)是显性。一对表现型正常的夫妇，生了一个既患白化病又患红绿色盲的男孩。据此回答下列问题。

(1)这对夫妇的基因型是怎样的？画出遗传分析图。

(2)这对夫妇的后代中，是否会出现既不患白化病也不患红绿色盲的孩子？试写出这样的孩子的基因型。

2. 下图(见下页)是某家庭红绿色盲遗传分析图。假设红绿色盲基因为 b，据图回答下列问题。

(1)图中Ⅲ代 3 号的基因型是_____，Ⅲ代 2 号的可能基因型是_____。

(2)Ⅳ代 1 号是红绿色盲基因的携带者的可能性是_____。

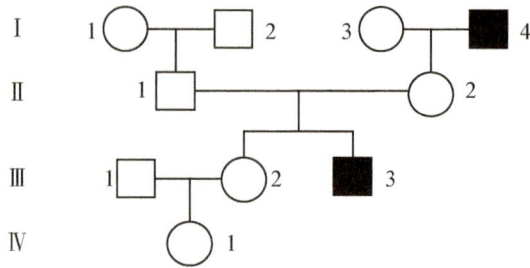

第四节　遗传的分子基础——DNA

自从摩尔根证明基因在染色体上以后，基因在人们的认识中不再是抽象的遗传因子，而是存在于染色体上的一个个单位。但基因的化学本质是什么呢？这一焦点问题吸引着科学家不断地探索。细胞化学的研究表明：染色体携带着遗传信息，染色体主要由蛋白质和DNA组成。那么，蛋白质和DNA谁是遗传物质呢？这一问题曾经引起生物学界激烈的争论。直到20世纪40年代以后，科学家通过一系列以微生物为对象进行的实验，才以确凿的事实证明了DNA是生物体内主要的遗传物质。

一、DNA是遗传物质的证据

首先为DNA是遗传物质提供研究思路的是英国科学家格里菲思（F. Griffith，1877—1941）关于肺炎双球菌的实验。肺炎双球菌（Diplococcus pneumoniae）能引起人的肺炎和小鼠的败血症，它有很多种不同的菌株。其中，光滑型（smooth，S）菌株能引起疾病，这些有毒菌株在每个细胞外面都有一层由糖蛋白组成的荚膜保护，抵御宿主的免疫系统，这些菌株在培养基上形成的菌落表面光滑，所以叫作S型细菌；粗糙型（rough，R）菌株细胞外面没有荚膜，它们侵入宿主体内即为宿主的免疫系统所消灭，因而不引起疾病，这些菌株在培养基上形成的菌落表面粗糙，所以叫作R型细菌。

1. 肺炎双球菌的转化实验

1928年，格里菲思以小鼠为实验材料，他用两种不同类型的肺炎双球菌去感染小鼠。格里菲思的实验过程如图6-22所示。

令人惊奇的是，把有荚膜的S型细菌加热杀死（不致死）与活的无荚膜的R型细菌（本来就不致死）混合注射到小鼠体内时，小鼠患败血症死亡了。格里菲思从死亡小鼠尸体上分离出了有毒性的S型活细菌，而且这些S型活细菌的后代也是有毒性的S型细菌。于是，格里菲思推测：在已经被加热杀死的S型细菌中，必然含有某种促成这一转化的活性物质——转化因子，这种转化因子将无毒性的R型活细菌转

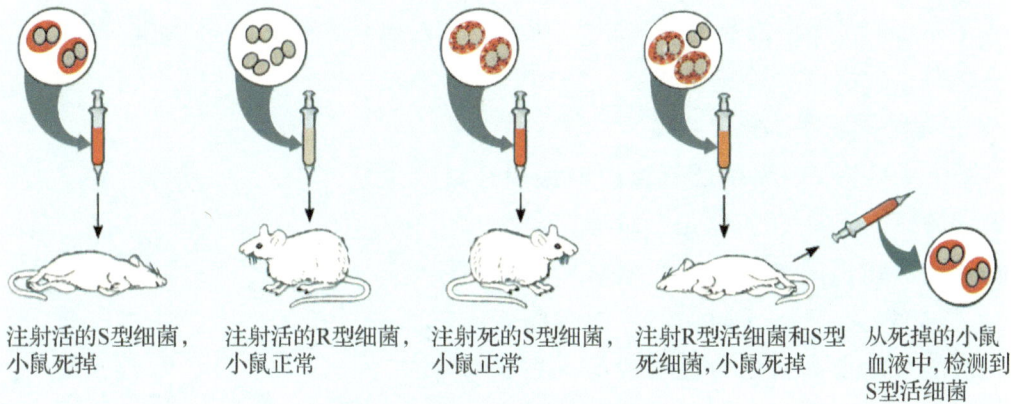

图 6-22　肺炎双球菌的转化实验

化为有毒性的 S 型活细菌，而且这种性状的转化是可以遗传的。这种转化因子究竟是什么物质呢？

　　经过十几年的努力，1944 年美国科学家艾弗里（O. Avery，1877—1955）对 S 型细菌中的物质进行了提纯和鉴定。艾弗里等人将提纯的 DNA、蛋白质和多糖等物质分别加到培养了 R 型细菌的培养基中，结果发现：只有加入 S 型细菌的 DNA，R 型细菌才能转化为 S 型细菌，并且 DNA 的纯度越高，转化就越有效；如果用 DNA 酶分解从 S 型活细菌中提取的 DNA，就不能使 R 型细菌发生转化（图 6-23）。

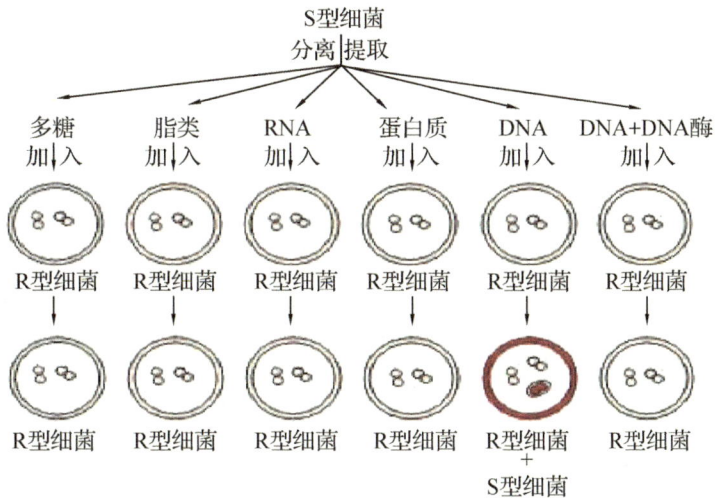

图 6-23　艾弗里证明遗传物质是 DNA 的实验

于是，艾弗里得出结论：DNA 才是使 R 型细菌产生稳定遗传变化的物质。艾弗里的实验第一次为遗传物质是 DNA，而不是蛋白质提供了直接的证据。但是，由于艾弗里的实验中提取出的 DNA，纯度最高时也还含有 0.02％的蛋白质，因此，仍有人对实验结论表示怀疑。

2. 噬菌体侵染细菌的实验

另一个证明 DNA 是遗传物质的实验是对 T_2 噬菌体的研究。T_2 噬菌体是一种专门寄生在大肠杆菌体内的病毒，它具有一个六角形头部和棒状尾部，尾部上有尾丝（图 6-24）。T_2 噬菌体的头部和尾部的外壳都是由蛋白质构成的，头部内含有 DNA。当时的研究已表明：T_2 噬菌体侵染大肠杆菌时，用尾部附着在细菌表面，并在自身遗传物质的作用下，利用大肠杆菌体内的营养物质来合成自身的物质，进行大量增殖。受侵染的大肠杆菌裂解，释放出大量与原来一样的 T_2 噬菌体。那么 T_2 噬菌体侵染大肠杆菌时，进入菌体的是 T_2 噬菌体的蛋白质还是 DNA 呢？

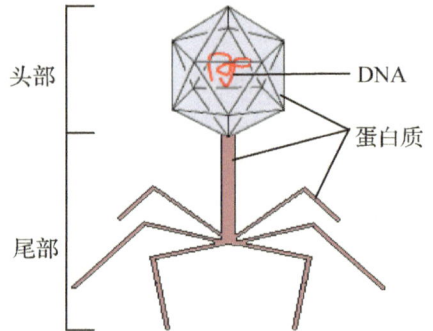

图 6-24　大肠杆菌 T_2 噬菌体模式图

1952 年，美国科学家赫尔希（A. D. Hershey）和蔡斯（M. Chase）运用放射性同位素示踪技术完成了 T_2 噬菌体侵染大肠杆菌的实验（图 6-25）。在 T_2 噬菌体的化学组成中，60％是蛋白质，40％是 DNA。对这两种物质的分析表明：仅蛋白质中含有 S，P 几乎都存在于 DNA 中。首先，赫尔希和蔡斯分别用两种放射性同位素 ^{32}P 和 ^{35}S 对两组 T_2 噬菌体进行了巧妙的标记：一组用放射性同位素 ^{32}P 标记 T_2 噬菌体内部的 DNA，另一组用放射性同位素 ^{35}S 标记 T_2 噬菌体的蛋白质外壳。由于放射性物质会不断放出射线，可以检测出来，这样通过观察放射性物质的行踪，就可以判断放射性物质在 T_2 噬菌体侵染大肠杆菌过程中的行踪，从而判断 DNA 和蛋白质在生物遗传过程中的作用了。然后，赫尔希和蔡斯用两组 T_2 噬菌体分别侵染未被标记的大肠杆菌。经过一定时间的保温培养后，用搅拌器进行搅拌，使附着于大肠杆菌表面的 T_2 噬菌体与大肠杆菌脱离。接着，赫尔希和蔡斯将培养液用离心机分离，离心管的沉淀物中留有被侵染的大肠杆菌，上清液中留有密度较小的 T_2 噬菌体。离心后，分别测定沉淀物和上清液的放射性强度。实验结果显示：用 ^{32}P 标记的一组实验，放射性同位素主要分布在沉淀物中；用 ^{35}S 标记的一组实验，放射性同位素主要分布在上清液中。这说明，^{32}P 进入了大肠杆菌体内，即 T_2 噬菌体 DNA 进入了大肠菌体内，而 ^{35}S 标记的蛋白质外壳没有进入大肠杆菌体内。

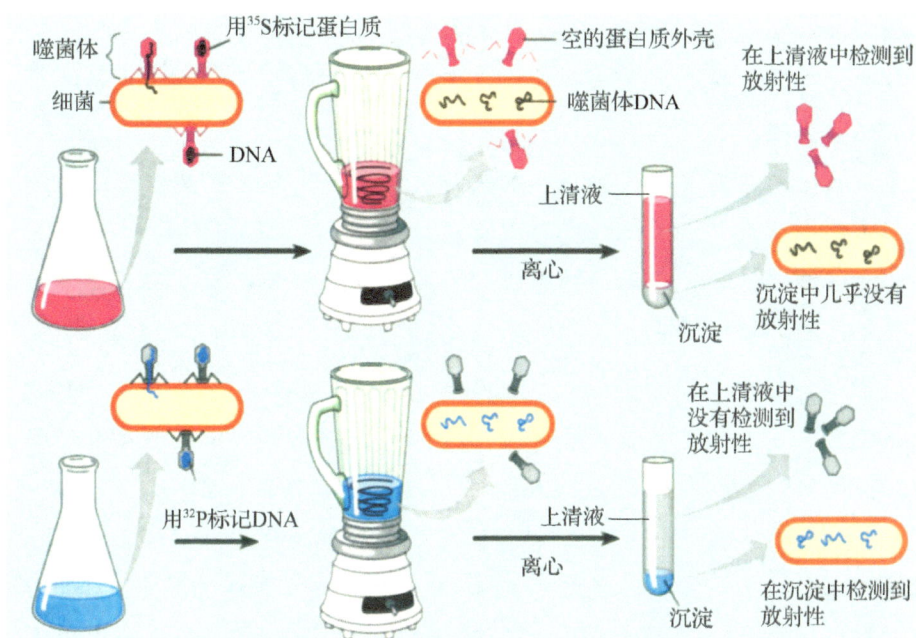

图 6-25　T₂ 噬菌体侵染大肠杆菌的实验

　　只有 T₂ 噬菌体的 DNA 进入了大肠杆菌体内，而 T₂ 噬菌体的蛋白质并没有进入大肠杆菌体内。以后，大肠杆菌体内却产生了新的既有 DNA，又有蛋白质的噬菌体。这种现象说明什么呢？显然，新的 T₂ 噬菌体的 DNA 是在大肠杆菌体内复制的，其蛋白质也是在大肠杆菌体内合成的。这一事实说明：进入大肠杆菌体内的 T₂ 噬菌体的 DNA，不仅携带了 DNA 自我复制的遗传信息，而且也携带了指导蛋白质合成的遗传信息，具有遗传物质应具有的一些特点——能够自我复制和能够控制蛋白质的合成。由此可见，DNA 是遗传物质。赫尔希等人因发现 T₂ 噬菌体的复制机理和遗传结构获得了 1969 年的诺贝尔生理学或医学奖。

　　后来的研究表明，遗传物质除了 DNA 以外，还有 RNA。例如，烟草花叶病毒（tobacco mosaic virus，TMV）的遗传物质就是 RNA。这种病毒的结构很简单，只由一条 RNA 链和蛋白质组成，约含 6％RNA 和 94％蛋白质。1956 年，德国科学家康偌特（F. Conrot）将烟草花叶病毒的 RNA 和蛋白质提取出来，分别涂抹在健康的烟草叶子上，结果只有涂抹 RNA 的叶片得病，涂抹蛋白质的叶片不得病。这就证明烟草花叶病毒的遗传物质是 RNA。此后，又发现流感病毒、脊髓灰质炎病毒等 RNA 病毒的遗传物质是 RNA。因此，不具有 DNA 的病毒中，RNA 是遗传物质。在大量实验证据的基础上，科学家得出了结论：绝大多数生物的遗传物质是 DNA，有一些病毒的遗传物质是 RNA。

作为遗传物质至少要具备以下 4 个条件：

一是在细胞生长和繁殖的过程中能够精确地复制自己，使得亲代和子代具有一定的连续性；

二是能够指导蛋白质合成，从而控制生物的性状和新陈代谢的过程；

三是具有储存大量遗传信息的潜在能力；

四是结构比较稳定，但在特殊情况下又能发生突变，而且突变以后还能继续复制，并能遗传给后代。

组成蛋白质的主要氨基酸约有 20 种。由于氨基酸的种类和数量不同，排列顺序不同，可以组成无数种蛋白质，这一点符合上述的第 3 个条件。蛋白质（特别是酶）能够控制生物的性状和新陈代谢的过程，这一点符合第 2 个条件。但是，蛋白质不能进行自我复制，而且它在染色体中的含量往往是不固定的，分子结构也不稳定，它也不能遗传给后代，所以，蛋白质不可能是遗传物质。科学研究已经充分证明，核酸具备上述 4 个条件，所以核酸才是遗传物质。

二、DNA 分子的结构

进入 20 世纪 50 年代，人们认识了 DNA 作为遗传物质的重要性，DNA 分子的结构无疑是揭示遗传奥秘的核心问题，科学家纷纷展开了对 DNA 分子立体构象的研究，取得了不少有益的成果。但最后揭开这一奥秘的人是当时还没有名气的年轻的美国生物学家沃森（J. D. Watson，1928—   ）和英国物理学家克里克（F. Crick，1916—2004）。1953 年，沃森和克里克发现了 DNA 分子的双螺旋结构，开启了分子生物学时代，使遗传学研究深入到分子层次，人们开始逐渐认识遗传信息构成和传递的途径。在其后的近 50 年里，一个又一个生命的奥秘从分子角度得到了更清晰的阐述。

DNA 分子是由 4 种脱氧核苷酸组成的一种大分子化合物。DNA 的基本组成单位是脱氧核苷酸，一个脱氧核苷酸是由一分子含氮的碱基，一分子脱氧核糖和一分子磷酸组成的。组成脱氧核苷酸的碱基有 4 种，即腺嘌呤（A）、鸟嘌呤（G）、胞嘧啶（C）和胸腺嘧啶（T）。因此，组成 DNA 的脱氧核苷酸也有 4 种，即腺嘌呤脱氧核苷酸、鸟嘌呤脱氧核苷酸、胞嘧啶脱氧核苷酸和胸腺嘧啶脱氧核苷酸。很多个脱氧核苷酸连接成脱氧核苷酸链，DNA 分子含有 2 条脱氧核苷酸链。

从 DNA 分子结构模式图（图 6-26），可以看到 DNA 分子具有规则的双螺旋结构，这种结构的主要特点包括以下几个方面。

首先，DNA 分子含有 2 条脱氧核苷酸链。这 2 条链的走向是相反的，按反向平行方式盘旋成双螺旋结构。每条链的一端的脱氧核糖 5′ 碳上的磷酸基团是游离的，称 5′ 端；另一端的脱氧核糖 3′ 碳上的羟基是游离的，称 3′ 端。DNA 分子的一条链是从 5′ 到 3′，另一条链是从 3′ 到 5′。

其次，DNA 分子中的脱氧核糖和磷酸交替连接，排列在外侧，构成基本骨架，碱基排列在内侧。

最后，DNA 分子 2 条链上的碱基通过氢键连接成碱基对，并且碱基配对遵循一定的原则：A（腺嘌呤）一定与 T（胸腺嘧啶）配对；G（鸟嘌呤）一定与 C（胞嘧啶）配对。碱基之间的这种一一对应的关系，叫作碱基互补配对原则。

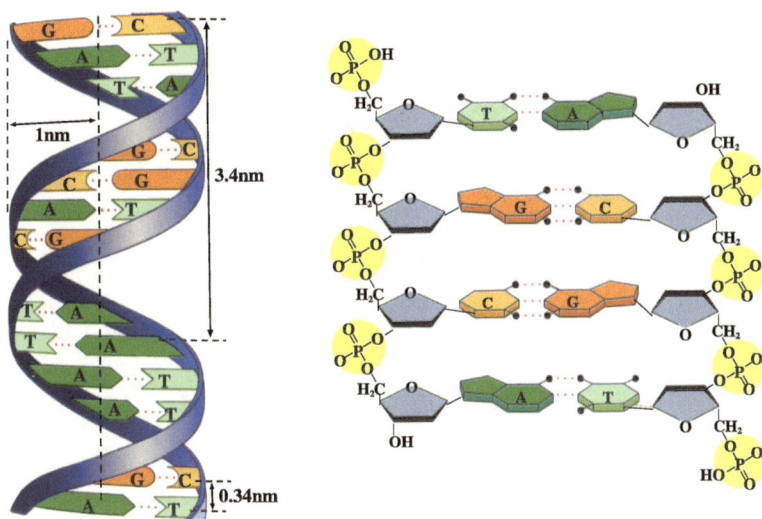

图 6-26　DNA 分子的结构模式图

三、DNA 分子的半保留复制

DNA 双螺旋结构模型的意义，不仅在于探明了 DNA 分子的结构，更重要的是它还揭示了 DNA 的复制机制：由于两条链的碱基顺序是彼此互补的，只要确定了其中一条链的碱基顺序，另一条链的碱基顺序也就确定了。因此，只需以其中的一条链为模板，即可合成复制出另一条链。沃森和克里克在阐明了 DNA 分子的双螺旋结构之后，又提出了 DNA 半保留复制的假设：亲代 DNA 的两条链可分别作为模板，各合成一条新生的 DNA 链；子代 DNA 中一条链来自亲代，另一条链是新合成的；基于碱基互补配对原则，两个子代 DNA 分子同亲代的碱基顺序完全一样。

DNA 分子的复制是指以亲代 DNA 分子为模板合成子代 DNA 的过程（图 6-27）。这一过程是在细胞有丝分裂的间期和减数第一次分裂的间期，随着染色体的复制而完成的。复制开始时，DNA 分子首先利用细胞提供的能量，在解旋酶的作用下，把两条螺旋的双链解开，互补的碱基之间氢键断裂，这个过程叫作解旋。然后，以解开的每一段母链为模板，以周围环境中游离的四种脱氧核苷酸为原料，按照碱基互补配对原则，在 DNA 聚合酶的作用下，各自合成与母链互补的一段子链。随着解旋过程的进行，新合成的子链也不断地延伸。同时，每条子链与其对应的母链的互补碱基以氢键结合，两条链盘绕成双螺旋结构，从而各形成一个新的 DNA 分子。这样，复制结束后，一个 DNA 分子就形成了两个完全相同的 DNA 分子。由于新合成的每个 DNA 分子中，都保留了原来 DNA 分子中的一条链，因此，这种复制方式叫作半保留复制（semi-conservative replication）。

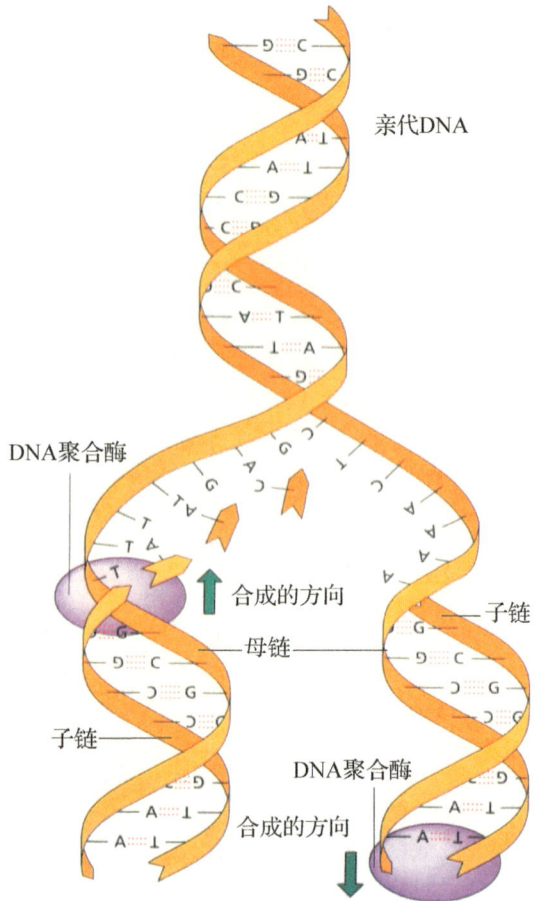

图 6-27　DNA 分子的复制图解

DNA 的复制是一个边解旋边复制的过程。复制需要模板、原料、能量和酶等基本条件。DNA 分子独特的双螺旋结构，为复制提供了精确的模板，通过碱基互补配对，保证复制能够准确地进行。DNA 分子通过复制，使遗传信息从亲代传递给子代，子代保留了亲代 DNA 的全部遗传信息，体现在亲代和子代之间 DNA 碱基序列的一致性上，从而保持了遗传信息的连续性。

实验八　制作 DNA 双螺旋结构模型

目的要求

1. 尝试制作 DNA 双螺旋结构模型。
2. 掌握 DNA 分子双螺旋结构的特点。

材料用具

硬塑料方框，铁丝，各种颜色塑料片，硬纸板，纸盒，橡皮泥，木签，订书机（针）等常用物品。

方法步骤

1. 与同学交流：分别用哪些材料来代表组成DNA分子的磷酸、脱氧核糖和碱基？怎样区别四种碱基？怎样将这几种材料正确地连接起来？怎样正确地将四种脱氧核苷酸连接成一条脱氧核苷酸链？两条脱氧核苷酸链的碱基顺序有什么要求？

2. 撰写DNA双螺旋结构模型制作的计划书，包括小组成员、分工、材料用具、制作步骤、注意事项等内容。

3. 与同学合作完成DNA双螺旋结构模型的制作。

讨论

1. 在模型制作过程中遇到什么困难？怎样解决？

2. 所制作的模型还有哪些不足？如何改进？

3. 在活动过程中，有什么收获和体会？

练习

一、填空题

1. 绝大多数生物的遗传物质是_____，有一些病毒的遗传物质是_____。

2. DNA的基本组成单位是_____，一个脱氧核苷酸是由一分子_____、一分子_____和一分子_____组成的。

3. DNA分子两条链上的碱基通过_____连接成碱基对，并且碱基配对有一定的规律：A（腺嘌呤）一定与_____配对；G（鸟嘌呤）一定与_____配对。碱基之间的这种一一对应的关系，叫作_____。

4. DNA的复制方式是_____，这一过程是在_____和_____，随着染色体的复制而完成的。

5. DNA的复制需要_____、_____、_____和_____等基本条件。DNA分子独特的_____，为复制提供了精确的模板，通过_____，保证复制能够准确地进行。

二、选择题

1. 下列哪一组物质是DNA的组成成分（　　）。

A. 脱氧核糖、核酸、磷酸　　　　　B. 核糖、碱基、磷酸

C. 脱氧核糖、碱基、磷酸　　　　　D. 核糖、嘧啶、嘌呤、磷酸

2. 组成 DNA 的五碳糖、含氮碱基、脱氧核苷酸的种类数依次是（　　）。

A. 1、2、4　　　　B. 2、4、4　　　　C. 1、4、4　　　　D. 2、4、8

3. 在一个 DNA 分子中共有碱基 200 个，其中一条链含胞嘧啶 20 个，其互补链共有胞嘧啶 26 个，这个 DNA 分子中含 T（　　）个。

A. 54　　　　　　B. 92　　　　　　C. 108　　　　　　D. 46

4. 具有 100 个碱基对的一个 DNA 分子区段，内含 40 个胸腺嘧啶，如果连续复制 2 次，需游离的胞嘧啶脱氧核苷酸（　　）个。

A. 60　　　　　　B. 80　　　　　　C. 120　　　　　　D. 180

三、分析简答题

1. 下图是 T_2 噬菌体侵染大肠杆菌的示意图，据图回答下列问题。

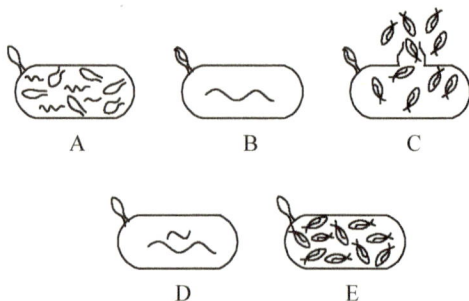

(1) T_2 噬菌体侵染大肠杆菌的正确顺序是 _____。

(2) D 中 T_2 噬菌体侵染大肠杆菌时，留在大肠杆菌外面的是 _____，注入大肠杆菌体内的物质是 _____。

(3) E 表明 _____。

(4) T_2 噬菌体侵染大肠杆菌的实验得出了 _____ 是遗传物质的结论。

2. 虽然 DNA 复制通过碱基互补配对在很大程度上保证了复制的准确性，但是，DNA 的复制仍有约 10^{-9} 的错误率。请根据这一数据计算，约为 31.6 亿个碱基对的人类基因组复制时可能产生多少个错误？这些错误可能产生什么影响？

▶ 第五节　基因的表达

20 世纪 50 年代以后，随着分子遗传学的发展，尤其是沃森和克里克提出 DNA 双螺旋结构以后，人们才真正认识了基因的本质。20 世纪 60 年代以后，科学家更是破译了基因指导蛋白质合成过程中的遗传密码，这使人们认识了基因与生物性状之间的关系，也推动了以基因工程为核心的现代分子遗传学的迅速发展。

一、基因是有遗传效应的 DNA 片段

什么是基因？基因与 DNA 的关系是怎样的？不妨先来看两组数据。大肠杆菌细胞的拟核有 1 个 DNA 分子，大约有 470 万个碱基对，在 DNA 分子上分布着大约 4 400 个基因，基因的碱基总数大约为 440 万。人类基因组的研究结果表明，构成基因的碱基数占 DNA 碱基总数的比例不超过 2%。可见，生物体的 DNA 分子数目小于基因数目，生物体内所有基因的碱基总数小于 DNA 分子的碱基总数。一个 DNA 分子上有许多基因，每个基因都是特定的 DNA 片段，有着特定的遗传效应。例如，科学家发现拟南芥（*Arabidopsis thaliana* L.）植株体内的 AVP1 基因能使其根部吸收和保持水分的能力更强，从而帮助植株忍耐缺水环境。他们将拟南芥的 AVP1 基因植入普通番茄植株内，结果发现转基因番茄的根部比普通番茄的根部更强壮，能帮助番茄更好地抵抗干旱。

DNA 作为生物体的遗传物质，必然储存着生物体全部的遗传信息。DNA 分子为什么能储存大量的遗传信息呢？我们知道，一个 DNA 分子的基本骨架是由脱氧核糖和磷酸交替连接而成，从头到尾没有变化，骨架内侧四种碱基的排列顺序却是可变的。因此，遗传信息必然蕴藏在四种碱基的排列顺序之中。

研究表明，每条染色体含有 1～2 个 DNA 分子，每个 DNA 分子上有多个基因，每个基因含有成百上千个脱氧核苷酸。由于不同基因的脱氧核苷酸的排列顺序（碱基序列）不同，因此，不同的基因就含有不同的遗传信息。所以，DNA 分子能够储存大量的遗传信息。由于一个 DNA 分子内部包含成千上万个碱基对，并且碱基对的排列顺序千变万化，这就构成了 DNA 分子的多样性。而每一个 DNA 分子碱基对特定的排列顺序，又构成了 DNA 分子的特异性。DNA 分子的多样性和特异性是生物体多样性和特异性的物质基础。基因是 DNA 分子上特定的脱氧核苷酸序列，是具有遗传效应的 DNA 分子片段。

二、基因与蛋白质合成

基因作为遗传物质，不仅能够储存遗传信息和传递遗传信息，还可以使遗传信息在生物性状中表现出来。遗传学上把基因控制生物性状的过程叫作基因的表达（genic express）。基因的表达是通过 DNA 控制蛋白质的合成来实现的。DNA 主要存在于细胞核中，而蛋白质的合成则在细胞质中进行。但是，DNA 这样的生物大分子是不可以随意穿越核膜进入细胞质的。那么，细胞核内的遗传密码又是如何被带到细胞质中去的呢？科学家推测，在 DNA 和蛋白质之间，还有一种中间物质充

当信息和运载工具，后来这种物质被发现是 RNA。

1. RNA 的组成和作用

细胞中有两类核酸，即脱氧核糖核酸（DNA）和核糖核酸（RNA），它们的化学组成如图 6-28 所示。RNA 与 DNA 的主要区别包括：首先，RNA 分子所含有的五碳糖是核糖，DNA 分子所含有的五碳糖是脱氧核糖；其次，RNA 分子中的四种碱基是 A、U、G、C，不含胸腺嘧啶（T），而是由尿嘧啶（U）代替了胸腺嘧啶（T）；再次，RNA 大多是单链分子，而且比 DNA 短，因此能够通过核孔，从细胞核转移到细胞质中；最后，RNA 主要分布在细胞质中，真核细胞的 DNA 主要分布在细胞核中，线粒体、叶绿体内也含有少量的 DNA。

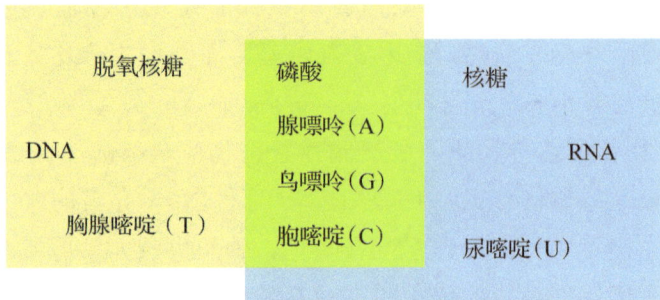

图 6-28　DNA 与 RNA 在化学组成上的区别

细胞中主要有三种 RNA：信使 RNA（messenger RNA，mRNA）能将细胞核中 DNA 储存的遗传信息携带到细胞质中；核糖体 RNA（ribosomal RNA，rRNA）是组成核糖体的重要成分，和蛋白质共同组成核糖体复合体；转运 RNA（transfer RNA，tRNA）能携带氨基酸到核糖体上。这三种 RNA 都在蛋白质的合成中起重要作用。在真核生物中，由 DNA 遗传信息控制的蛋白质合成过程包括两个阶段，即转录和翻译。

2. 遗传信息的转录

以 DNA 为模板合成 RNA 的过程叫作转录（transcription）。mRNA、rRNA 和 tRNA 都是从 DNA 转录来的。DNA 的双链中只有一条链被转录，起模板作用，这条链叫模板链（template strand）；DNA 在指挥合成蛋白质时，在酶的作用下，其双链首先解开，双链的碱基得以暴露，以其中一条链为模板，以细胞核中游离的核糖核苷酸为原料，利用细胞提供的能量，在 RNA 聚合酶的作用下，按照碱基互补配对原则合成 mRNA，这个过程就是转录。RNA 不含有 T，在转录时以 U 代替 T 与 A 配对。

转录发生在细胞核中，转录后的 mRNA 携带 DNA 的遗传信息从细胞核进入细胞质中，作为蛋白质合成的模板。mRNA 与细胞质中的核糖体结合在一起。核糖体上具有附着 mRNA 的位置，细胞里的蛋白质都是在核糖体上合成的，因此可以说，核糖体是细胞中合成蛋白质的"车间"。

3. 遗传信息的翻译

mRNA 与核糖体结合后，游离在细胞质中的各种氨基酸，就以 mRNA 为模板合成具有一定氨基酸顺序的蛋白质，这一过程叫作翻译（translation）。

核酸中的碱基序列包含着遗传信息。翻译实质上是将 mRNA 中的碱基序列翻译为蛋白质的氨基酸序列。那么，mRNA 的碱基序列是如何翻译成蛋白质的氨基酸序列的呢？这就需要寻找 mRNA 的碱基与氨基酸之间的对应关系是怎样的。mRNA中的碱基序列相当于遗传密码，DNA 和 RNA 都只含有 4 种碱基，而组成生物体蛋白质的氨基酸有 20 种。这 4 种碱基是怎么决定蛋白质的 20 种氨基酸的呢？如果 1 个碱基决定 1 个氨基酸，那么，4 种碱基只能决定 4 种氨基酸。如果 2 个碱基决定 1 个氨基酸，最多能决定 16 种氨基酸。这些组合显然是不够的。那么，1 个氨基酸的编码至少需要多少个碱基，才足以组合出构成蛋白质的 20 种氨基酸？上述推测只是破解遗传密码过程中的一步。后来，科学家又通过一步步的推测与实验，最终破解了遗传密码，得知 mRNA 上 3 个相邻的碱基决定 1 个氨基酸。每 3 个这样的碱基叫作 1 个密码子（图 6-29）。

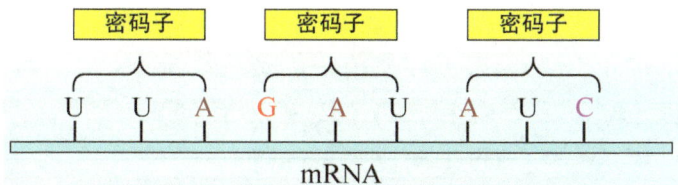

图 6-29　密码子示意图

到 1966 年，尼伦伯格（Nirenberg）和科兰纳（Khorana）等人完成了对全部遗传密码的破译。在全部 64 个密码子中，61 个密码子负责 20 种氨基酸的编码，1 个是起始密码子（AUG），3 个是终止密码子（UAA，UAG，UGA），64 个遗传密码子编制成密码子表（表 6-5）。

表 6-5　20 种氨基酸的密码子表

第一个字母	第二个字母				第三个字母
	U	C	A	G	
U	苯丙氨酸	丝氨酸	酪氨酸	半胱氨酸	U
	苯丙氨酸	丝氨酸	酪氨酸	半胱氨酸	C
	亮氨酸	丝氨酸	终止	终止	A
	亮氨酸	丝氨酸	终止	色氨酸	G

续表

第一个字母	第二个字母				第三个字母
	U	C	A	G	
C	亮氨酸	脯氨酸	组氨酸	精氨酸	U
	亮氨酸	脯氨酸	组氨酸	精氨酸	C
	亮氨酸	脯氨酸	谷氨酰胺	精氨酸	A
	亮氨酸	脯氨酸	谷氨酰胺	精氨酸	G
A	异亮氨酸	苏氨酸	天冬酰胺	丝氨酸	U
	异亮氨酸	苏氨酸	天冬酰胺	丝氨酸	C
	异亮氨酸	苏氨酸	赖氨酸	精氨酸	A
	甲硫氨酸（起始）	苏氨酸	赖氨酸	精氨酸	G
G	缬氨酸	丙氨酸	天冬氨酸	甘氨酸	U
	缬氨酸	丙氨酸	天冬氨酸	甘氨酸	C
	缬氨酸	丙氨酸	谷氨酸	甘氨酸	A
	缬氨酸	丙氨酸	谷氨酸	甘氨酸	G

　　通过实验证明，可以解读的遗传密码具有一些基本特征。第一，遗传密码由 3 个碱基组成，即三联体密码。第二，遗传密码是直线排列，3 个碱基不能分开读，也不能反读及重复读。第三，64 种密码子决定 20 种氨基酸，必然同一个氨基酸可以有多个密码子。这种由一种以上密码子编码同一种氨基酸的现象称为遗传密码的简并性。第四，AUG 在起始位置时为起始密码子，位于 mRNA 链的非起始位置时为甲硫氨酸编码。UAA，UAG，UGA 3 个密码子不决定任何氨基酸，它们是多肽链合成的终止信号。第五，遗传密码对绝大多数病毒、原核生物、真菌、动物和植物都是适用的，科学家在比较了大量的核酸和蛋白质序列后发现，遗传密码具有普遍性。

　　要把 mRNA 翻译成蛋白质，还需要一个"译员"，它必须认识 mRNA 上的文字——遗传密码，以及蛋白质的文字——氨基酸，这个"译员"就是 tRNA（图 6-30）。tRNA 是含有 80 个左右核苷酸的小分子，局部成为双链，一端的环上具有由 3 个核

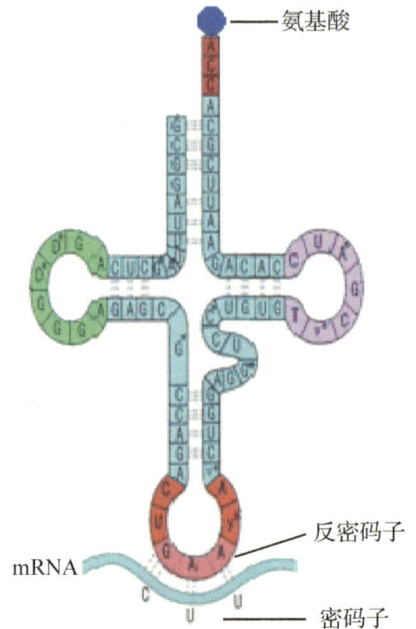

图 6-30　tRNA 模式图

苷酸组成的反密码子(anticodon)，在蛋白质合成时与 mRNA 上的密码子互补结合，另一端能够携带特定的氨基酸。tRNA 起识别密码子和携带相应氨基酸的作用。tRNA 的二级结构呈三叶草形，双螺旋区构成了叶柄，突环区好像是三叶草的三片小叶。由于双螺旋结构所占比例甚高，tRNA 的二级结构十分稳定。

遗传信息的翻译可以分为起始、进位、移位和终止四个步骤(图 6-31)。

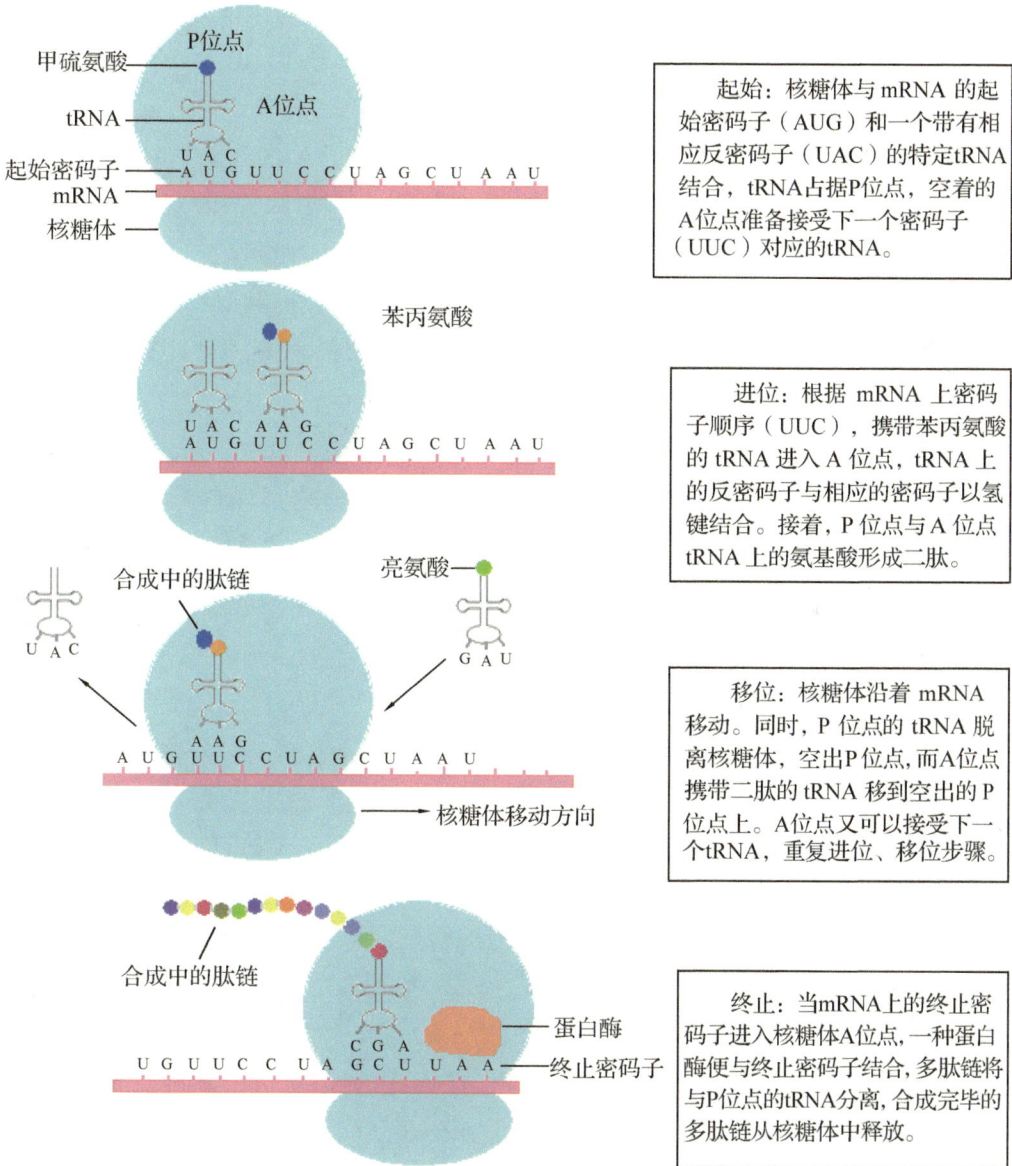

起始：核糖体与 mRNA 的起始密码子（AUG）和一个带有相应反密码子（UAC）的特定tRNA结合，tRNA占据P位点，空着的A位点准备接受下一个密码子（UUC）对应的tRNA。

进位：根据 mRNA 上密码子顺序（UUC），携带苯丙氨酸的 tRNA 进入 A 位点，tRNA 上的反密码子与相应的密码子以氢键结合。接着，P 位点与 A 位点 tRNA 上的氨基酸形成二肽。

移位：核糖体沿着 mRNA 移动。同时，P 位点的 tRNA 脱离核糖体，空出P位点，而A位点携带二肽的 tRNA 移到空出的 P 位点上。A位点又可以接受下一个tRNA，重复进位、移位步骤。

终止：当mRNA上的终止密码子进入核糖体A位点，一种蛋白酶便与终止密码子结合，多肽链将与P位点的tRNA分离，合成完毕的多肽链从核糖体中释放。

图 6-31 翻译过程示意图

翻译开始时，核糖体与 mRNA 的起始密码部位(如 AUG)和一个带有相应反密码子(UAC)的特定 tRNA 结合，这个 tRNA 的另一端携带着一个氨基酸(如甲硫氨酸)。核糖体上有两个 tRNA 附着的位置，分别叫作 P 位点和 A 位点，携带氨基酸(如甲硫氨酸)的 tRNA 首先结合在 P 位点，空着的 A 位点准备接受下一个 tRNA。接下来，按照 mRNA 上密码子顺序，携带另一个氨基酸(如苯丙氨酸)的 tRNA 进入 A 位点。在酶的作用下，tRNA 上的反密码子与 mRNA 上相应的密码子按照碱基互补配对原则以氢键结合，接着 P 位点 tRNA 携带的氨基酸(如甲硫氨酸)与 A 位点 tRNA 携带的氨基酸(如苯丙氨酸)之间形成肽键，并且起始 tRNA 上氨基酸(以后则是 P 位点 tRNA 的肽链)与原来的 tRNA 脱离并转移到 A 位点 tRNA 上。然后，核糖体沿着 mRNA 移动，原来占据 P 位点的 tRNA 离开核糖体，又去转运下一个甲硫氨酸，在 A 位点上携带新形成的二肽(以后是多肽链)的 tRNA 移位到空出的 P 位点上。以后，每一个氨基酸严格按照 mRNA 上的密码子顺序被逐个合成到肽链上，直到 mRNA 上出现终止密码子(如 UAA)，一种蛋白酶便与终止密码子结合，于是合成完毕的多肽链从核糖体上释放出来，再折叠组装成具有特定空间结构和功能的蛋白质分子。

在翻译过程中，由于每一个氨基酸是严格按照 mRNA 上的密码子顺序被逐个合成到多肽链上的，因此，mRNA 上的遗传信息被准确地翻译成特定的氨基酸序列。在细胞质中，翻译是一个快速的过程。在一个核糖体上一段肽链的合成平均不到1 min，而且一段 mRNA 可以与多个核糖体结合，同时进行多条同一种肽链的合成，这样可以保证细胞合成蛋白质的高效性。

三、基因与生物性状

1. 中心法则及其发展

沃森和克里克1953年提出了 DNA 双螺旋结构以后，1957年，在蛋白质的合成过程被揭示之前，克里克首先预见了遗传信息传递的一般规律，即 DNA 的遗传信息应该首先传递给 RNA，然后从 RNA 传递给蛋白质，蛋白质是在 DNA 和 RNA 共同控制下合成的，克里克认为不能用蛋白质来合成蛋白质。这种 DNA、RNA 和蛋白质三者之间的关系就叫中心法则(central dogma)。中心法则是遗传信息在细胞内的生命大分子之间转移的基本法则，又称为细胞内的信息流。此后几年，科学家揭示了蛋白质的合成过程，中心法则由此得到公认。其中，把 DNA 的遗传信息传递给 RNA 的过程叫转录，把从 RNA 合成蛋白质的过程叫翻译。

随着研究的全面展开，人们对中心法则又进行了补充和发展。1965年，科学家在某种 RNA 病毒里发现了一种 RNA 复制酶，当病毒进入宿主细胞后，在 RNA

复制酶催化下可以合成 RNA 分子。例如，流感病毒以 RNA 携带遗传信息，它们感染宿主细胞后，用 DNA 复制及转录的抑制剂处理宿主细胞，以 DNA 为模板的 RNA 合成几乎有 90% 受到了抑制，但是 RNA 病毒的产生并未受到影响。这表明 RNA 病毒在宿主细胞内复制是以导入的 RNA 为模板，而不是以 DNA 为模板。现在知道，以 RNA 为模板的 RNA 合成是由 RNA 复制酶来催化的，而且每一种 RNA 病毒都有自己独特的 RNA 复制酶。

1970 年，科学家在致癌 RNA 病毒中发现了一种特殊的酶，该酶能以 RNA 为模板，根据碱基互补配对原则，按照 RNA 的核苷酸顺序合成 DNA。这一过程与一般遗传信息流转录的方向相反，故称为逆转录（reverse transcription）。催化此过程的 DNA 聚合酶叫作逆转录酶（reverse transcriptase）。后来发现逆转录酶不仅普遍存在于 RNA 病毒中，哺乳动物的胚胎细胞和正在分裂的淋巴细胞中也有逆转录酶。携带逆转录酶的病毒又称为逆转录病毒，它侵入宿主细胞后先以病毒 RNA 为模板靠逆转录酶催化合成 DNA，随后这种 DNA 环化，并整合到宿主细胞的染色体 DNA 中去，以原病毒（provirus）的形式在宿主细胞中一代代传递下去。后来科学家又发现许多逆转录病毒基因组中都含有癌基因，如果由于某种因素激活了癌基因就可使宿主细胞转化为癌细胞。

上述 RNA 自我复制过程以及逆转录过程复制的发现，补充和发展了中心法则，使之更加完整（图 6-32）。

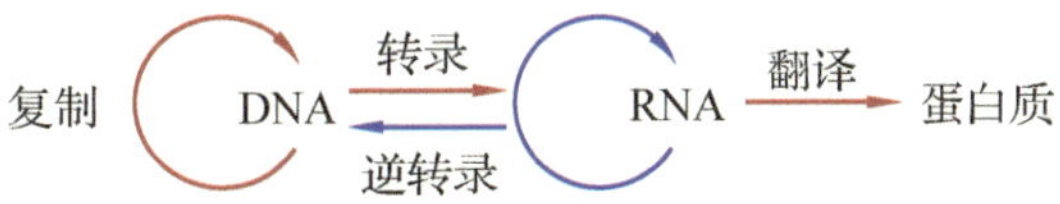

图 6-32　中心法则的完善

2. 基因、蛋白质与性状的关系

生物的遗传性状是受基因控制的，但是基因对性状的控制往往要经过一系列的代谢过程，而代谢过程中的每一步化学反应都需要酶来催化。因此，一些基因就是通过控制酶的合成来控制代谢过程，从而控制生物性状的。例如，正常人的皮肤、毛发等处的细胞中有一种酶，叫酪氨酸酶，它能够将酪氨酸转变为黑色素。如果一个人由于基因突变而缺少酪氨酸酶，那么这个人就不能合成黑色素，而表现出白化病症状。再如，孟德尔豌豆杂交实验选取了圆粒豌豆和皱粒豌豆这一对相对性状，皱粒豌豆之所以表现为种子皱缩，是因为其 DNA 中插入了一段外来 DNA 序列，打乱了编码淀粉分支酶的基因，导致淀粉分支酶不能合成，而淀粉分支酶的缺乏又导致细胞内淀粉含量低，游离蔗糖的含量升高。由于淀粉能吸水膨胀，蔗糖却不能，所以皱粒豌豆因淀粉含量低而失水皱缩，但由于蔗糖含量高，味道更甜美。

在生物体内，基因控制性状的另一种情况是通过控制蛋白质分子的结构来直接影响性状。例如，人类的血红蛋白分子是由几百个氨基酸构成的。如果一个人控制血红蛋白分子结构的基因不正常，那么这个人就会合成结构异常的血红蛋白分子而引起镰刀型细胞贫血症。

上述实例涉及的都是单个基因对生物性状的控制。事实上，基因与性状的关系并不都是简单的线性关系。例如，人的身高可能是由多个基因决定的，其中每个基因对身高都有一定的作用。同时，身高也不完全是由基因决定的，后天的营养和体育锻炼等也有重要的作用。

像身高一样，人的肤色也是受多个基因控制的。人的皮肤可以有从白到黑各种深浅程度的颜色，变化范围很大。控制肤色的基因至少有三个，每个基因至少有两种不同的等位基因，不同基因上的等位基因又有多种组合方式，这决定了皮肤细胞产生色素的多少，进而出现了不同人种肤色的差异。

因此，基因与基因、基因与基因产物、基因与环境之间存在着复杂的相互作用，这种相互作用形成了一个错综复杂的网络，精细地控制着生物体的性状。可以说，人们的研究发现还只是复杂生命系统中的沧海一粟。

练 习

一、填空题

1. 基因是指 _____。

2. DNA 分子能够储存大量的遗传信息。遗传信息蕴藏在 _____ 之中，由于一个 DNA 分子内部包含成千上万个碱基对，并且碱基对的排列顺序千变万化，这就构成了 DNA 分子 _____。而每一个 DNA 分子碱基对特定的排列顺序，又构成了 DNA 分子的 _____。

3. 以 _____ 为模板合成 _____ 的过程叫作转录。以 _____ 为模板合成 _____ 的过程叫作翻译。

二、选择题

1. 决定 DNA 遗传特异性的是（   ）。

A. 碱基互补配对原则

B. 脱氧核苷酸链上磷酸和脱氧核糖的排列特点

C. 嘌呤总数与嘧啶总数的比值

D. 碱基排列顺序

2. 下列有关基因的叙述，不正确的是（   ）。

A. 基因是 DNA 上的有遗传效应的片段

B. 可以准确地复制

C. 能够储存遗传信息

D. 是四种碱基对的随机排列

3. 下列不属于基因含有的碱基成分是（　　）。

A. U B. T C. G D. C

4. 如图，用 a 表示 DNA，用 b 表示基因，c 表示脱氧核苷酸，d 表示碱基，图中四者关系正确的是（　　）。

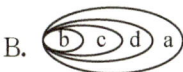

A. (a(b(c(d)))) B. (b(c(d(a)))) C. (c(d(a(b)))) D. (d(c(b(a))))

5. 如果有两种生物，它们的 DNA 碱基比例有显著差异，那么在下列 RNA 中，哪些在碱基比例上也存有差异（　　）。

A. mRNA B. tRNA C. rRNA D. tRNA 和 rRNA

6. 某双链 DNA 分子的某片段中含 1 000 个碱基，则由它转录而成的 mRNA 上最多有核苷酸的种类为（　　）。

A. 1 000 B. 500 C. 8 D. 4

7. 如果 DNA 分子模板链上的 TAA 突变成了 TAC，那么相应的密码子将会（　　）。

A. 由 AUU 变为 AUG B. 由 UUA 变为 UAC

C. 由 AUG 变为 AUU D. 由 UAA 变为 UAC

8. 关于密码子的叙述，错误的是（　　）。

A. 能决定氨基酸的密码子有 64 个

B. CTA 肯定不是密码子

C. 一种氨基酸可有一到多个对应的密码子

D. 同一密码子在人和猴子细胞中可决定同一种氨基酸

9. 在绝大多数生物中，遗传信息传递的顺序是（　　）。

①蛋白质　②DNA　③mRNA　④tRNA

A. ①—②—③ B. ①—④—② C. ②—③—① D. ②—④—①

10. 白化症病人出现白化症状的根本原因是（　　）。

A. 病人体内缺乏黑色素

B. 病人体内无酪氨酸

C. 控制合成酪氨酸酶的基因不正常

D. 长期见不到阳光

三、分析简答题

1. 概念图是一种能够比较直观体现概念之间关系的图示方法，根据所学知识，完成与"生物的遗传物质"相关的概念。

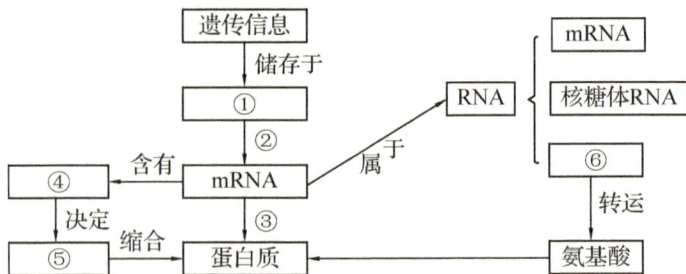

```
            遗传信息
              │储存于
              ▼              ┌──── mRNA
             ①               │
              │②      ┌→ RNA ┤──── 核糖体RNA
      含有     ▼    属于 │     │
   ④────── mRNA ──────┘     └──── ⑥
   │         │③                   │转运
   │决定 缩合  ▼                   ▼
   ⑤────── 蛋白质 ◄──────────── 氨基酸
```

(1)填写有关内容:

① _____;② _____;③ _____;

④ _____;⑤ _____;⑥ _____。

(2)由 A、T、C 参与构成的①和⑥的基本组成单位有多少种?

(3)②发生的场所主要为 _____;③发生的场所为 _____。

2. 根据碱基互补配对原则和中心法则,填充下表。(遗传密码:亮氨酸 CUA,天冬氨酸 GAU,丙氨酸 GCU,精氨酸 CGA)

DNA 双链	Ⅰ	C						
	Ⅱ			T		C	G	A
mRNA		A	U					
tRNA							C	G	A
氨基酸				亮氨酸				

3. 四环素、链霉素、氯霉素、红霉素等抗生素能抑制细菌的生长,它们有的能干扰细菌核糖体的形成,有的能阻止 tRNA 和 mRNA 的结合。根据以上事实阐述这些抗生素可用于一些疾病治疗的原因。

▶ 第六节 生物的变异

遗传物质的基础是核酸,亲代将自己的遗传物质传递给子代,而且遗传的性状和物种保持相对的稳定性,生物不轻易改变从亲代继承的发育途径和方式。因此,亲代的外貌、行为习性以及优良性状可以在子代重现,甚至酷似亲代。但是,亲代与子代之间、子代的个体之间,包括孪生同胞在内,是绝对不会完全相同的。生物的亲代与子代之间以及子代的个体之间在性状上的差异,就叫作变异(variation)。同遗传现象一样,变异现象在生物界也是普遍存在的。变异是遗传物质和环境共同作用的结果,导致遗传物质发生变化的主要来源是基因重组、基因突变和染色体畸变。

一、基因重组

基因重组（gene recombination）指生物体在进行有性生殖的过程中，控制不同性状的基因的重新组合。基因的自由组合定律告诉我们，生物体通过减数分裂形成配子时，随着非同源染色体的自由组合，非等位基因也自由组合，这样，由雌、雄配子随机结合形成的受精卵，就可能具有与亲代不同的基因型，从而使子代产生变异。另外，在减数分裂形成四分体时，同源染色体的非姐妹染色单体之间常常发生局部交换，也可以导致染色单体上发生基因重组。

基因重组是通过有性生殖过程实现的，由于父本和母本的遗传基因不同，当两者杂交时，基因重新组合，就能使子代产生变异，通过这种来源产生的变异是非常丰富的。因此，通过有性生殖过程实现的基因重组，为生物变异提供了极其丰富的来源，这是形成生物多样性的重要原因之一。基因组合多样化的后代比基因组合单一的后代更能适应环境的变化，这对于生物进化具有重要的意义。

二、基因突变

镰刀型细胞贫血症是 20 世纪初被人们发现的一种遗传病。1910 年，一个黑人青年到医院看病，他的症状是发热和肌肉酸痛。经过检查发现，他患的是当时人们尚未认识的一种特殊的贫血症，他的红细胞不是正常的圆饼状，而是弯曲的镰刀状（图 6-33）。后来，人们把这种病称为镰刀型细胞贫血症。镰刀型细胞贫血症主要发生在黑色人种中，在非洲黑色人种中的发病率最高，在意大利、希腊等地中海沿岸国家和印度等地，发病人数也不少，在我国的南方地区也发现有这类病例。

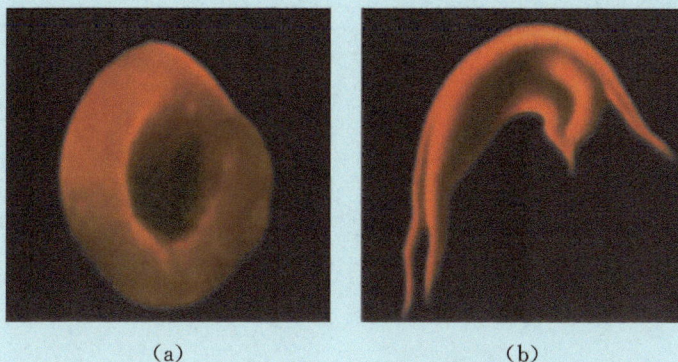

(a)   (b)

图 6-33　正常的圆饼状红细胞(a)与弯曲的镰刀状红细胞(b)

1928 年，人们就已经了解到镰刀型细胞贫血症是一种遗传病。1949 年，曾经两次获得诺贝尔奖的美国著名化学家鲍林（L. C. Pauling），在《科学》杂志上发表了题为《镰刀型细胞贫血症——分子病》的研究报告。他在文章中写道："在我们的研究开始之时，有证据表明红细胞镰变的过程可能是与红细胞内血红蛋白的状态和性质密切相关的。"

正常的血红蛋白是由两条 α 链和两条 β 链构成的四聚体。α 链由 141 个氨基酸构成，β 链由 146 个氨基酸构成。镰刀型细胞贫血症患者血红蛋白的分子结构与正常人血红蛋白的分子结构不同。位于 β 链上从 N 末端开始的第 6 位氨基酸，在正常的血红蛋白分子中是谷氨酸，在异常的血红蛋白分子中却被缬氨酸代替（图 6-34）。由于带负电的极性亲水谷氨酸被不带电的非极性疏水缬氨酸代替，致使血红蛋白的溶解度下降。在氧张力低的毛细血管区，异常血红蛋白形成管状凝胶结构，导致红细胞扭曲成镰刀状。这种僵硬的镰刀状红细胞不能通过毛细血管，加上血红蛋白的凝胶化使血液的黏滞度增大，阻塞毛细血管，引起局部组织器官缺血缺氧，产生脾肿大、胸腹疼痛等临床表现。

正常：缬氨酸–组氨酸–亮氨酸–苏氨酸–脯氨酸–谷氨酸–谷氨酸–赖氨酸……

异常：缬氨酸–组氨酸–亮氨酸–苏氨酸–脯氨酸–缬氨酸–谷氨酸–赖氨酸……

图 6-34　血红蛋白分子的部分氨基酸顺序

分析血红蛋白分子多肽链上氨基酸替换的原因可知，镰刀型细胞贫血症是由于控制合成血红蛋白分子的 DNA 碱基序列发生了改变（图 6-35）：DNA 一条链上的 CTT 变成了 CAT，也就是一个碱基 T 突变为碱基 A，导致转录的 mRNA 上的密码子由 GAA 突变为 GUA，翻译而成的氨基酸则由谷氨酸替换为缬氨酸。

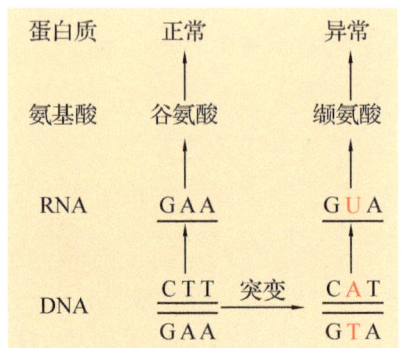

图 6-35　镰刀型细胞贫血症病因的图解

可见，碱基的替换导致了基因的改变，从而引起编码蛋白质的改变，最终导致生物性状的改变。DNA 分子中发生碱基的替换、增添或缺失，而引起的基因结构的改变，叫作基因突变（gene mutation）。

基因突变若发生在配子中，将遵循遗传规律传递给后代；若发生在体细胞中，一般不能遗传。但有些植物的体细胞发生突变，可通过无性繁殖传递。此外，人体某些体细胞如果发生基因突变，有可能发展为癌细胞。

在长期进化过程中，生物细胞形成了一套 DNA 损伤或突变的修复机制。它通过各种酶系统和其他物理化学方法来修复和纠正偶然发生的 DNA 复制错误或 DNA 损伤。细胞的修复系统是 DNA 的一种安全保障体系，但该体系有时也会出错。由 DNA 复制、重组及转录而自然产生的突变称为自发突变（spontaneous mutation）。一些外界因素，如某些化学物质、紫外线、电离辐射等可能诱导基因突变的发生，某些病毒的遗传物质也能影响宿主细胞的 DNA，可能引起宿主细胞发生基因突变，这些因素称为诱变因素（mutogen）。一般正常的自发突变的概率为 $10^{-8} \sim 10^{-5}$，即每复制 $10^5 \sim 10^8$ 个核苷酸将会产生一个突变。但在诱变因素的作用下，突变的概率将大大地提高。例如，电离辐射可以诱发碱基替换或成段的核苷酸丢失，紫外线则引起 DNA 链上的两个胸腺嘧啶之间键合，使 DNA 不能复制。很多化学物质是诱变剂，如 HNO_2 是香烟烟雾中一种很强的诱变剂，可使胞嘧啶脱氨基，将其变为尿嘧啶。化学诱变剂往往与致癌作用有关，一些癌症与体细胞内基因突变有关。

基因突变作为生物变异的一个重要来源，它具有以下几个主要特点。

首先，基因突变在生物界中是普遍存在的。由于自然界诱发基因突变的因素很多，基因突变还可以自发产生，因此，无论是低等生物，还是高等的动、植物，都可能发生基因突变。基因突变在自然界的物种中广泛存在。例如，棉花的短果枝，水稻的矮秆、糯性，果蝇的白眼、残翅，家鸽羽毛的灰红色以及人的色盲症、糖尿病、白化病等遗传病，都是突变性状。

其次，基因突变是随机发生的。基因突变可以发生在个体发育的任何阶段以及体细胞或生殖细胞周期的任何时期。如果突变发生在体细胞中，则变异不能直接遗传给子代；如果突变发生在某一配子中，那么，子代中只有某个个体有可能继承这个突变基因；如果突变发生在配子发生的早期阶段，如发生在卵原细胞或精原细胞中，则多个配子都有可能接受这个突变基因，这样，突变基因传到子代的可能性就会增加。通常，生殖细胞的基因突变率比体细胞高，这主要是因为生殖细胞在减数分裂时对外界环境变化更加敏感。

再次，基因突变是不定向的。一个基因可以向不同的方向发生突变，产生一个以上的等位基因。例如，控制小鼠毛色的灰色基因可以突变成黄色基因，也可以突变成黑色基因。但是，每一个基因的突变，都不是没有任何限制的。例如，小鼠毛色基因的突变，只限定在色素的范围内，不会超出这个范围。而且，基因突变的方向和环境没有明确的因果关系。

一般来说，在生物个体发育的过程中，基因突变发生的时期越迟，生物体表现突变的部分就越少。例如，植物的叶芽如果在发育的早期发生基因突变，那么由这个叶芽长成的枝条，上面着生的叶、花和果实都有可能与其他枝条不同；如果基因突变发生在花芽分化时，那么将来可能只在一朵花或一个花序上表现出变异。

最后，在自然状态下，对一种生物来说，基因突变的频率是很低的。据估计，在高等生物中，大约十万个到一亿个生殖细胞中，才会有一个生殖细胞发生基因突变。不同生物的基因突变率是不同的。例如，细菌和噬菌体等微生物的基因突变率比高等动、植物的要低。同一种生物的不同基因，突变率也不相同。例如，玉米抑制色素形成的基因的突变率为 1.06×10^{-4}，而黄色胚乳基因的突变率为 2.2×10^{-6}。

虽然基因突变的频率很低，但是当一个种群内有许多个体时，就有可能产生各种各样的随机突变，足以提供丰富的可遗传的变异。例如，在适宜条件下，生长 $1 \sim 2$ 天的大肠杆菌培养物的浓度约为每毫升 10^9 个细胞。虽然 DNA 复制的错误率约为 10^{-9}，即每复制 10^9 个碱基才可能发生一个错误，但是，在含有 10^9 个细胞的培养物中，由于 DNA 复制的差错也可能发生几百万个突变，可能包含大肠杆菌基因的上千种变异形式。这些变异有些可能影响大肠杆菌的生存，但也有极少数可能增强大肠杆菌的生存能力，如获得对某些抗生素的抗性。

由于任何一种生物都是长期进化过程的产物，它们与环境条件已经取得了高度的协调。如果发生基因突变，就有可能破坏这种协调关系。因此，基因突变对于生物的生存往往是有害的。例如，绝大多数的人类遗传病，就是由基因突变造成的，这些疾病对人类健康构成了严重威胁。又如，植物中常见的白化苗，也是基因突变形成的，这种白化苗由于缺乏叶绿素，不能进行光合作用制造有机物，最终会死亡。

但是，基因突变也不总是有害的，也有少数基因突变是有利的。例如，植物的抗病性突变、耐旱性突变，微生物的抗药性突变等，都是有利于生物生存的。有些突变还可能使生物产生新的性状，适应改变的环境，这些突变是生物进化的基础。因此，基因突变是新基因产生的途径，也是生物变异的根本来源，为生物进化提供了原材料。

三、染色体畸变

染色体畸变（chromosomal aberration）是指染色体在结构和数目上的改变。

1. 染色体结构变异

染色体结构变异的发生是内因和外因共同作用的结果。外因有各种射线、化学药剂、温度的剧变等，内因有生物体内代谢过程的失调、衰老等。在这些因素的作用下，染色体可能发生断裂，断裂端具有愈合与重接的能力。当染色体在不同区段发生断裂后，在同一条染色体内或不同的染色体之间以不同的方式重接时，就会导致各种结构变异的出现。

染色体结构变异包括缺失、重复、倒位和易位4种类型（图6-36）。缺失是指染色体上某一区段及其带有的基因一起丢失，从而引起变异的现象。缺失引起的遗传效应随着缺失片段大小和细胞所处发育时期的不同而不同。在发育中，缺失发生得越早，影响越大；缺失的片段越大，对个体的影响也越严重，重则引起个体死亡，轻则影响个体的生活力。在人类遗传中，染色体缺失会引起较严重的遗传性疾病，如猫叫综合征是人的第5号染色体部分缺失引起的。

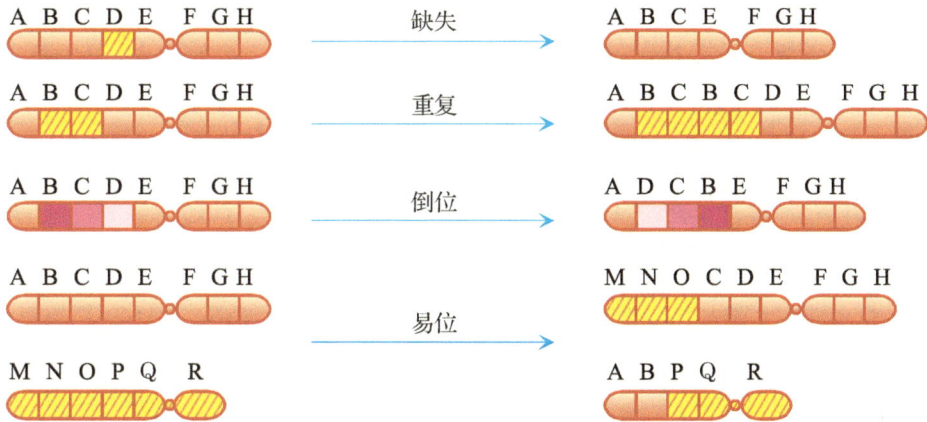

图6-36　染色体结构变异图解

染色体上增加了相同的某个区段而变异的现象，叫作重复。重复引起的遗传效应比缺失小。但是如果重复的部分太大，会影响个体的生活力，甚至引起个体死亡。例如，果蝇由正常的卵圆形眼变为棒状眼的变异，就是X染色体上某一区段重复的结果。重复对生物的进化有重要作用。这是因为"多余"基因可以向多个方向突变而不至于损害细胞和个体的正常机能。突变的最终结果，有可能使重复基因变成能执行新功能的新基因，从而为生物适应新环境提供机会。因此，在遗传学上往往把重复看作新基因的一个重要来源。

染色体在2个点发生断裂后，产生3个片段，中间的区段发生180°的倒转，与另外2个区段重新接合而引起变异的现象，叫作倒位。倒位杂合子大多不能和原种个体进行有性生殖，不过，这样形成的生殖隔离，往往为新物种的进化提供了有利条件。例如，普通果蝇的第3号染色体上有3个基因，它们通常按猩红眼—桃色眼—三角翅脉的顺序排列（St-P-Dl），同是这3个基因，在另一种果蝇中的顺序是

St-Dl-P，这也是 2 个物种之间差别的主要根源。

易位是指一条染色体的某一片段移到另一条非同源染色体上，从而引起变异的现象。如果两条非同源染色体之间相互交换片段，叫作相互易位，这种易位比较常见。相互易位的遗传效应主要是产生部分异常的配子，使配子的育性降低或产生有遗传病的后代。例如，人慢性粒细胞白血病，就是由第 22 号染色体的一部分易位到第 14 号染色体上造成的。易位在生物进化中具有重要作用。例如，在 17 个科 29 个属的种子植物中，都有易位产生的变异类型。其中，直果曼陀罗的近 100 个变种，就是不同染色体易位的结果。

2. 染色体数目变异

一般来说，每一种生物的染色体数目是稳定的，但是，在某些特定的情况下，生物体的染色体数目会发生改变，从而产生可遗传的变异。染色体数目变异可以分为两类：一类是细胞内的个别染色体增加或减少，即非整倍化变异；另一类是细胞内的染色体数目以染色体组的形式成倍地增加或减少，即整倍化变异。

在大多数生物的体细胞中，染色体都是两两成对的。例如，果蝇有 4 对共 8 条染色体（图 6-37），这 4 对染色体可以分成 2 组，每一组中包括 3 条常染色体和 1 条性染色体。就雄果蝇来说，在精子形成的过程中，经过减数分裂，染色体的数目减半，所以雄果蝇的精子中只含有一组非同源染色体（X、Ⅱ、Ⅲ、Ⅳ 或 Y、Ⅱ、Ⅲ、Ⅵ）。细胞中的一组非同源染色体，它们在形态和功能上各不相同，但是携带着控制一种生物生长、发育、遗传和变异的全部信息，这样的一组染色体，叫作一个染色体组（genome）。例如，雄果蝇精子中的一组染色体就组成了一个染色体组。

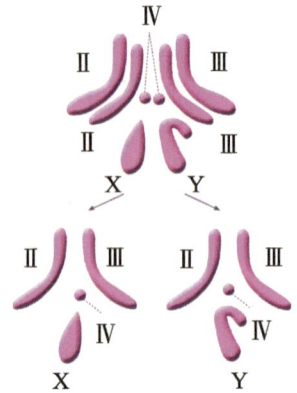

图 6-37　雄果蝇的染色体组图解

由受精卵发育而成的个体，体细胞中含有 2 个染色体组的叫作二倍体。体细胞中含有 3 个或 3 个以上染色体组的叫作多倍体。其中，体细胞中含有 3 个染色体组的叫作三倍体；体细胞中含有 4 个染色体组的叫作四倍体。例如，人、果蝇、玉米是二倍体，香蕉是三倍体，马铃薯是四倍体。在自然界中，几乎全部动物和过半数的高等植物都是二倍体。多倍体在植物中很常见，在动物中比较少见。

多倍体是一种变异现象，多倍体产生的主要原因，是体细胞在有丝分裂的过程中，染色体完成了复制，但是细胞受到外界环境条件（如温度骤变）或生物内部因素的干扰，纺锤体的形成受到破坏，以致染色体不能被拉向两极，细胞也不能分裂成

2个子细胞，于是就形成染色体数目加倍的细胞。如果这样的细胞继续进行正常的有丝分裂，就可以发育成染色体数目加倍的组织或个体。染色体数目加倍也可以发生在配子形成的减数分裂过程中，这样就会产生染色体数目加倍的配子，染色体数目加倍的配子在受精以后也会发育成多倍体。多倍体植株大多比较粗壮，产量明显提高，抗旱、抗寒、抗病能力也比较强，具有一定的优越性。

多倍体可以是自发产生的，这在物种形成中很重要，也可以通过人工处理而诱变产生。目前最常用而且最有效的方法，是用秋水仙素来处理萌发的种子或幼苗。当秋水仙素作用于正在分裂的细胞时，能够抑制纺锤体形成，导致染色体不分离，从而引起细胞内染色体数目加倍。染色体数目加倍的细胞继续进行正常的有丝分裂，将来就可以发育成多倍体植株。目前世界各国利用人工诱导多倍体的方法已经培育出不少新品种，如含糖量高的三倍体无子西瓜和甜菜等。此外，我国科技工作者还培育出自然界中没有的作物——八倍体小黑麦。

三倍体无子西瓜

人们平常食用的西瓜是二倍体。在二倍体西瓜的幼苗期，用秋水仙素处理，可以得到四倍体植株。然后，用四倍体植株作母本，用二倍体植株作父本，进行杂交，得到的种子细胞中含有3个染色体组。把这些种子种下去，就会长出三倍体植株。由于三倍体植株在减数分裂的过程中，染色体的联会发生紊乱，因而不能形成正常的生殖细胞。当三倍体植株开花时，需要授给普通西瓜(二倍体)成熟的花粉，刺激子房发育而成为果实(西瓜)。因为胚珠并不发育成为种子，所以这种西瓜叫作无子西瓜。

练习

一、填空题

1. 变异是遗传物质和环境共同作用的结果，导致遗传物质发生变化的主要来源是_____、_____、_____。

2. DNA 分子中发生_____、_____或_____，而引起的_____，叫作基因突变。

3. 染色体组是指_____。

二、选择题

1. 以下关于生物变异的叙述，正确的是(　　　)。

A. 基因突变都会遗传给后代

B. 基因碱基序列发生改变，不一定导致性状改变

C. 染色体变异产生的后代都是不育的

D. 基因重组只发生在生殖细胞形成过程中

2. 下列哪种情况能产生新的基因（　　）。

A. 基因重组　　　　　　　　　　B. 染色体变异

C. 基因突变　　　　　　　　　　D. 基因互换

3. 在一片稻田中，蝗虫成灾，喷洒上一种新的农药后，约99%的蝗虫死了，但有1%的蝗虫生存下来，生存下来的原因是（　　）。

A. 有基因突变产生的抗药个体存在

B. 以前曾喷过某种农药，对农药有抵抗力

C. 约有1%的蝗虫没吃到沾有农药的叶子

D. 生存下来的蝗虫是身强体壮的年轻个体

4. 果蝇约有10^4对基因，假定每个基因的突变率都是10^{-5}，一个大约有10^9个果蝇的群体，每一代出现的基因突变数是（　　）。

A. 2×10^9　　　　B. 2×10^8　　　　C. 2×10^7　　　　D. 10^8

5. 双眼皮的夫妇生了一个单眼皮的孩子，这种变异来源于（　　）。

A. 基因重组　　　　　　　　　　B. 基因分离

C. 基因互换　　　　　　　　　　D. 基因突变

6. 用秋水仙素溶液处理染色体组倍数低的物种或远源物种的幼苗，可诱导其顶芽分生组织形成多倍体细胞组织。秋水仙素的作用原理是（　　）。

A. 使间期细胞中染色体连续进行复制

B. 使前期细胞不能形成纺锤丝

C. 使后期细胞的染色体着丝点不分裂

D. 使末期细胞不能形成新的细胞壁

7. 进行无性生殖的生物，发生变异的原因不可能是（　　）。

A. 基因突变　　　　　　　　　　B. 基因重组

C. 染色体变异　　　　　　　　　D. 环境条件的改变

三、分析简答题

下图（见下页）表示人类镰刀型细胞贫血症的病因，据图回答下列问题。

(1)③过程是_____，发生的场所是_____，发生的时间是_____；①过程是_____，发生的场所是_____；②过程是_____，发生的场所是_____。

（2）④表示的碱基序列是_____，这是决定缬氨酸的一个_____，转运缬氨酸的 tRNA 一端的三个碱基是_____。

（3）夫妇均正常，生了一个患镰刀型细胞贫血症的女儿，可见此遗传病是_____遗传病。若 Hbˢ 代表致病基因，Hbᴬ 代表正常的等位基因，则患病女儿的基因型为_____，母亲的基因型为_____；这对夫妇再生育一个患此病的女儿的概率为_____。

（4）镰刀型细胞贫血症是由_____产生的一种遗传病，从变异的种类来看，这种变异属于_____。该病并不常见，在严重缺氧时会导致个体死亡，这表明基因突变的特点是_____和_____。

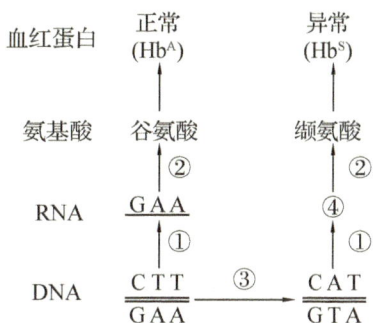

右图：

血红蛋白 正常（Hbᴬ） 异常（Hbˢ）

氨基酸 谷氨酸 缬氨酸 ②②

RNA GAA ① 缬氨酸 ④①

DNA CTT/GAA ③ CAT/GTA

第七节　人类遗传病

遗传病（genetic disease）是指由于遗传物质改变所致的人类疾病。由于父母的生殖细胞里携带的致病基因可以传给子女并引起发病，所以遗传病具有先天性、终生性和家族性的特点。据统计，人类有近 9 000 种遗传病，目前对大多数遗传病尚无有效治疗方法，所以遗传病的预防就有特别重要的意义。

一、遗传病的常见类型

人类遗传病主要可以分为单基因遗传病、多基因遗传病和染色体异常遗传病三大类。

1. 单基因遗传病

单基因遗传病是指受一对等位基因控制的遗传病。单基因遗传病可能由显性致病基因引起，如多指、并指，软骨发育不全，抗维生素 D 佝偻病，家族性高胆固醇血症等；也可能由隐性致病基因引起，如镰刀型细胞贫血症、白化病、先天性聋哑、苯丙酮尿症等。软骨发育不全患者由于软骨内骨化缺陷导致先天性发育异常，主要影响长骨生长，临床表现为短肢型侏儒。家族性高胆固醇血症患者血浆低密度脂蛋白与胆固醇水平升高，纯合子个体在很小年纪就患心脏病，杂合子个体在 30 岁左右出现心脏病症状（图 6-38）。苯丙酮尿症是新生儿中发病率较高的一种隐性遗传病。如图 6-39，正常的人能够合成酶 1，苯丙氨酸能够转化为酪氨酸，苯丙酮尿

185

症患者由于不能合成酶 1，苯丙氨酸不能沿正常代谢途径转变为酪氨酸，而只能在酶 3 的作用下转变为苯丙酮酸。苯丙酮酸在体内积累过多会对新生儿的神经系统造成损害。白化病患者由于不能合成酶 2，因此不能生成黑色素，表现为眼睛视网膜无色素，虹膜和瞳孔呈现淡粉色，怕光，皮肤和眉毛、头发及其他体毛都呈白色或白里带黄。

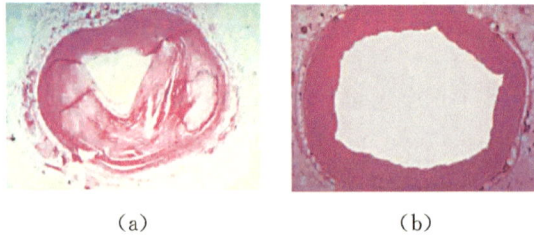

（a）　　　　　　　　　　（b）

图 6-38　动脉粥样硬化血管(a)与正常血管(b)

图 6-39　苯丙氨酸部分代谢过程图解

2. 多基因遗传病

多基因遗传病是指由多对基因控制的人类遗传病。每对基因单独的作用微小，但各对基因的作用有积累效应。一般说来，多基因遗传病远比单基因遗传病多见，且受环境因素的影响。不同的多基因遗传病，受遗传因素和环境因素影响的程度也不同。遗传因素对疾病发生的影响程度，可用遗传度来说明，一般用百分数来表示，遗传度越高，说明这种多基因遗传病受遗传因素的影响越大。例如，唇裂、腭裂是多基因遗传病，遗传度高达 76%，而溃疡病遗传度仅 37%。多基因遗传病还包括糖尿病、高血压病、高脂血症、神经管缺陷、先天性心脏病、精神分裂症等。

3. 染色体异常遗传病

染色体异常遗传病简称染色体病，指染色体的数目异常和形态结构畸变引起的疾病，目前已经发现的人类染色体异常遗传病超过 100 种，几乎涉及人类的每一对染色体。染色体异常遗传病在自发性流产、死胎、早夭中占 50% 以上，是性发育异常及男女不孕症、不育症的重要原因，也是先天性心脏病、智能发育不全等的重要原因之一。

21 三体综合征又称先天愚型或唐氏综合征，是一种最常见的染色体异常遗传病。对患者进行染色体检查，可以看到患者比正常人多一条 21 号染色体(图 6-40)。

21三体综合征患者的智力低下，身体发育缓慢，患儿常表现出特殊的面容，50％的患儿有先天性心脏病，部分患儿在发育过程中夭折。这种病主要是由于患者的父亲或母亲在形成生殖细胞时，受到某种因素的影响，而使成对的第21号染色体没有发生分离而形成异常的生殖细胞。

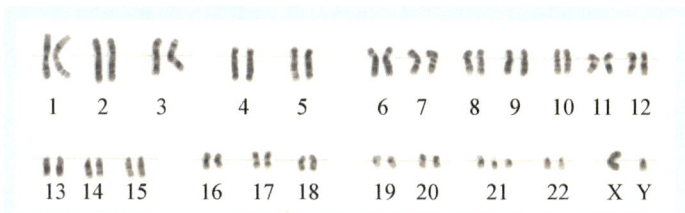

图6-40　21三体综合征患者的染色体组

二、遗传病的预防

遗传病严重危害人的身体健康，给个人、家庭乃至社会都带来沉重的经济负担和精神压力。采取一定的预防措施能降低遗传病的发生和遗传病患儿的出生。

1. 禁止近亲结婚

我国婚姻法规定"直系血亲和三代以内的旁系血亲禁止结婚"。这是因为近亲结婚后代缺陷基因纯合的概率比随机婚配后代缺陷基因纯合的概率要高几十倍甚至上百倍。研究资料表明：表兄妹结婚，他们的后代患苯丙酮尿症的风险，高于非近亲结婚者8.5倍，而患白化病的风险，则要高13.5倍。

> **直系血亲和旁系血亲**
>
> 直系血亲是指与自己具有直接血缘关系的亲属，即生育自己的和由自己所生育的上、下各代亲属（图6-41），包括祖父母、外祖父母、父母、子女、孙子女、外孙子女。旁系血亲是指非直系血亲而在血缘上和自己同出一源的亲属，包括伯、叔、姑、舅、姨、亲兄弟姐妹、堂兄弟姐妹、姑舅表兄弟姐妹、姨表兄弟姐妹、侄子（女）、外甥（女）等。

2. 遗传咨询

遗传咨询是指临床医生或遗传学工作者就遗传病患者及家属提出的某病的病因、遗传方式、诊断、治疗、预后和复发风险等问题给予科学的答复，并提出建议或指导性意见，以供询问者参考。常见的遗传咨询对象包括如下几种：夫妇双方或家系成员患有某些遗传病或先天畸形者，曾生育过遗传病患儿的夫妇，不明原因智力低下或先天畸形儿的父母，不明原因的反复流产或有死胎、死产等情况的夫妇，婚后多年不育的夫妇，35 岁以上的高龄孕妇，长期接触不良环境因素的育龄青年男女、孕期接触不良环境因素以及患有某些慢性病的孕妇，常规检查或常见遗传病筛查发现异常者等。

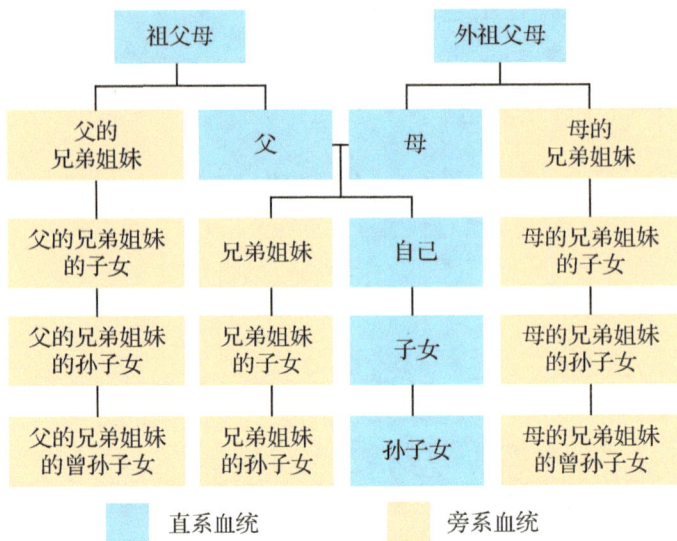

图 6-41　血亲关系示意图

3. 产前诊断

产前诊断是在遗传咨询的基础上，主要通过遗传学检测和影像学检查，对高风险胎儿进行明确诊断，通过对患胎的选择性流产达到胎儿选择的目的，从而降低出生缺陷率。需要做产前诊断的情况包括：羊水过多或过少；胎儿发育异常或胎儿有可疑畸形；孕早期接触过可能导致胎儿先天缺陷的物质；有遗传病家族史或曾经分娩过先天严重缺陷婴儿；孕妇年龄超过 35 周岁。产前诊断方法依据取材和检查手段的不同，一般分为两大类，即创伤性方法和非创伤性方法。前者主要包括羊膜腔穿刺、绒毛取样、脐血取样、胎儿镜和胚胎活检等；后者包括超声波检查、母体外周血清标志物测定和胎儿细胞检测等。

4. 适龄生育

女性最适生育年龄是 24～29 岁。由于女性自身的发育要到 24～25 岁才完成，因此，过早生育对母子健康都不利。但是，女性过晚生育也不利于优生。据统计，40 岁以上母亲所生子女中，21 三体综合征的发病率要比 24～34 岁者所生子女的发病率高 10 倍。

![练 习]

一、填空题

1. 我国婚姻法规定禁止近亲婚配的医学依据是（　　　）。

A. 近亲婚配其后代必患遗传病

B. 近亲婚配其后代患隐性遗传病的机会增多

C. 人类的疾病都是由隐性基因控制的

D. 近亲婚配其后代必然有伴性遗传病

2. 下列各种遗传病中属于多基因遗传病的是（　　　）。

A. 原发性高血压　　　　　　　　B. 苯丙酮尿症

C. 镰刀型细胞贫血症　　　　　　D. 多指

3. 关于人类的遗传病，下列说法正确的是（　　　）。

A. 21 三体综合征患者通常不能生孩子，因此 21 三体综合征不属于遗传病

B. 抗维生素 D 佝偻病、软骨发育不全都是由隐性致病基因引起的

C. 多基因遗传病与环境因素有关

D. 遗传病都是由于基因突变产生的

4. 下列关于人类遗传病的叙述不正确的是（　　　）。

A. 人类遗传病是指由于遗传物质改变而引起的疾病

B. 人类遗传病包括单基因遗传病、多基因遗传病和染色体异常遗传病

C. 21 三体综合征患者体细胞中染色体数目为 47 条

D. 单基因遗传病是指受一个基因控制的疾病

5. 优生学是利用遗传学原理改善人类遗传素质，预防遗传病发生的一门科学。以下属于优生措施的是（　　　）。

①避免近亲结婚

②提倡适龄生育

③选择剖腹分娩

④鼓励婚前检查

⑤进行产前诊断

A. ①②③④　　　　B. ①②④⑤　　　　C. ②③④⑤　　　　D. ①③④⑤

二、分析简答题

1. 苯丙酮尿症是新生儿中发病率较高的一种遗传病。患儿由于缺少显性基因 H，导致体内苯丙氨酸羟化酶缺乏，使来自食物的苯丙氨酸沿非正常代谢途径转变成苯丙酮酸。苯丙酮酸在体内积累过多，就会造成患儿神经系统损害。目前防治这

种疾病的有效方法是尽早采用食疗法，即给予患儿低苯丙氨酸饮食。根据以上知识补充完成下表。（其中，含量用"正常""过多""缺乏"表示）

患　儿	体内苯丙酮酸含量	体内苯丙氨酸羟化酶含量	基因型
食疗前			
食疗后	正常		

2. 基因检测可以确定胎儿的基因型。有一对夫妇，其中一人为 X 染色体上的隐性基因决定的遗传病患者，另一方表现型正常，妻子怀孕后，想知道所怀的胎儿是否携带致病基因，根据所学知识回答下列问题。

(1)当丈夫为患者，胎儿是男性时，需要对胎儿进行基因检测吗？为什么？

(2)当妻子为患者时，表现型正常胎儿的性别应该是男性还是女性？为什么？

第七章　生物的进化

▶第一节　生物进化的理论

　　是什么使生物进化？针对这个问题，长期以来就存在着激烈的争论。科学的争论不断丰富着生物进化的理论。生命是进化的产物，现代的生物是在长期进化过程中发展起来的，这对我们来说已经不是陌生的了，但是生物进化的观点确实经历了长期的认识过程才建立起来。

一、拉马克的获得性遗传学说

　　法国博物学家拉马克（Jean-Baptiste Lamarck，1744—1829）是进化论的创始者。他通过对动物和植物的大量观察，提出生物不是神创造的，而是由更古老的生物进化来的，生物是由低等到高等逐渐进化的。1809 年，他在《动物哲学》一书中提出"用进废退"的观点，即经常使用的器官就发达，少用或不用的器官就退化。例如，长颈鹿为了吃到高处的树叶，经常伸长脖子，因而产生了长颈；食蚁兽和啄木鸟的长舌是由于吃食时反复伸长的结果；生活在洞中的盲鼠由于长期不用眼睛而失去视觉；等等。同时他认为，这些后天获得的特征可以遗传给下一代，即只要获得的性状为双亲共有，就能通过繁殖保存在它们的后代中，这就是所谓的"获得性遗传"。

　　从现代遗传学观点来看，获得性性状是不能遗传的，拉马克的获得性遗传学说没有得到实验的证实。但他的学说肯定了生物是进化的结果，并且认为对环境的适应是进化的根本原因，这在人们信奉神创论的时代是有进步意义的，对神创论和物种不变论提出了挑战。拉马克的获得性遗传学说在历史上曾对科学界产生重大影响，为其后生物进化论的发展奠定了基础。但是，由于当时生产水平和科学水平的限制，拉马克对进化原因的解释过于简单化。

二、达尔文的自然选择学说

　　拉马克的进化论提出以后，并没有得到社会的认可和重视。就连达尔文（图 7-1）在开始他著名的五年航海旅程时，也认为物种是不变的，而且都是神创造的。在五年的航海旅行中，他仔细观察了世界各地的动、植物和化石，搜集了大量的动、植物标本。在加拉帕戈斯群岛考察时，达尔文发现每个岛屿上的陆龟及地雀并没有很大的差异，但又有些许的不同。他又发现加拉帕戈斯群岛的生物与南美洲大陆的种类非常相似，于是达尔文开始怀疑岛上的生物可能有共同的祖先，它们之间的差异是由于千百年来适应各个岛屿不同环境的结果。生物进化的观点逐渐在达尔文的五年环球考察过程中形成。在1836年回到英国后，达尔文慢慢将他的看法写成文章，然而没有发表。大部分科学家认为，达尔文过了很久才发表他的作品，原因之一就是担心自己的思想对于当时的社会来说过

图 7-1　达尔文

于激进。1858年，达尔文接到在马来群岛考察的博物学家华莱士有关物种形成的文章，华莱士对于物种形成的看法与他有很多相似之处，这增加了达尔文对其学说的信心。于是两人在1858年的伦敦皇家科学年会中，以两人共同具名的方式，发表了有关物种形成看法的文章。接着，达尔文在1859年发表了《物种起源》，其核心是自然选择学说。

《物种起源》的出版，第一次把生物学建立在完全科学的基础上，以全新的生物进化思想推翻了神创论和物种不变论，生物普遍进化的思想以及"物竞天择、适者生存"的进化机制成为学术界、思想界的公论。在书中，达尔文提出了一个又一个令人震惊的论断：生命只有一个祖先，因为生命都起源于一个原始细胞的开端；生物是从简单到复杂、从低级到高级逐步发展而来的；生物在进化中不断进行着生存斗争，进行着自然选择。达尔文的生物进化论被称为19世纪自然科学的三大发现之一。

自然选择被认为是生物进化过程中的一个关键机制，其主要内容有四点：过度繁殖，生存斗争（也叫生存竞争），遗传和变异，适者生存。

繁殖过剩是达尔文的自然选择学说的基本条件。达尔文认为，地球上的各种生物普遍具有很强的繁殖能力，且都有依照几何比率增长的倾向。达尔文指出，象是一种繁殖很慢的动物，但是如果每一头雌象一生（30～90岁）产仔6头，每头活到100岁，而且都能够进行繁殖的话，那么到750年以后，一对象的后代就可以达到1 900万头。因此，按照理论上的计算，就算是繁殖不是很快的动、植物，也会在不太长的时期内产生大量的后代而占满整个地球。如果没有过度繁殖，自然选择就不会进行。

生物的繁殖能力是如此强大，但事实上，每种生物的后代能够生存下来的却很少。这是什么原因呢？达尔文认为，这主要是过度繁殖引起的生存斗争的缘故。任

何一种生物在生活过程中都必须为生存而斗争。生存斗争包括生物与无机环境之间的斗争，生物种内的斗争（如为食物、配偶和栖息地等的斗争）以及生物种间的斗争。生存斗争导致生物大量死亡，只有少量个体生存下来。在生存斗争中，什么样的个体能够获胜并生存下去呢？达尔文用遗传和变异来进行解释。

遗传是生物的普遍特征，生物有了这个特征，物种才能稳定存在。生物界普遍存在变异，每一代都存在变异，没有两个生物个体是完全相同的。变异是随机产生的，这与拉马克所说的变异不同，拉马克认为变异是按需要向一定的方向发生的。达尔文当时还不能区分可遗传的变异和不可遗传的变异，他只能一般地讨论变异。但是，达尔文实际上讨论的是遗传性状发生的变异，是可遗传的，这样的变异一代代积累下去就会导致生物的更大改变。

达尔文认为，在生存斗争中，具有有利变异的个体容易在生存斗争中获胜而生存下去。反之，具有不利变异的个体，则容易在生存斗争中失败而死亡。这就是说，凡是生存下来的生物都是适应环境的，而被淘汰的生物都是对环境不适应的，这就是适者生存。达尔文把在生存斗争中，适者生存、不适者被淘汰的过程叫作自然选择。他认为，自然选择过程是一个长期的、缓慢的、连续的过程。由于生存斗争不断地进行，自然选择也在不断地进行，通过一代代的生存环境的选择作用，物种变异被定向地向着一个方向积累，于是性状逐渐和原来的祖先不同了，这样，新的物种就形成了。由于生物所在的环境是多种多样的，因此，生物适应环境的方式也是多种多样的，经过自然选择也就形成了生物界的多样性。

因此，自然选择学说的基本含义包括：现代所有的生物都是从过去的生物进化来的；自然选择是生物适应环境而进化的原因。

自然选择学说使生物学第一次摆脱了神学的束缚，走上了科学的轨道。它揭示了生命现象的统一性是由于所有的生物都有共同的祖先，生物的多样性是进化的结果，生物界千差万别的种类之间有一定的内在联系，从而大大促进了生物学各个分支学科的发展。这一科学理论给予神创论和物种不变论以致命的打击，为辩证唯物主义世界观提供了有力的武器。

在达尔文提出自然选择学说的时候，尚无任何确实可信的遗传理论作基础，更不用说现代遗传学和分子生物学的数据支持了。关于遗传和变异的本质，达尔文还不能做出科学的解释。关于遗传和变异是怎样产生的，达尔文接受了拉马克关于器官"用进废退"和"获得性遗传"的观点。他对生物进化的解释也局限于个体水平，而实际上，如果个体出现可遗传的变异，相应基因必须在群体里扩散并取代原有的基因，这样新的生物类型才有可能形成。达尔文进化论的一个重要观点是渐变论，即物种是通过微小的优势变异逐渐改进的，突变是很少的，但最令达尔文困惑的是寒武纪物种大爆发。中国科学家通过对云南澄江动物群化石的发现和研究，揭示了寒武纪物种大爆发的整体轮廓，证实几乎所有动物的祖先都曾经站在同一"起跑线"上。这一发现在很大程度上说明，生物的进化并非总是渐进的，而是渐进与跃进并存的。达尔文认为生物进化中有害的突变比较多，有利的突变很少，但是经过长期的进化过程，有利的突变经过自然选择终于占了上风。后来科学研究发现，物种的有害突变和有利突变都不是很多，多的是对于自然选择来说不好也不坏的中性突变，这一类突变与进化的关联还有待深入细致研究。

三、现代综合进化论

20 世纪 30 年代以来，随着遗传学研究的进展，一些科学家用统计生物学和种群遗传学的结果重新解释达尔文的自然选择学说，这种把现代遗传学与达尔文的自然选择学说结合起来的进化论称为现代综合进化论（the modern synthetic theory）。现代综合进化论以自然选择为基础，又称现代达尔文主义，对达尔文的进化论做了修改和补充。例如，在达尔文看来，进化的改变仅仅体现在个体上。现代综合进化论则认为，由于基因分离和重组，只有交互繁殖的种群才能保持一个相对恒定的基因库。因此，进化体现在种群遗传组成的改变上，不是个体在进化，而是种群在进化。在达尔文的自然选择学说中，自然选择仅仅来自过度繁殖和生存斗争。而现代综合进化论则将自然选择归结为不同基因型的延续。在生存斗争中，竞争的胜利者被选择下来，它的基因型得以延续下去，这固然具有进化价值。但除此以外，生物之间的一切相互作用，包括互利共生、寄生、竞争、捕食等，只要影响基因库的变化，就都具有进化价值。也就是说，即使没有生存斗争，自然选择也在进行。现代综合进化论极大地丰富和发展了达尔文的自然选择学说。

练 习

一、填空题

1. 恐龙等古代大型爬行动物因不能适应变化了的环境而灭绝，结构更复杂、功能更完善的_____和_____动物便取代了它们在自然界中的地位，这一现象，达尔文称之为_____。

2. 生物进化的方向是由_____决定的。生活在自然界的生物都表现出与_____相适应。叶镶嵌使植物能更多地接受_____，是植物对_____这种营养方式的一种适应。

3. 在初冬季节，生活在寒带的哺乳动物都会换上一身厚重的体毛，以抵御冬季的严寒，这是动物在长期的进化过程中形成的对自然环境的_____现象。

二、选择题

1. 用达尔文的观点解释长颈鹿的长颈形成的原因是（　　）。

A. 森林中雨水充足使长颈鹿的身材高大，颈也长

B. 生活在食物充足环境中的长颈鹿颈长得长

C. 由于生活环境不同，使鹿的颈有长有短

D. 长颈变异的个体生存机会多，并一代一代积累而成

2. 1859 年，达尔文发表了《物种起源》，其中解释物种进化原因的自然选择学说理论已被人们普遍接受，被恩格斯称为 19 世纪三大发现之一。下列观点不符合达尔文的进化思想的是（　　）。

A. 地球上一切生物都是自然选择的结果，都是由共同的祖先进化而来，都有一定的亲缘关系

B. 适者生存是自然选择的必然结果和核心内容，自然选择是定向的，即适应环境

C. 变异分有利变异和不利变异，遗传的作用在于积累并加强有利变异，可遗传的变异具不定向性

D. 遗传和变异是生物进行生存斗争的前提

3. 以自然选择为中心的生物进化论没能解决的问题是（　　）。

A. 生物进化的原因 　　　　　　B. 说明物种是可变的

C. 解释生物的适应性及多样性 　　D. 阐明遗传和变异的本质

4. 生物进化的内在因素是（　　）。

A. 产生了有利变异 　　　　　　B. 产生了可遗传的变异

C. 产生了不利变异 　　　　　　D. 产生了不遗传的变异

5. 用达尔文的进化观点分析，动物的体色常与环境极为相似的原因是（　　）。

A. 人工选择的结果 　　　　　　B. 自然选择的结果

C. 不能解释的自然现象 　　　　D. 动物聪明的表现

三、分析简答题

1. "人类现在都生活在各种人工环境中，因此，人类的进化不再受到自然选择的影响。"你同意这一观点吗？请阐述你支持或反对的理由。

2. 达尔文的生物进化论能解释生物发展史上物种的绝灭吗？请阅读资料加以阐述。

第二节　现代综合进化论的主要内容

达尔文的自然选择学说指出，在一种生物的群体中，出现有利变异的个体容易存活，并且有较多的机会留下后代。也就是说自然选择直接作用于生物个体的表现型。但是，在自然界，没有哪个个体是长生不死的，个体的表现型会随着个体的死亡而消失，但决定表现型的基因却可以随着生殖而世代延续，并且在群体中扩散。可见，研究生物的进化，仅研究个体的表现型是否与环境相适应是不够的，还必须研究群体的基因组成的变化。

一、自然选择影响种群基因频率的变化

1. 种群是生物进化的基本单位

生活在一定区域的同种生物的全部个体叫作种群（population），如某一自然保护区内所有的麋鹿，一个池塘中所有的青鱼。种群中的个体并不是机械地集合在一起，而是彼此可以交配，并通过繁殖将各自的基因传给后代。种群的一个主要特征就是种群内的雌、雄个体能通过有性生殖实现基因的交流。

一个种群中全部个体所含有的全部基因，叫作这个种群的基因库（gene pool）。在一个种群的基因库中，某个基因占全部等位基因数的比例，叫作基因频率。例如，在某昆虫种群中，决定翅色为绿色的基因为 A，决定翅色为褐色的基因为 a（图 7-2），从这个种群中随机抽取 100 个个体，测得基因型为 AA、Aa 和 aa 的个体分别为 30、60 和 10 个。也就是说，AA 基因型的频率是 30%，Aa 基因型的频率是 60%，aa 基因型的频率是 10%。那么，这一基因库中 A 和 a 的基因频率如何计算呢？

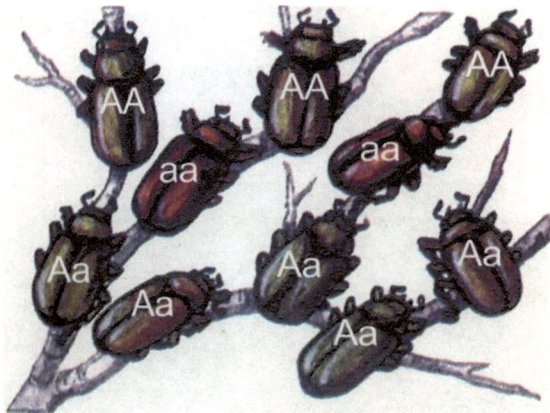

图 7-2　某昆虫决定翅色的基因频率

就这对等位基因来说，每个个体可以看作含有 2 个基因。那么，这 100 个个体共有 200 个基因。由此可知：

A 基因的数量是 $2 \times 30 + 60 = 120$（个）；

a 基因的数量是 $2 \times 10 + 60 = 80$（个）；

A 基因的频率为 $120 \div 200 = 60\%$；

a 基因的频率为 $80 \div 200 = 40\%$。

这个种群繁殖若干代以后，其基因频率会不会发生变化呢？

现在，假设上述昆虫种群非常大，所有的雌、雄个体间都能自由交配并产生后代，没有迁入和迁出，自然选择对翅色这一相对性状没有作用，基因 A 和 a 都不产生突变，根据孟德尔的分离定律，首先计算子代种群各基因型的频率：

AA 基因型的频率是 $60\% \times 60\% = 36\%$；

Aa 基因型的频率是 $2 \times 60\% \times 40\% = 48\%$；

aa 基因型的频率是 $40\% \times 40\% = 16\%$。

那么，子代种群的基因频率各是多少？

A 基因的数量是 $2 \times 36 + 48 = 120$（个）；

a 基因的数量是 $2 \times 16 + 48 = 80$（个）；

A 基因的频率为 $120 \div 200 = 60\%$；

a 基因的频率为 $80 \div 200 = 40\%$。

可以发现，在这种情况下，子代种群的基因频率并不发生变化。那么，子二代、子三代以及若干代以后，种群的基因频率会同子一代一样吗？

1908 年，英国数学家哈代（G. H. Hardy）和德国医生温伯格（W. Weinberg）分别提出了关于基因频率稳定性的见解。他们指出，一个有性生殖的自然种群，在符合以下五个条件的情况下，随机交配若干代后，各等位基因的频率和基因型频率在遗传中是稳定不变的。这五个条件是：种群足够大；种群中个体间的交配是随机的；没有突变发生；没有新基因加入；没有自然选择。

由此可见，根据哈代—温伯格定律，如果满足上述五个条件，则亲代和子代每一代的基因频率都不会改变，到再下一代也是如此，也就是说基因频率可以代代保持稳定不变。

但实际情况是，这样的平衡是不存在的。对自然界的种群来说，这五个条件不可能同时都成立。例如，翅色与环境色彩较一致的个体，被天敌发现的机会就少些。突变产生新的基因会使种群的基因频率发生变化，突变基因的频率是增加还是减少，要看这一突变对生物体是有益的还是有害的。所以说，自然选择影响了种群基因频率的变化。

2. 可遗传的变异产生进化的原材料

基因突变在自然界是普遍存在的。基因突变产生新的等位基因，这就可能使种群的基因频率发生变化。达尔文曾指出，可遗传的变异是生物进化的原材料。如果没有可遗传的变异，生物就不可能进化。但是，对于可遗传的变异是怎样产生的这个问题，达尔文限于当时生物学发展水平，不可能做出正确的解释。现代遗传学的研究表明，可遗传的变异来源于基因突变、基因重组和染色体变异。其中，基因突变和染色体变异统称为突变。

生物自发突变的频率很低，而且突变大多是有害的，那么，它为什么还能够作为生物进化的原材料呢？别忘了，种群是由许多个体组成的，每个个体的每一个细胞都有成千上万个基因，这样，每一代就会产生大量的突变。例如，果蝇约有 10^4 对基因，假定每个基因的突变率都是 10^{-5}，对于一个中等大小的果蝇种群（约有 10^8 个个体）来说，每一代出现的基因突变数将是：$2 \times 10^4 \times 10^{-5} \times 10^8 = 2 \times 10^7$（个）。此外，突变的有害和有利也不是绝对的，这往往取决于生物的生存环境。例如，有一种果蝇的突变体在 21 ℃ 的气温下，生存能力很差，但是，当气温上升到 25.5 ℃ 时，突变体的生存能力大大提高。

基因突变产生的等位基因，通过有性生殖过程中的基因重组，可以形成多种多样的基因型，从而使种群出现大量的可遗传的变异。由于突变和重组都是随机的、不定向的，因此它们只是提供了生物进化的原材料，而不能决定生物进化的方向。

3. 自然选择决定生物进化的方向

自然选择实际上是选择某些基因，淘汰另一些基因。自然选择必然引起基因频率的改变。基因频率改变了，基因型频率也随之改变。下面举例说明自然选择如何改变基因频率（表7-1）。

从上述分析可知，在自然选择的作用下，具有有利变异的个体有更多的机会产生后代，种群中相应的基因频率会不断提高；相反，具有不利变异的个体留下后代的机会少，种群中相应的基因频率会下降。因此，在自然选择的作用下，种群的基因频率会发生定向变化，导致生物朝着一定的方向不断进化。生物进化的过程，实质上就是种群基因频率发生变化的过程。

表7-1 自然选择对种群基因频率变化的影响

现象	英国曼彻斯特地区有一种桦尺蛾，杂交实验表明，桦尺蛾的体色受一对等位基因S和s控制，黑色(S)对浅色(s)是显性的。在19世纪中叶以前，桦尺蛾几乎都是浅色的，种群中s(浅色)基因频率在95%以上，而到了20世纪中叶，s基因频率不到5%。19世纪时，曼彻斯特地区的树干上长满了地衣。后来随着工业的发展，工厂排出的煤烟使地衣不能生存，结果树皮裸露并被熏成黑褐色						
提出问题	桦尺蛾种群中s基因频率为什么越来越低						
提出假设	黑褐色的生活环境，不利于浅色桦尺蛾的生存，对黑色桦尺蛾生存有利，这种环境的选择作用使该种群的s基因频率越来越低，即自然选择可以使种群的基因频率发生定向改变						
设计方案	创设情境	1870年，桦尺蛾种群的基因型频率为SS 10%、Ss 20%、ss 70%，s基因频率为80%。假如树干变黑使得浅色个体每年减少10%，黑色个体每年增加10%。在第2～10年，该种群每年的基因型频率是多少？每年的基因频率是多少？ 提示：①基因型频率＝该基因型个体数/该种群个体数； ②不同年份该种群个体总数可能有所变化					
	计算			第1年	第2年	第3年	第4年	……
		基因型频率	SS	10%	11.5%	12.3%	14.7%	……
			Ss	20%	22.9%	26.8%	29.2%	……
			ss	70%	65.6%	60.9%	56.1%	……
		基因频率	S	20%	23%	……	……	……
			s	80%	77%	……	……	……
		依据假设计算第2年的基因型频率和基因频率。如果第1年种群个体数为100个，当黑色(表现型)个体每年增加10%时，基因型为SS(黑色)个体第2年将会增加到11个，基因型为Ss(黑色)个体第2年将增加到22个，基因型为ss(浅色)个体第2年将减少到63个。第2年种群个体总数为96个，基因型SS的频率是11÷96＝11.5%，基因型Ss的频率是22÷96＝22.9%，基因型ss的频率是63÷96＝65.6%						
	重新计算	根据计算结果，对环境的选择作用的大小进行适当调整。比如，把浅色个体每年减少的数量比例定高些，重新计算种群基因型频率和基因频率的变化，与上步中所得数据进行比较						
分析结果	S(深色)基因频率逐渐上升，s(浅色)基因频率逐渐下降。 树干变黑会影响桦尺蛾种群中浅色个体的出生率，这是因为许多浅色个体可能在没有交配、产卵前就已经被天敌捕食						
得出结论	自然选择可以使基因频率发生定向改变，决定生物进化的方向						

二、隔离与物种的形成

上面提到的曼彻斯特地区的桦尺蛾，虽然基因频率发生了很大的变化，但是并没有形成新的物种。怎样判断两个种群是否属于同一个物种呢？

1. 物种的概念

生物学上把能够在自然状态下相互交配并且能够产生出可育后代的一群生物称为一个物种（species），简称种。也就是说，不同物种之间一般是不能相互交配的，即使交配成功，也不能产生可育的后代，这种现象叫作生殖隔离（reproductive isolation）。例如，马和驴虽然能够交配，但是产生的骡大多是不育的，因此，马和驴之间存在着生殖隔离，它们属于两个物种。

在自然界中，常常可以看到这样的现象，海水把岛屿和大陆的动物隔开，两个森林中的动物被中间一大片草原隔开，一条大河有时也成为多种陆生动物的阻隔。同一种生物由于地理上的隔离而分成不同的种群，使得种群间不能发生基因交流的现象，叫作地理隔离（geographical isolation）。生殖隔离不一定在地理上隔开，只要彼此不能杂交，便是生殖隔离。两个种群如果只是在地理上隔开了，把它们放在一起，它们依然可以彼此交配，那么它们仍然是一个物种。如果地理隔离之后，发生了生殖隔离，此时它们就是不同的两个物种了。

2. 物种的形成

物种的形成是一个物种内部分化而产生新物种的过程，对于有性生殖的生物，同种的一群个体获得与同种其他个体生殖隔离的过程，就是物种形成。经过长期的地理隔离而达到生殖隔离是比较常见的一种物种形成方式，如生活在加拉帕戈斯群岛的多种地雀，分别生活在美国大峡谷各一边的松鼠，生活在非洲大陆和亚洲大陆的犀牛等。

加拉帕戈斯群岛的地雀是说明通过地理隔离形成新物种的著名实例。这些地雀的祖先属于同一个物种，从南美洲大陆迁来后，逐渐分布到不同的岛屿上。由于各个岛屿上的地雀种群被海洋隔开，这样，不同的种群就可能会出现不同的基因突变和基因重组，而一个种群的基因突变和基因重组对另一个种群的基因频率没有影响。因此，不同种群的基因频率就会发生不同的变化。由于各个岛屿上的食物和栖息条件互不相同，自然选择对不同种群基因频率的改变所起的作用就有差别：在一个种群中，某些基因被保留下来；在另一个种群中，被保留下来的可能是另一些基因。久而久之，这些种群的基因库就会形成明显的差异，并逐步出现生殖隔离。生殖隔离一旦形成，原来属于一个物种的地雀，就成了不同的物种。

因此，物种形成一般是由原分布区的祖先种，因地理或其他因素而被分隔为若干相互隔离的种群，这些种群之间的基因交流由于隔离而大大减小甚至完全中断，再加上它们所处环境的差异，从而通过自然选择的作用，种群的基因频率发生变化，种群间的遗传差异随时间推移而增大，形成了不同的地理族，即亚种，亚种之间进一步分化，直到产生生殖隔离。一旦生殖隔离产生，那么即使新种的分布区再重叠，也不会重新融合为一个种。因此，隔离是物种形成的必要条件。物种形成本身表示生物类型的增加，同时，它也意味着生物能够以新的方式利用环境条件，从而为生物的进一步发展提供条件。

加拉帕戈斯群岛位于南美洲附近的太平洋中，比南美洲大陆的形成晚得多，由13个主要岛屿组成，不同岛屿的环境有较大差别。达尔文在环球考察中观察到，在加拉帕戈斯群岛生活着13种地雀，这些地雀的喙差别很大，不同种之间存在生殖隔离。这些土褐色的鸟都很小，喙的形状和大小各异（图7-3），以便啄食不同的食物。达尔文说："加拉帕戈斯群岛的生物决定了我的全部观点。"正是这些多样的地雀使达尔文产生自然选择学说理论的思想。

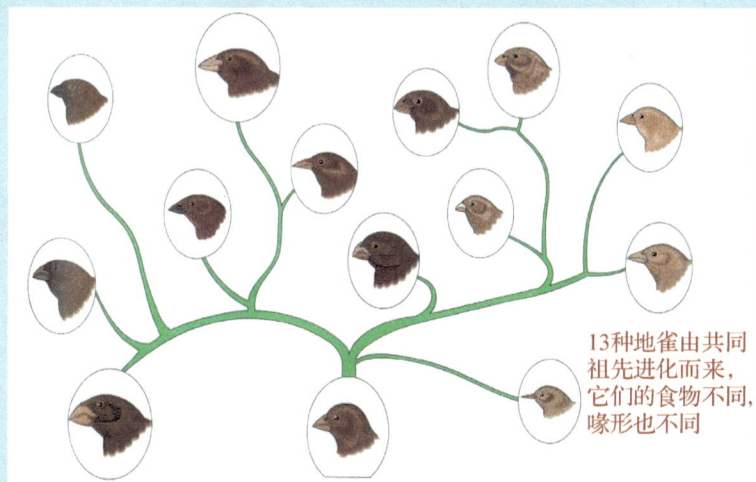

13种地雀由共同祖先进化而来，它们的食物不同，喙形也不同

图 7-3　地雀的几种喙形

三、生物的共同进化

任何一个物种都不是单独进化的。生物彼此之间有着各种各样的关系，这些密切的关系使它们在进化上发展出了相互适应的特性，即共同进化。例如，蜜蜂不能识别红色，不能在飞行时采粉，所以依靠蜜蜂传粉的花极少为红色，并且常常具有

一个供蜜蜂停落的结构(图 7-4a);蜂鸟只能看出红色和黄色,并且是在飞翔时采粉的,所以依靠蜂鸟传粉的花大多有鲜艳的红色和黄色,并且不具有供蜂鸟停落的结构(图 7-4b);蛾类多在夜间活动,所以依靠蛾类传粉的花多在夜间开放。

(a) (b)

图 7-4 蜜蜂(a)、蜂鸟(b)为植物传粉

猎豹捕食斑马,自然选择有利于斑马种群中肌肉发达、动作敏捷的个体,同样也有利于猎豹种群中跑得快的个体,这两个物种的进化过程宛如一场漫长的"军备竞赛"。捕食者和被捕食者甚至可以看作"伙伴"关系,它们对彼此进化的影响是极其强的,当被捕食者发生了变异,防御能力提高时,捕食者也相应地要发展克制被捕者防御能力的机制,否则就要因为不能适应新的条件而被淘汰。有趣的是,捕食者绝不可能完全"取胜",否则被捕食者就会消失,捕食者自己的生存机会也就没有了。这就是"精明的捕食者"策略。

不仅生物之间在进化上密切相关,生物进化与无机环境的变化也是相互影响的。例如,地球上原始大气中是没有 O_2 的,因此,最早出现的生物都是厌氧的,最早的光合生物的出现,使得原始大气中有了 O_2,这就为好氧生物的出现创造了前提条件。这种不同物种之间,生物与无机环境之间在相互影响中的不断进化和发展,称为共同进化(coevolution)。通过漫长的共同进化过程,地球上不仅出现了千姿百态的生物,而且形成了多种多样的生态系统。

练习

一、填空题

1. _____是生物进化的基本单位,_____是物种形成的必要条件。

2. 生物进化的过程实质上就是_____。

二、选择题

1. 下列有关生物进化的叙述,正确的是(　　　)。

A. 进化总是由突变引起的

B. 进化过程中基因频率总是变化的

C. 变异的个体都适应环境

D. 新物种产生都要经历地理隔离

2. 能影响基因频率改变的因素有（　　）。

①基因突变　②染色体变异　③自然选择　④隔离

A. ①②③　　　　　B. ②③④　　　　　C. ①③④　　　　　D. ①②③④

3. 某岛屿上存在着尺蛾的两个变种，该地区原为森林，后建设为工业区。下表为该地区不同时期两个变种尺蛾的数量比，引起这种变化的原因是（　　）。

森林时期		建成工业区后50年	
灰尺蛾	黑尺蛾	灰尺蛾	黑尺蛾
99%	1%	1%	99%

A. 工业煤烟使灰尺蛾变为黑尺蛾

B. 灰尺蛾迁离，黑尺蛾迁入

C. 自然选择作用

D. 定向变异作用

4. 新物种形成的标志是（　　）。

A. 具有一定的形态结构和生理功能

B. 产生了地理隔离

C. 形成了生殖隔离

D. 改变了基因频率

5. 关于现代综合进化理论的说法，错误的是（　　）。

A. 生物进化的基本单位是生态系统

B. 突变和基因重组是产生进化的原材料

C. 进化的实质是种群内基因频率的改变

D. 自然选择决定生物进化的方向

6. 马达加斯加群岛与非洲大陆只相隔狭窄的海峡，但是两地生物种类有较大差异，造成这种现象最可能的原因是（　　）。

A. 它们的祖先不同　　　　　　　B. 自然选择的方向不同

C. 变异的方向不同　　　　　　　D. 岛上的生物没有进化

7. 有一种果蝇的突变体在21 ℃的气温下，生存能力很差，但是，当气温上升到25.5 ℃时，突变体的生存能力大大提高，这说明（　　）。

A. 突变是不定向的

B. 突变是随机发生的

C. 突变的有害或有利取决于环境条件

D. 环境条件的变化对突变体都是有害的

8. 某一瓢虫种群中有黑色和红色两种体色的个体，这一性状由一对等位基因控制，黑色(B)对红色(b)为显性。如果基因型为 BB 的个体占 18%，基因型为 Bb 的个体占 78%，基因型为 bb 的个体占 4%，基因 B 和 b 的频率分别是(　　)。

A. 18%、82%　　　　　　　　B. 36%、64%

C. 57%、43%　　　　　　　　D. 92%、8%

三、分析简答题

1. 加拉帕戈斯群岛位于南美洲附近的太平洋中，比南美洲大陆的形成晚得多，由 13 个主要岛屿组成，不同岛屿的环境有较大差别。达尔文在环球考察中观察到，在加拉帕戈斯群岛生活着 13 种地雀，这些地雀的喙差别很大，不同种之间存在生殖隔离。根据以上情况，设想加拉帕戈斯群岛上的各种地雀是如何形成的？如果这片海域只有一个小岛，还会形成这么多种地雀吗？

2. 古生物学家从不同地层中挖掘出的动物化石的种类和数量见下表。据表回答下列问题。

代	纪	发现的化石种类及数量
中生代	白垩纪	鸟类、哺乳类(少量)
	侏罗纪	爬行类(大量)
	三叠纪	硬骨鱼类(少量)

(1)中生代最早形成的地层在_____。

(2)表中各类生物之间的进化趋势是_____ → _____ → _____。

(3)在中生代占据优势的动物是_____。

(4)始祖鸟可能出现在_____纪。

第八章　生物与环境

　　地球上的一切生命形式，包括动物、植物、微生物等，都有各种不同的生存环境。环境是指某一特定生物和生物群体周围一切的总和，它包括在一定空间内直接或间接影响该生物或生物群体生存的各种因素。研究生物与其环境之间相互关系和作用规律的科学称为生态学（ecology）。生态学把生物的个体、群体和无机环境作为一个系统来研究，使人们对人类自身和周围环境的认识提高到一个新的境界。

▶第一节　生物与环境的关系

　　生物的生存环境是多种多样的。从高山之巅到海洋深处，从热带到南、北极，从茫茫荒漠到茂密的森林，从城市到乡村，到处都生存着生物。生物与环境的关系非常复杂。生物无论生活在什么样的环境中，都受到环境中各种因素的影响，环境的特征及其变化决定了生物的分布和多样性，同时，生物的活动对环境也可以产生影响。

一、环境对生物的影响

　　在生态学中，对生物生长、发育、生殖、行为和分布等生命活动有直接或间接影响的环境因子称为生态因子。生态因子按性质可以划分为非生物因子和生物因子两大类。

1. 非生物因子

　　非生物因子通常是指气候、营养、水、土壤、大气成分、地形和地质条件等理化因子。其中，气候因子主要包括光照、温度、湿度、降水、风、气压、雷电等。营养因子对于植物来说，其主要营养因子是一些无机元素；对于动物来说，其主要的营养因子是有机物。水因子主要包括水量、水中的 H^+ 浓度和盐浓度。土壤因子主要包括土壤结构、土壤肥力、土壤的理化性质等。

　　气候因子是影响生物群落较重要的生态因子，因为气候因子决定了一个区域环境中的光照、温度、湿度与降水等一些控制生物活动极其重要和直接的因子。例如，我国海南岛的热带海洋性气候环境，决定岛上生长了一些典型的热带植物，其中椰子树就是一种最典型的热带植物；而我国西部戈壁滩干旱的沙漠气候环境，决定了一些耐旱植物的生长，如骆驼刺、红柳等（图 8-1）。

<table>
<tr><td>（a）</td><td>（b）</td></tr>
</table>

图 8-1　不同的气候环境决定不同的植物分布，热带海洋性气候环境（a），沙漠气候环境（b）

2. 生物因子

生物因子是指影响某生物生存的周围其他生物，在这些周围其他生物中，既有同种的，也有异种的。生物因子之间的关系通常可分为两种：种内关系和种间关系。

生物在种内关系上，既有种内互助，也有种内斗争。

种内互助的关系是常见的。例如，蚂蚁、蜜蜂等营群体生活的昆虫，它们往往是千百只个体生活在一起，在群体内部能做到分工合作。有些生物个体之间，由于争夺食物、领地或配偶，有时也会发生斗争。例如，鲈鱼的成鱼经常会以本种的幼鱼作为食物；有的动物的雄性个体在繁殖期时，往往为了争夺雌性个体与同种的雄性个体发生斗争。

种间关系是指不同生物之间的关系，包括互利共生、寄生、竞争、捕食等。

两种生物共同生活在一起，相互依赖，彼此有利，这种关系叫作互利共生。例如，豆科植物供给根瘤菌有机养料，根瘤菌则将空气当中的氮转变为含氮养料，供豆科植物利用。两种生物共同生活在一起，其中一种生物生活在另一种生物的体内或体表，并从后者处摄取营养以维持生活，这种关系叫作寄生。例如，蛔虫、血吸虫寄生在其他动物的体内，虱和蚤寄生在其他动物的体表，等等。两种生物共同生活在一起，相互争夺资源和空间等，这种现象叫作竞争。例如，农田中的玉米与某种杂草争夺阳光、水分和养料。捕食关系指的是一种生物以另一种生物为食物的现象。例如，老鼠以农作物为食物，猫以老鼠为食物，等等。

二、生物对环境的适应

生物无论生活在什么样的环境中，都受到环境中各种因素的影响。所以，生物只有适应周围的环境才能够生存下去。经过长期的进化，现在生存的每一种生物，都具有与环境相适应的形态结构和生理特征。

植物的根、茎、叶、花、果实、种子等器官都有明显的适应性特征。例如，虫媒花一般都颜色鲜艳，气味芳香，适于昆虫传粉；风媒花的花粉粒小而数量多，容易随风飘散，适于风媒传粉。借风来传播种子的植物，如蒲公英、柳等，果实或种子上生有毛茸茸的白色纤维，以便随风飞扬（图 8-2a）；靠动物传播种子的植物，如苍耳、窃衣等，在果实的表面有刺毛或倒钩，容易附着在动物身上而被带到其他地方（图 8-2b、图 8-2c）。

| (a) | (b) | (c) |

图 8-2　蒲公英(a)、苍耳(b)、窃衣(c)的果实

动物在形态、结构、生理和行为等方面也有许多适应性特征。例如，鱼的身体呈流线型，用鳃呼吸，用鳍游泳，这些都是与水生环境相适应的；猛兽和猛禽都有锐利的牙齿（或喙）和尖锐的爪子，有利于捕食其他动物；鹿、羚羊以快速奔跑来躲避敌害；豪猪和刺猬以身上长的尖刺来防御敌害；候鸟随季节的变化做长距离的飞行迁徙来获得更有利的生存环境；等等。

另外，很多生物为适应生存环境，在外形上形成了一些特殊的适应性特征，如保护色、警戒色、拟态等。保护色是指动物为躲避敌害或猎捕其他动物而具备的与栖息环境色彩相似的体色。例如，生活在草地、池塘中的青蛙，它的背部是绿色，腹面是白色的（图 8-3a）。警戒色是指某些有恶臭或毒刺（毒腺）的动物身上所具有的能够对敌害起到预先示警作用的鲜艳色彩和斑纹。例如，毛虫身上具有鲜艳的色彩和斑纹（图 8-3b），蝮蛇身上具有斑纹。拟态是指某些生物在进化过程中形成的外表形状或色泽斑，与其他生物或非生物异常相似的状态。例如，竹节虫的形状像竹枝，枯叶蝶的模样像枯叶（图 8-3c）。

（a）　　　　　　　　　（b）　　　　　　　　　（c）

图 8-3　青蛙的保护色（a），毛虫的警戒色（b），枯叶蝶的拟态（c）

生物各种各样的适应性特征都是在进化过程中，通过长期的自然选择而逐渐形成的。生物对环境的适应只是在一定程度上的适应，并不是绝对的、完全的适应，更不是永久性的适应。例如，毛虫的警戒色可以使很多鸟望而生畏，但却不是对所有的食虫鸟都有效，一只杜鹃一天能吃掉上百条毛虫。

三、生物对环境的影响

维持生物生命活动所需的物质和能量，都要从环境中取得，生物只能适应环境才能生存下去。但生物在适应环境的同时，也能影响环境。

生物通过自身的生命活动，不断地从环境中获取营养物质，同时又将新陈代谢的产物（O_2、CO_2、H_2O 等）排放到环境当中去，因此，生物的生命活动对无机环境有影响。例如，森林的蒸腾作用，可以增加空气的湿度，进而可以影响降水；柳杉等植物可以吸收有毒气体，从而能够净化空气；鼠对农作物、森林和草原都有破坏作用；蚯蚓在土壤中生存，不仅可以提高土壤的通气和吸水能力，还可以增加土壤的肥力。

土壤作为陆地环境的重要组成部分，在其形成过程中，生物也起着重要的作用。被誉为植物界的"拓荒者"的地衣，能够在光秃秃的岩石表面生长。地衣通过分泌地衣酸，腐蚀岩石，使岩石表面逐渐龟裂和破碎，借助长期的风化作用形成原始的土壤，从而为其他植物的生存创造条件。植物的根系对土壤起黏附和固着作用。植被覆盖在土壤表面，对土壤起着保护作用。同时，土壤中有大量的微生物，能将动物的粪便和生物的遗体分解成无机物，使土壤中矿物质元素的含量保持平衡。总之，如果没有生物，地球上就不会有土壤。

人类是生物界的成员，随着人类社会生产力的发展和人口的增长，人类对环境影响越来越大，已经远超过地球上任何一种生物，导致了全球性的环境问题，如酸雨、温室效应、臭氧层的破坏等。

由此可见，生物与环境是相互影响的，它们是一个不可分割的统一整体。

练习

一、填空题

1. 研究＿＿＿＿＿与其＿＿＿＿＿之间相互关系和作用规律的科学称为生态学。

2. 生态因子按性质可以划分为＿＿＿＿和＿＿＿＿两大类。

二、选择题

1. 两个物种共同生活在一起（甚至一种生物生活在另一种生物体内），相依为生，相得益彰，彼此都离不开对方，这种现象称为（　　）。

　　A. 寄生　　　　　B. 共栖　　　　　C. 共生　　　　　D. 协作

2. 一只蝴蝶突然展开它的翅，露出非常鲜艳刺眼的红黑环纹，这最可能是（　　）。

　　A. 一种伪装　　　　　　　　B. 吓唬捕食者

　　C. 警告它是有毒的，不能吃　　D. 上述各项

3. 下列生物的适应现象，分别属于哪种方式？

(1)避役的体色能随着环境色彩的变化而改变，并与环境色彩保持一致（　　）。

(2)生活在亚马孙河流域的南美鲈鱼形如败叶，浮在水面（　　）。

(3)瓢虫体表具有色彩鲜艳的斑点（　　）。

　　A. 保护色　　　B. 拟态　　　C. 警戒色　　　D. 以上都不是

三、分析简答题

1. 影响生物活动的非生物因子有哪些？其中最重要的是哪个？为什么？

2. 生物种间关系有哪些基本类型？试举例说明。

3. 冬季森林里的雪兔换上白毛，可以适应降雪后的白色环境。但是，降雪延迟时，一身白色的雪兔反而容易被捕食者发现，这种现象说明什么？

▶ 第二节　种群与生物群落

在自然界，任何生物都不是孤立存在的，在一定的自然区域内，同种生物的个体形成种群；同一时间内聚集在一定区域中各种生物种群的集合，构成群落。从种群与群落的水平看，生命系统又具有什么特征呢？它们又是怎样发展变化的呢？下

面来了解种群与群落的相关知识。

一、种群的概念及其特征

在一定空间和时间范围内的同种生物个体的总和，叫作种群。例如，一片森林中的全部马尾松就是一个种群，它是由不同树龄的马尾松组成的。一个池塘中的全部的鱼不是一个种群，但是，如果是一个池塘中的全部的鲫鱼，就是一个种群。

种群并不是许多同种个体的简单相加，而是一个有机单元，它具有种群密度、出生率和死亡率、年龄组成、性别比例特征，这些特征是单独的生物个体所不具备的。

1. 种群密度

单位面积或单位体积内某种群的个体数量，叫作种群密度，它是反映种群结构的重要特征参数，如在一块草地中每平方米的面积内某种草本植物的数量，每平方千米农田面积内黑线姬鼠的数量等。根据不同物种的特点，在研究中可以采用直接计数、样方法、标记重捕法等方法来计算种群密度。

同一物种的种群密度是经常变化的。例如，在一片农田中的东亚飞蝗，夏天的种群密度较高，秋末天气较冷时则较低。种群密度只是反映了种群在一定时期的数量，但是仅靠这一特征还不能反映种群数量的变化趋势。要想知道种群数量的消长，还需研究种群的出生率和死亡率等其他数量特征。

2. 出生率和死亡率

出生率是指在单位时间内新产生的个体总数占该种群个体总数的比率。例如，1983 年，我国平均每 10 万人中出生 1 862 个孩子，我国人口在这一年的出生率就是 1.862%。死亡率是指在单位时间内死亡的个体数目占该种群个体总数的比率。

出生率和死亡率也是决定种群大小和种群密度的重要因素。为什么东北虎、大熊猫等动物在人为保护措施下，种群数量仍不能迅速增长，而田鼠、蝗虫等动物，尽管人们采取各种防除措施，却仍然数量繁多，屡屡为害？原因固然是多个方面的，其中，繁殖能力的差别是重要原因。繁殖能力强的种群出生率高，种群增长快；繁殖能力低的种群出生率低，种群增长慢。相比东北虎和大熊猫，田鼠和蝗虫的繁殖能力高得多。

3. 年龄组成

一个种群中各年龄期的个体数目的比例叫作种群的年龄组成。种群的年龄组成大致分为三种类型（图 8-4）。增长型：种群中幼年的个体非常多，年老的个体很少，这样的种群正处于发展时期，种群密度会越来越大。稳定型：种群中各年龄期的个体数比例适中，这样的种群正处于稳定时期，种群密度在一定时期内会保持稳定。衰退型：种群中幼年的个体较少，而年老的个体较多，这样的种群正处于衰退时期，种群密度会越来越小。

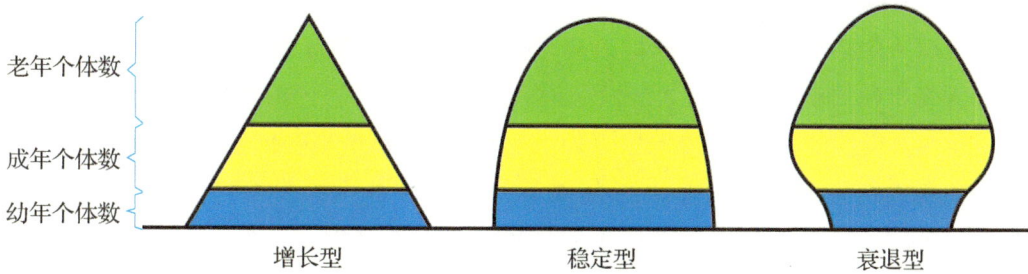

图 8-4　种群年龄组成的三种类型

4. 性别比例

种群的性别比例是指种群中雌、雄个体数目的比例。不同物种的种群，具有不同的性别比例，大致可以分为三种类型：雌、雄相当，多见于高等动物，如黑猩猩、人类等；雌多于雄，多见于人工控制的种群，如鸡、鸭、羊等，有些野生动物在繁殖时期也是雌多于雄，如象海豹；雄多于雌，多见于营群体生活的昆虫，如家白蚁。性别比例在一定程度上影响着种群密度。例如，利用人工合成的性引诱剂诱杀害虫的雄性个体，破坏了害虫种群正常的性别比例，就会使很多雌性个体不能完成交配，从而使害虫的种群密度明显降低。

研究生物的种群在害虫的防治，野生动、植物资源的利用和保护等方面有着重要意义。例如，我国科学家通过对蝗虫种群大约 1 000 年的数量变化和有关资料的研究，厘清了蝗虫在我国大发生的原因，为防治蝗灾提供了科学依据。

二、生物群落

仔细观察周围的环境，可以发现不同生物之间相互联系和相互作用的现象随处可见。例如，喜鹊在树上筑巢，蜜蜂在花丛中采蜜，树荫处生长着蕨类和苔藓植物，青蛙在稻田里捕虫等。多种生物共同生活在一起是自然界中的普遍现象。在一个特定的区域内由不同种类的生物种群组成了集合体，这些相互邻近的生物彼此之间以及它们与环境之间相互影响和作用，共同维持着生态环境的和谐与平衡。

生活在一定的自然区域内，相互之间具有直接或者间接关系的各种生物种群的总和，叫作生物群落，简称群落。例如，在一片草原上，既有牧草、杂草等植物，也有昆虫、鸟、鼠等动物，还有细菌、真菌等微生物，所有这些生物共同生活在一起，彼此之间有紧密联系，这样就组成了一个群落。

不同的环境存在着不同的群落，它们之所以不同是因为这些群落的基本特征不同。群落具有一定的物种组成、一定的空间结构和一定的种间关系这些基本特征。

1. 群落的物种组成

要认识一个群落，首先要分析该群落的物种组成。群落的物种组成是区别不同群落的重要特征。例如，图8-5所示的两种森林群落，它们在物种组成上有很大的差别。在福建武夷山的常绿阔叶林中，主要物种有苦槠、青钩栲、武夷杜鹃、毛竿玉山竹、武夷铁角蕨等。而在新疆北部的常绿针叶林中，其树种主要为红杉、云杉、冷杉等较单一的针状叶裸子植物，且林下灌木层稀疏，但常绿小灌木和草本植物组成的地被层很发达，并且还有各种苔藓。

（a）　　　　　　　　　　　（b）

图8-5　两种森林群落，福建武夷山的常绿阔叶林（a），新疆北部的常绿针叶林（b）

不同群落的物种数目有差别。群落中物种数目的多少称为丰富度。科学家研究了我国从东北到海南的木本植物的丰富度，发现越靠近热带地区，单位面积内的物种越丰富。

2. 群落的空间结构

在群落中，各个生物种群分别占据了不同的空间，使群落有一定的空间结构。群落的空间结构包括垂直结构和水平结构。

（1）垂直结构

在垂直方向上，群落具有明显的分层现象。例如，在森林中，高大的乔木占森林的上层，再往下依次是灌木层、草本层和地被层（图8-6）。森林群落的分层与植物对光的利用有关，群落下面各层要比上层的光照弱，不同植物适于在不同的光照强度下生长。这种垂直结构显著提高了群落利用光照等环境资源的能力。

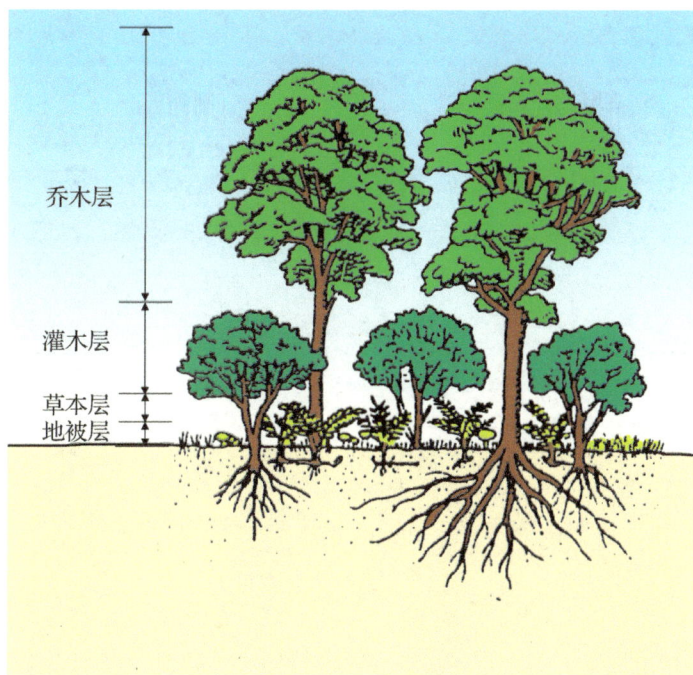

图 8-6　森林群落的分层现象

　　动物在群落中的分布也有类似的分层现象。例如，在对淡水鱼类进行混合放养的湖泊或者池塘中：鲢鱼在水域的上层活动，取食绿藻等浮游植物；鳙鱼栖息在水域的中上层，取食原生动物、水蚤等浮游动物；草鱼栖息在水域的中下层，取食水草；青鱼栖息在水域的底层，取食螺蛳、河蚌等软体动物；鲤鱼和鲫鱼也生活在水域的底层，是杂食性的鱼类。

　　（2）水平结构

　　在水平方向上，由于地形的起伏、光照的强度、湿度的大小等因素的不一样，不同地段往往分布着不同的种群，同一地段上种群密度也有差别，呈斑块状或镶嵌状。例如，在某森林中，在乔木的基部和其他被树冠遮住的地方，光线较暗，适于苔藓和其他喜阴植物生存，而在树冠的间隙或其他光照充足的地方，则有较多的灌木和草丛。

　　　　　　　　　　　　　　　立体农业

　　立体农业是利用群落的空间结构，充分利用空间和资源发展起来的一种农业生产模式。以下是两个立体农业的例子。

　　一、果树—草菇结构

　　该结构利用果树种群下微弱的光照、较高的空气湿度和较低的风速等特殊环境条件，在果树种群下加入了一个人工栽培的草菇种群。草菇利用这种适宜的环境条件生长发育。栽培草菇剩下的基质，又给果树提供了营养。类似的结构还有玉米—食用菌结构或甘蔗—食用菌结构等。

二、桉树—菠萝结构

桉树是一种深根性树种，而菠萝的绝大部分根系分布在地表下 $10\sim20$ cm。两种植物根系深浅搭配，合理地利用了不同层次土壤内的水分和养分。同时，由于菠萝地上部分的覆盖作用，一方面有效地截留了降水，降低了水土流失，另一方面又减少了地表蒸发。幼桉树一般高度在 2 m 左右，而菠萝高度多在 1 m 以下；桉树喜光，菠萝属于半阴性植物。两种植物高矮结合，充分利用了不同层次的光照。

在农村或城郊还有哪些其他的立体农业模式？在城市是否也可以利用有关原理设计立体绿化呢？

3. 群落的种间关系

除了具有一定的物种组成、一定的空间结构之外，群落的物种之间还具有一定的种间关系。群落的种间关系主要包括互利共生、寄生、竞争和捕食。此方面内容在前面已经介绍过，这里不再重复。

三、生物群落的演替

生物群落不是一成不变的，它是一个随着时间推移而变化的动态系统。在生物群落中，一些种群消失了，另一些种群则代之而兴起，导致自然环境也随之变化，最后，这个群落达到一个稳定阶段。例如，一块废弃的农田任其自然发展，最初田里会长满各种杂草，几年以后以草本植物为优势的群落便会逐渐被各种灌木所代替，再过多年以后田里出现了乔木，这些乔木越来越繁盛，占据了优势地位，最后形成了一片相对稳定的树林。像这样，随着时间的推移，一个群落被另一个群落取代的过程，就叫作群落演替或生态演替，演替达到的最终稳定状态，就是顶级群落。

1. 群落演替的类型

群落演替有初生演替和次生演替两种类型。初生演替是指在一个从来没有被植物覆盖的地方，或者是原来存在过植被，但被彻底消灭了的地方发生的演替。例如，从没有植被的裸岩地表发展到森林的演替，从没有植被的沙丘、火山岩、冰川泥等地表发展到顶级群落的演替都属于初生演替。次生演替是指在原有植被虽已不存在，但原有土壤条件基本保留，甚至还保留了植物的种子或其他繁殖体（如能发芽的地下茎）的地方发生的演替，如火灾过后的草原、过量砍伐的森林、弃耕的农田上进行的演替。

从一个没有植被的地表发展到森林群落需要一定的气候条件和漫长的时间。只要气候条件合适，从裸露的岩石最终演变到出现顶级群落通常要经历以下几个阶段：地衣阶段、苔藓阶段、草本植物阶段、灌木阶段、森林阶段（图 8-7）。

在初生演替中，地衣是唯一能在岩石上首先定居的植物类群。壳状地衣能够忍受岩石表面严酷的生长条件，它们利用岩石表面的微粒和微量水分进行生长，并借助于自身分泌的有机酸等加速岩石向土壤的分化。当薄薄的一层土壤和腐殖质出现后，壳状地衣就会被叶状地衣和枝状地衣所取代。由于地衣的开拓作用，它们又被

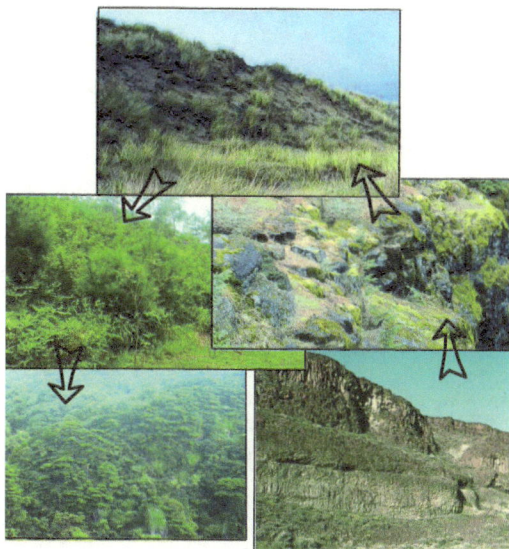

图 8-7　发生在裸岩上的初生演替过程

称为地表的先锋植物。通过地衣长期的改造，岩石进一步风化，土壤变厚，出现了较浅的土壤层，同时腐殖质进一步积累。土壤变厚后，生长较慢的地衣被生长、繁殖较快的苔藓植物取代。随着土壤进一步加厚，由于草本植物在利用资源方面更有竞争力，而且以种子生殖为主要繁殖方式，生长更快速，因而取代了苔藓植物成为优势群落。草本植物演替后期，由于灌木立体向上生长可以更有效地利用光照，从而出现了灌木与草本混生的现象，灌木逐渐成为优势群落。高大乔木生长后，森林成为一个稳定的顶级群落。

2. 人类活动对群落演替的影响

人类对生物群落演替的影响远远超过其他所有的自然因子，因为人类活动通常是有意识、有目的地进行的，可以对自然环境中的生态关系起着促进、抑制、改造和建设的作用。放火烧荒、砍伐森林、开垦土地等，都可使生物群落改变面貌。人还可以经营、抚育森林，管理草原，治理沙漠，使群落演替按照不同于自然发展的道路进行。人甚至还可以建立人工群落，将演替的方向和速度置于人为控制之下。

退耕还林、还草、还湖

　　我国是一个农业大国，之前为了扩大耕地面积，不惜毁林开荒、围湖造田。这种以牺牲环境为代价的垦殖活动，造成严重的水土流失，并且成为洪涝灾害频发的重要原因。为了处理好经济发展同人口、资源、环境的关系，走可持续发展道路，我国政府明确提出退耕还林、还草、还湖，退牧还草等政策措施，还颁布了《退耕还林条例》，条例自 2003 年 1 月 20 日起开始实施。这项浩大的生态工程已经在全国各地全面启动，且到 2010 年为止，已经取得了初步的成效：长江上游、黄河中上游等地区 75％的坡耕地和 46％的沙化耕地已被林草覆盖，湖泊面积也明显扩大。这对调节气候和改善生态环境起到较大的促进作用。

　　近年来，生态学家在关注人类活动对生物群落演替的影响的同时，也越来越重视生物入侵的问题。所谓生物入侵就是指某些生物从原来的分布区域扩展到一个新的（通常也是遥远的）地区，在新的区域里生存和扩散，并对新地区的环境和生物多样性造成严重的影响和威胁。例如，凤眼莲（水葫芦）、福寿螺、美国白蛾等外来入侵物种，使我国现在的农业生态环境和经济的发展都受到严重的影响（图 8-8）。科学家特别呼吁，要防止人们有意或无意地从一个地区或国家将某种有害物种带到另一个地区或国家，由此造成环境或者经济的损害。

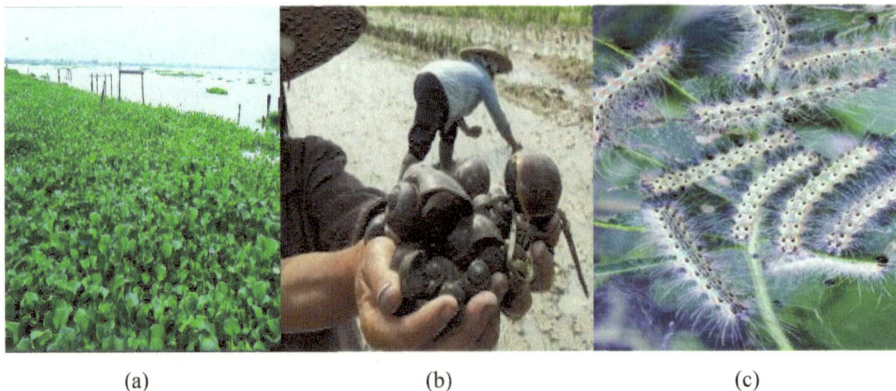

(a)　　　　　　　　　(b)　　　　　　　　　(c)

图 8-8　外来入侵物种对我国农业造成严重影响，凤眼莲（a），福寿螺（b），美国白蛾（c）

练习

一、填空题

　　1. 种群并不是许多同种个体的简单相加，而是一个有机单元，它具有_____、_____、_____、_____特征。

2. 只要气候条件合适，从裸露的岩石最终演变到出现顶级群落通常要经历_____、_____、_____、_____和_____。这一自然发生的完整过程称为_____。群落经扰动后再次进行演替，称为_____。

3. 一个群落取代另一个群落的过程称为_____，该过程达到的最终稳定状态，就是_____。

二、选择题

1. 生物群落是（   ）。

A. 生物偶然的组合　　　　　　B. 生物有规律的组合

C. 生物随意的组合　　　　　　D. 生物杂乱无章的组合

2. 种群是指（   ）。

A. 一定空间内同种个体的集合　　B. 不同空间内同种个体的集合

C. 一定空间内所有种的集合　　　D. 不同空间内所有种的集合

3. 在一个种群内，不同年龄阶段的个体数量表现为幼年最多、老年最少、成年居中，这个种群的年龄组成为（   ）。

A. 稳定型　　　　B. 增长型　　　　C. 衰退型　　　　D. 混合型

4. 群落是指（   ）。

A. 生物种内许多个体组成的群体

B. 动物、植物、微生物有序、协调统一的群体

C. 由许多植物组成的群体

D. 由许多动物组成的群体

5. 关于群落特征正确的论述是（   ）。

A. 群落的特征是群落内所有生物的群体表现

B. 一棵树木的高大挺拔代表了森林群落的外貌特征

C. 一棵草、一棵树各自显示着不同生物群落的外貌

D. 动物、植物、微生物对生物群落特征的影响大小一致

6. 生活在一个自然湖泊中的所有鱼，组成的是一个（   ）。

A. 种群　　　　　B. 群落　　　　　C. 生态系统　　　D. 以上都不是

7. 下列各项叙述中，属于种群的是（   ）。

A. 一片森林中的全部的蛇

B. 一个海岛上的全部昆虫

C. 一片草原上的所有动、植物

D. 一块稻田里的所有青蛙和蝌蚪

8. 影响森林群落植物垂直分布的决定性因素是（　　）。

A. 光照　　　　　B. 温度　　　　　C. 土壤　　　　　D. 气体

三、分析简答题

1. 种群具有不同于个体的特征有哪些？

2. 简述人类对生物群落演替的影响。

▶ 第三节　生态系统

一、生态系统的组成

生态系统（ecosystem）指由生物群落与无机环境构成的统一整体，它是生物学组织体系中最高的层次，包含了一定区域里的全部生物和土壤、水、空气等所有的非生物环境。生态系统的范围可大可小，相互交错，最大的生态系统是生物圈，最复杂的生态系统是热带雨林生态系统，人类主要生活在以城市和农田为主的人工生态系统中。

生态系统的组成成分非常复杂，主要包括生物和非生物两大部分。生态系统的生物部分包括生产者（producer）、消费者（consumer）和分解者（decomposer）三大功能类群。由藻类、绿色植物、光合细菌和化能细菌组成的生产者是生态系统中有机质的制造者，是生态系统最基本的组成成分。由食草动物、食肉动物、杂食动物、腐食生物组成的消费者与生产者一起构成了生态系统的食物链或食物网。细菌、真菌等微生物是生态系统有机质的分解者，它们的存在对于生态系统的物质循环是必不可少的。

生态系统的非生物部分，包括如氧、氮、二氧化碳、水、各种无机盐等在内的无机物，如蛋白质、糖类、脂类、核酸和腐殖质等在内的有机化合物，还包括太阳能、气候、各种基质和介质等。

二、生态系统的类型

生态系统类型众多，一般可分为自然生态系统和人工生态系统。自然生态系统还可进一步分为水域生态系统和陆地生态系统。水域生态系统主要包括海洋生态系统和淡水生态系统；陆地生态系统有冻原生态系统、荒漠生态系统、草原生态系统、森林生态系统等。人工生态系统则可以分为农田生态系统、城市生态系统等。

森林生态系统分布在湿润或较湿润的地区，其主要特点是动、植物种类繁多，群落的结构复杂，种群的密度和群落的结构能够长期处于较稳定的状态。森林中的植物以乔木为主，也有少量灌木和草本植物。森林中还有种类繁多的动物。森林中的动物由于在树上容易找到丰富的食物和栖息场所，因而营树栖和攀缘生活的种类特别多，如犀鸟、避役、树蛙、松鼠、蜂猴、眼镜猴和长臂猿等。

森林不仅能够为人类提供大量的木材和多种林副业产品，而且在维持生物圈的稳定、改善生态环境等方面起着重要的作用。例如，森林植物通过光合作用，每天都消耗大量的 CO_2，释放出大量的 O_2，这对于维持大气中 CO_2 和 O_2 含量的平衡具有重要意义。又如，在降雨时，乔木层、灌木层和草本植物层都能够截留一部分雨水，大大减缓了雨水对地面的冲刷，最大限度地减少了地表径流，枯枝落叶层就像一层厚厚的海绵，能够大量地吸收和储存雨水。因此，森林在涵养水源、保持水土方面起着重要作用，有"绿色水库"之称。

草原生态系统分布在相对干旱地区。与森林生态系统相比，草原生态系统的动、植物种类要少得多，群落的结构也不如前者复杂。在不同的季节或年份，草原生态系统的降水量很不均匀，因此，种群密度和群落的结构也常常发生剧烈变化。草原上的植物以草本植物为主，有的草原上有少量的灌木丛。由于降水较少，乔木非常少见。草原上的动物适应草原生活，大都具有挖洞或快速奔跑的行为特点。草原上啮齿类动物特别多，它们几乎都过着地下穴居的生活。瞪羚、高鼻羚羊等善于奔跑的动物，都生活在草原上。由于缺水，在草原生态系统中，两栖类和水生动物非常少见。草原是畜牧业的重要生产基地。在我国广阔的草原上，饲养着大量的家畜，如新疆细毛羊、滩羊、三北羔皮羊、三河牛等。这些家畜能为人们提供大量的肉、奶和毛皮。此外，草原还能调节气候，防止土地被风沙侵蚀。由于过度放牧以及鼠害、虫害等原因，我国的草原面积正在不断减少，有些草原正面临着沙漠化的威胁。因此，必须加强对草原的合理利用和保护。

海洋占地球表面积的 71%。整个地球上的海洋是连成一体的，可以看作一个巨大的生态系统。海洋中的生物种类与陆地上的大不相同。海洋中的植物绝大部分是微小的浮游植物。海洋中的动物种类很多，从单细胞的原生动物到动物中个体最大的蓝鲸，大都能够在水中游动。海洋中的某些洄游鱼类，在一生中的一定时期是在淡水中生活的，如大马哈鱼等。海洋中的浮游植物个体很小，但是数量极多，它们是植食性动物的主要饵料。在浅海区还有很多大型藻类，如海带、裙带菜等。在水深不超过 200 m 的水层，光线较为充足，有大量的浮游植物，海洋动物的许多种类主要集中在这样的水层中，包括大量的浮游动物、虾、鱼等。在水深超过 200 m 的深层海域，浮游植物难以生存，但是还有不少动物栖息，这些动物一般靠吃上层水域掉落下来的生物遗体、残屑生活。海洋在调节地球气候方面起着重要作用，同时，海洋中还蕴藏着丰富的资源。人们预计，在 21 世纪，海洋将成为人类获取蛋白质、工业原料和能源的重要场所。

农田生态系统是人工建立的生态系统，其主要特点是人的作用非常关键，人们种植的各种农作物是这一生态系统的主要组成成分。农田中的动、植物种类较少，群落的结构单一。人们必须不断地从事播种、施肥、灌溉、除草和治虫等活动，才能够使农田生态系统朝着对人有益的方向发展。因此，可以说农田生态系统是在一定程度上受人工控制的生态系统。一旦人的作用消失，农田生态系统就会很快退化，占优势地位的农作物就会被杂草和其他植物所取代。

城市生态系统是城市居民与周围生物和非生物环境相互作用而形成的生态系统，也是人类在改造自然环境的基础上建立起来的特殊的人工生态系统。城市中的一切设施都是人制造的，人类活动对城市生态系统的发展起着重要的支配作用。城市中人口密集，城市居民所需要的食物绝大部分要依靠从其他生态系统人为地输入；城市中的工业、建筑业、交通等都需要大量的物质和能量，这些也必须从外界输入，并且迅速地转化成各种产品。此外，城市居民的生产和生活会产生大量的废弃物，其中的有害气体必然会逸散到城市以外的空间，污水和固体废弃物，如果不及时进行人工处理，就会造成环境污染。由此可见，城市生态系统对其他生态系统具有高度的依赖性，同时会对其他生态系统产生强烈的干扰。城市化是人类社会发展不可避免的趋势。在城市化进程中，人类将大多数野生生物限制在越来越狭小的范围内，同时也将自己圈在钢筋水泥和各种污染构成的人工环境中，远离了人类祖先所拥有的野趣盎然的生活环境，产生了种种现代文明病。因此，改善和保护城市生态环境，是人类在城市建设和发展过程中应当高度重视的课题。

三、生态系统的营养结构

生态系统的营养结构（trophic structure）是指生态系统中的无机环境与生物群落之间和生产者、消费者与分解者之间，通过营养或食物传递形成的一种组织形式，它是生态系统最本质的结构特征，生态系统各要素之间最本质的联系是通过营养来实现的。食物链（food chain）和食物网（food web）构成了物种间的营养关系。

食物链（图 8-9）就是生态系统内不同生物之间在营养关系中形成一环套一环似链条式的关系。食物链上的每一环节，称为营养级（或营养阶层，trophic level）。一般食物链都由生产者、消费者和分解者三部分组成。其中生产者是以简单的无机物制造食物的自养生物，如陆上的植物与水中的浮游植物。消费者是直接或间接依赖于生产者所制造的有机质的异养生物。消费者按其在食物链上的位置分为：食草动物(初级消费者)，如水中的浮游动物和底栖动物、草地上的食草昆虫和哺乳动物；食肉动物(次级消费者)，如水中以浮游动物为食的水生动物及陆地上以食草动物为食的捕食性动物；大型食肉动物或顶级食肉动物(三级消费者、四级消费者)，如池塘中的黑鱼，草地上的鹰等猛禽。由生产者和消费者产生的有机体或有机质最终都通过分解者(大都是一些异养细菌或腐生微生物)转化成土壤中的营养物质。食物链还构成了生态系统中能量单向流动的途径。

图 8-9 两种生态系统的食物链

自然生态系统主要有三种类型的食物链：

牧食食物链(grazing food chain)或捕食性食物链(predatory food chain)，是以活的绿色植物为基础，从食草动物开始的食物链，如小麦—蚜虫—瓢虫—食虫小鸟。

腐生性食物链(saprophogous food chain)或分解链(decompose chain)，是以死的动、植物残体为基础，从真菌、细菌和某些土壤动物开始的食物链，如动、植物残体—细菌—原生动物。

寄生性食物链(parasitic food chain)，以活的动、植物有机体为基础，从某些专门营寄生生活的动、植物开始的食物链，如鸟类—跳蚤—鼠疫细菌。

牧食食物链和腐生性食物链在生态系统中往往同时存在，相辅相成地起着作用(图 8-10)。

在生态系统中生物之间实际的取食和被取食关系并不像食物链所表达的那么简单，食虫鸟不仅捕食瓢虫，还捕食蛾、蝶等多种无脊椎动物，而且食虫鸟本身也不仅被鹰隼捕食，同时也是猫头鹰的捕食对象，甚至鸟卵也常常成为鼠类或其他动物

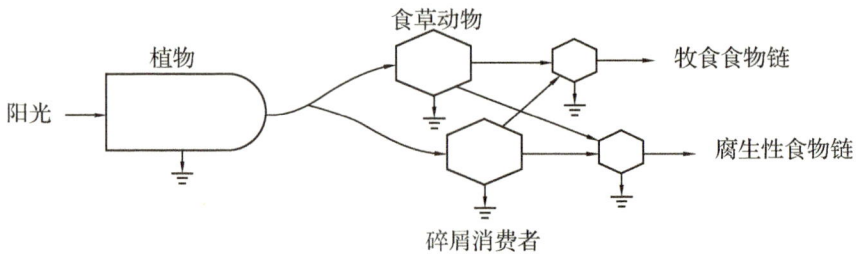

图 8-10　两大类型的食物链的关系

的食物。可见，在生态系统中，生物成分之间通过能量传递关系存在着一种错综复杂的普遍联系，这种联系像是一个无形的网把所有生物都包括在内，使它们彼此之间都有着某种直接或间接的关系，这就是食物网（图 8-11）。

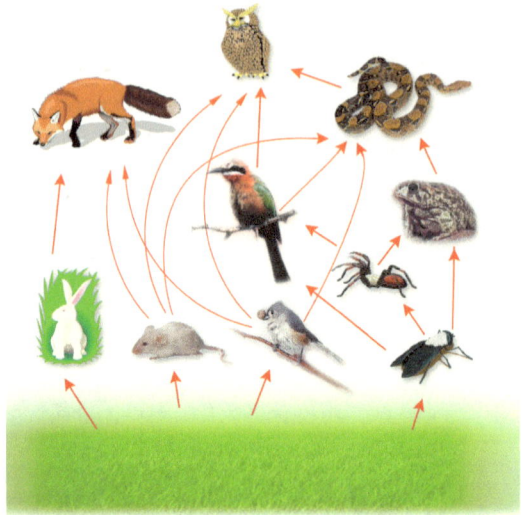

图 8-11　一个简化的陆地生态系统食物网

一个复杂的食物网是使生态系统保持稳定的重要条件，一般认为，食物网越复杂，生态系统抵抗外力干扰的能力就越强，食物网越简单，生态系统就越容易发生波动和毁灭。假如在一个岛屿上只存在草、鹿和狼。在这种情况下，鹿一旦消失，狼就会饿死。如果除了鹿以外还有其他的食草动物（如牛或羚羊），那么鹿消失，对狼的影响就不会那么大。反过来说，如果狼首先绝灭，鹿的数量就会因失去控制而急剧增加，草就会遭到过度啃食，结果鹿和草的数量都会大大下降，甚至会双双绝灭。如果除了狼以外还有另一种食肉动物存在，那么狼绝灭后，这种食肉动物就会增加对鹿的捕食压力而不致使鹿群发展得太大，从而就有可能防止生态系统的崩溃。

在一个具有复杂食物网的生态系统中，一般不会由于一种生物的消失而引起整个生态系统的失调，但是任何一种生物的绝灭都会在不同程度上使生态系统的稳定性有所下降。当一个生态系统的食物网变得非常简单的时候，任何外力（环境的改变）都可能引起这个生态系统发生剧烈的波动。

四、生态系统中的能量流动

所有生物的一切活动如新陈代谢、生长、运动和繁殖都需要能量。太阳每天输送到地球的能量大约为 10^{19} kJ。这些能量的绝大部分都被地球表面的大气层所吸收、散射和反射掉了。大约只有1%的能量以可见光的形式被地球上的植物通过光合作用转化成为化学能。从全球范围看，每年光合作用可以生产出大约 1.7×10^{11} t 有机质。

生态系统中总的生物有机体物质称为生物量（biomass）。地球上藻类、光合细菌和植物等生产者所制造的有机质被称为生态系统的初级生产力（primary productivity）。地球上不同地区生态系统的初级生产力不一样，对整个生物圈总生产力的贡献也不一样。生态系统中的初级生产力及生物量作为储存了化学能的有机"燃料"在食物网中被分割和利用。地球上总的初级生产力是一定的，因此，生态系统中的能量分配和利用也是有限度的（图 8-12）。

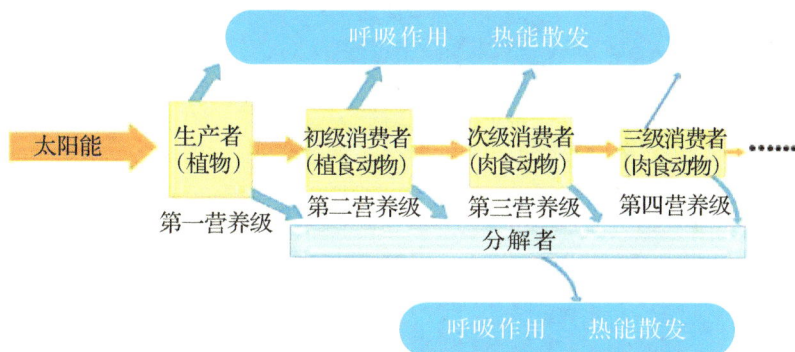

图 8-12　生态系统中的能量流动是单向性、逐级递减的

按照热力学第一定律，能量可以由一种形式转化为另一种形式，在转化过程中能量既不能被消灭，也不能凭空产生。热力学第一定律也是能量守恒定律，生态系统中的能量流动和转化也是严格遵守着热力学第一定律的。输入生态系统的能量（太阳能）总是和生物有机体储存、转换的能量和释放的热量相等。被生态系统通过初级生产力所固定的太阳能很大一部分被各营养水平的生物利用，通过呼吸作用以热的形式散失到空间中，这些以热的形式散失的能量不能再回到生态系统中参与流动和被利用，因此，生态系统中的能量流动是单向性的。

在生态系统中，当能量以食物（有机"燃料"）的形式在不同营养水平的生物间传递时，食物中相当一部分能量通过呼吸作用以热的形式散失，其余被用于合成新的有机质作为潜能储存下来。例如，在由树叶、毛虫和食虫鸟三个环节组成的食物链中，毛虫吃叶片，食虫鸟再吃毛虫。能量沿着食物链在流动时，大约只有15％叶片的生物量（能量）被转化成毛虫的生物量，叶片其余的生物量（能量）通过毛虫的细胞呼吸和毛虫排泄物被微生物分解，最终以热的形式散失。同样，毛虫被食虫鸟摄食后，也仅有大约10％的生物量（能量）被转化储存在食虫鸟体内。能量在生态系统中各级营养水平的生物间传递的效率很低，能量在各级营养水平的生物间每传递一次，便损失掉很多（约90％），因此，初级生产力不可能维持太多的消费者，生态系统吸收的太阳能一般最多只能通过4～5个不同营养级的生物进行传递。由于通过食物链后能量的逐级损失，食物链中的能量也呈现下宽上窄的金字塔型，称为能量金字塔（energy pyramid）（图 8-13）。相应地，营养级越高，归属于这个营养水平的生物种类和数量就越少，如此便形成了食物链由下向上的金字塔构造，称为生物量金字塔（biomass pyramid）。在自然界，海洋浮游藻类、光合细菌和陆生植物位于金字塔的基部，生物量最大，而位于金字塔上部的各种异养动物的生物量越来越少。

图 8-13　能量金字塔

从能量的角度考虑，生态系统是一个开放系统，不断的能量输入和能量散失，使该开放系统维持一种稳定的平衡状态。

五、与生命活动相关联的物质循环

生态系统不断地依靠太阳为其提供能量，所有物质在生态系统中不断地被循环利用，随着营养水平等级的提高，能量沿食物链传递时逐级损失和减少，生物量也随之发生变化。在一个生态系统中，诸如碳、氮之类的物质不断地改变形态，有时它们是生物体的一部分，有时是非生物体系的成分。碳、氮和水等许多与生命活动相关联的物质以多种形式——生物的或非生物的形式，原子的、分子的或生物大分子的形式等在自然界中循环，这些物质的循环叫作生物地球化学循环（biogeochemical cycle)，它们既涉及生物化学系统，又涉及地球化学系统。

生态系统中，不同的物质其循环途径各不相同。下面分别来考察水和碳这两种与生命活动关系极其密切的物质的生物地球化学循环情况。

1. 水的循环

水是地球上最丰富的无机物，也是生物组织中含量最多的一种化合物。它是地球上物质循环和生命活动的主要介质。水循环（hydrological cycle）（图 8-14）是最基本的生物地球化学循环，它强烈地影响着其他物质的循环。在生态系统中，所有的生命都与水息息相关。植物的光合作用直接以水为原料，生物体的新陈代谢以水为介质，生物体内的水解反应需要水的直接参与，生活在水域生态系统中的群落更是离不开水。从陆地上看，凡是水的循环越活跃的地方，生命活动就越活跃，热带雨林就是一个很好的例证。

图 8-14　水的循环示意图

地球上的水时刻都在运动，不断地从一个系统输出，进入另一个系统。陆地水、大气水和海洋水通过固体、液体和气体的三相变化，不停地进行着交换和运输，这种变换形成了完整的水的循环的特性。水的运动包括水平移动和垂直移动。水平移动，在地面是以液态水的形式自高向低流动，在空中是以气态水的形式随气流移动。垂直移动主要包括：地面土层水分的蒸发；植物从根部吸水，经叶面蒸发；大气中水汽遇冷后的降落。

2. 碳的循环

碳是非金属元素，它是构成生物体的主要元素。碳原子之间或与其他元素，如氧、氢、氮、磷等相互结合成为紧密而稳定的碳链或共价键，这些物质是构成生物体的主要成分。每年每平方米碳的固定量就是生产力的一个重要指标。

最大量的碳被固结在岩石圈中，其次是在化石能源（石油和煤炭等）中。这是地球上两个最大的碳储存库，约占碳总量的99.9%。碳在岩石圈中主要以碳酸盐的形式存在，总量约为2.7×10^{16} t。

生物圈的碳循环（carbon cycle）（图8-15）主要是指植物通过光合作用将CO_2转变成有机物（糖类、蛋白质及类脂化合物等），并通过食物链在生态系统中传递，被植物和动物所消耗，最终通过呼吸作用、分解作用和燃烧又使碳以CO_2形式返回大气中，再加入上述循环的全部过程。

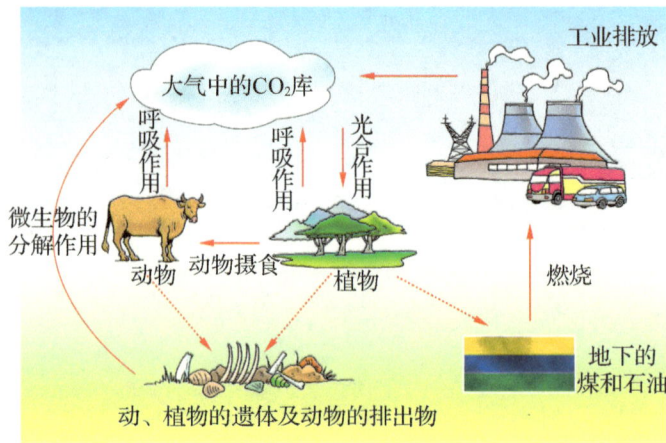

图8-15 碳的循环示意图

碳的生物小循环有三个层次或途径：在光合作用和呼吸作用之间的细胞水平上的循环；大气CO_2和植物体之间的个体水平上的循环；大气CO_2—植物—动物—微生物之间的食物链水平上的循环。此外，碳以动、植物有机体形式深埋地下，在还原条件下，形成化石能源，于是碳便进入了地质大循环。当人们开采利用这些化石能源时，CO_2被再次释放到大气中。另一方面，大量的CO_2与水反应形成碳酸氢盐和碳酸盐，许多动物，如贝类的贝壳就含有碳酸盐。这些动物死亡后碳酸盐或成为溶解状态，或在风化和地壳运动中被暴露，或形成沉积物等。碳的循环在生态系统物质循环中具有重要的作用，它是生物地球化学循环重要的核心之一。

练 习

一、填空题

1. 生态系统是指_____。生态系统的范围可大可小，相互交错，最大的生态系统是_____，最复杂的生态系统是_____生态系统，人类主要生活在以_____和_____为主的人工生态系统中。

2. 生态系统的组成成分主要包括生物和_____两大部分。生态系统的生物部分包括_____、_____、_____三大功能类群。

二、选择题

1. 下列被称为"生态先锋"的是（　　）。

A. 地衣　　　　　B. 蕨类　　　　　C. 松树　　　　　D. 牧草

2. 给出正确的食物链顺序（　　）。

A. 鹰—蛇—鼠—稻　　　　　　　B. 鼠—蛇—稻—鹰

C. 蛇—鹰—鼠—稻　　　　　　　D. 稻—鼠—蛇—鹰

3. 在食物链中，生物量最多的是（　　）。

A. 生产者　　　　B. 食草动物　　　C. 初级消费者　　　D. 顶级消费者

4. 下列说法正确的是（　　）。

A. 生态系统由动物、植物、微生物组成

B. 生态系统由自养生物、异养生物、兼养生物组成

C. 生态系统由植物、食草动物、食肉动物、食腐动物组成

D. 生态系统由生产者、消费者、分解者、非生物环境组成

5. 下列生物类群中，不属于生态系统生产者的类群是（　　）。

A. 种子植物　　　B. 蕨类植物　　　C. 蓝绿藻　　　　D. 真菌

6. 从下列生物类群中，选出生态系统的分解者（　　）。

A. 树木　　　　　B. 鸟类　　　　　C. 昆虫　　　　　D. 蛆

7. 生态系统中的能量流动途径主要是（　　）。

A. 生产者、消费者、分解者　　　　B. 生产者、分解者、消费者

C. 分解者、消费者、生产者　　　　D. 消费者、分解者、生产者

8. 温室效应的最直接后果是（　　）。

A. 气温升高　　　　　　　　　　　B. 极地和高山冰雪消融

C. 海平面上升　　　　　　　　　　D. 生态系统原有平衡破坏

9. 在森林生态系统食物网中，储存能量最多的营养级是（　　）。

A. 生产者　　　　　　　　　　　　B. 初级消费者

C. 次级消费者　　　　　　　　　D. 分解者

10. 生态系统自动调节能力越大，则（　　）。

①生态系统的成分越复杂

②生态系统的成分越简单

③营养结构越复杂

④营养结构越简单

⑤生态平衡容易破坏

⑥生态平衡不易破坏

A. ①③⑤　　　　B. ②④⑥　　　　C. ①③⑥　　　　D. ②④⑤

11. 食肉动物不可能是一条食物链中的（　　）营养级。

A. 第五　　　　　B. 第二　　　　　C. 第三　　　　　D. 第四

12. 农民拔除稻田里的稗草，不断清除鱼塘中食肉的"黑鱼"，人们这样做是为了（　　）。

A. 保持生态平衡

B. 保持生物群落的单一性

C. 调整能量在生态系统中流动的方向

D. 使物质能够尽快循环流动

13. 下列措施不利于保持生态平衡的是（　　）。

A. 封山育林　　　　　　　　　　B. 禁止捕猎

C. 保护野生动物　　　　　　　　D. 平湖改良田

14. 从物质循环的观点看，人体中碳元素究其根源来自（　　）。

A. 食物中的碳　　　　　　　　　B. 有机物里的碳

C. 大气中的 CO_2　　　　　　　D. 非生物界中的碳

三、分析简答题

1. 简述生态系统的组成、结构与功能。

2. 试分析说明生态系统的碳循环途径。

▶ 第四节　生物多样性、人口、资源与可持续发展

　　生物多样性、人口、资源和环境是全球生态系统中相互制约、相互作用的最基本因素，维护好这些基本因素之间的关系，不但对于人类本身明智地选择可持续发展战略具有重要意义，而且对于维持整个生态系统的平衡，保护生物多样性等方面

都十分重要。

一、生物多样性及其意义

生物多样性反映了地球上包括动物、植物、微生物等在内的一切生命都有各自不同的特征及生存环境，它们相互间存在着错综复杂的关系。生物多样性主要包括遗传多样性、物种多样性和生态系统多样性。

世界上所有的生物既能保持自己物种的繁衍，又能使每个个体表现出差别，这要归功于生物体内遗传密码的作用和基因表达的差别。遗传多样性指同一个物种内基因型的多样性，是衡量一个种内变异性的概念。在组成生命的细胞中，由 4 种碱基在 DNA 长链上不同的排列组合，决定了基因及遗传的多样性。在人类 DNA 长链上就有 3 万个基因，它记录了人类祖先的密码。大自然用了几十亿年的时间，建造起如此浩瀚、精致和复杂的基因库，任何一个物种的灭绝，都会带走它独特的基因，令人永远遗憾。

地球上的生命是丰富多彩的：从极小的病毒到重达 150 t 的鲸；从行动缓慢的蜗牛到每小时能奔跑 90 km 的猎豹；仅节肢动物门下的昆虫就超过 100 万种……大自然中每个物种都是独特的，从而构成物种多样性。物种多样性是用一定空间范围内物种数量的分布频率来衡量的，这个范围通常包括整个地球的空间范围。

地球表面，到处都是生机勃勃的生命。为适应在不同环境下生存，各种生物与环境又构成了不同的生态系统，这就是生命的家园。在不同的生态系统中，各种生命通过极其复杂的食物网来获取和传递能量，同时完成物质的循环。生态系统的结构、功能、平衡及调节机制千差万别是生物多样性的重要内容。

维护地球生命的过程是由多样性的生命来完成的。生物多样性是地球上生物经过几十亿年发展进化的结果，它们的未知潜力为人类的生存和发展展示了不可估量的美好前景。

1992 年 6 月，包括我国领导人在内的超过 150 个国家的首脑云集巴西里约热内卢联合国环境与发展大会，签署了全球《生物多样性公约》。同年 11 月，七届全国人大常委会第二十八次会议审议批准了该公约，中国成为率先加入《生物多样性公约》的国家之一。

由于人口的急剧增长、人类对生物资源的不合理利用，自然环境遭到了严重破坏，生物多样性正在以前所未有的速度丧失。人类不加节制地侵占并毁坏了大量原本属于野生动、植物的家园，向自然界大量排放有毒废水、废气和废渣。据估计，目前全球每分钟损失耕地 40 ha，每分钟损失森林 21 ha，每分钟 11 ha 良田被沙漠化，每分钟 $8.5×10^5$ t 污水被排入江河湖海。近 400 年间，已记录到有 484 万种动物灭绝，随着世界人口的爆炸、经济的发展，物种灭绝的速度还要加快。在美国举行的 1999 年国际植物学大会上，科学家指出，人类活动破坏了地球将近一半的陆地，正导致自然界的动、植物加速走向灭绝，如果这种情况持续下去，估计 21 世纪后半叶，将有 1/3 至 2/3 的物种从地球上消失。

一个基因可能关系到一个物种的兴衰，一个物种可能影响一个国家的经济命脉，一个生态系统可能改变一个地区的面貌。在人类还没有来得及开发应用时，众多物种便如此大量和快速地灭绝了，人类将永远不可能知道这些灭绝物种的宝贵价值。设想一下，如果水稻、小麦、棉花、大豆等物种在人类利用它们之前就灭绝了，人类将是何等悲哀。全球生物多样性正在迅速丧失，这不仅意味着我们正失去大量可利用的资源，更重要的是，那将最终导致我们人类自己，也像其他生物一样，从这个星球上消失！从这个意义上说，保护生物多样性就是保护人类自己！

二、人口增长与生态环境

地球上各物种之间保持好相应恰当的数量比例是保持好生物多样性的重要前提。人作为地球村生命的成员，其增长和总量就必须要限制在一定的范围内。1999 年，世界人口突破了 60 亿。现在全世界的人口年增长率为 1.7%，如果人口的增长继续按照现在这样的速度进行下去，到 2050 年，地球人口将超过 100 亿。

中国是全世界人口最多的国家。从 1800 年至 2000 年，中国人口增长总体上是按指数增长模型进行的，中国人口的增长曲线与世界人口增长曲线非常相似。1762 年清朝乾隆年间，中国人口为 2 亿，占当时世界人口的 26.6%。1950 年，中国人口占全世界人口的 24.12%。其后，由于中国政府实施了成功的人口政策，在 1999 年世界人口总量突破 60 亿时，中国人口占全世界人口总量的比例已经下降到 20.83%，自 1950 年以来的 50 年间，平均每年下降 0.07%。

自然界的生态规律适用于地球上的一切生物类群，对于人类这一特殊的类群也不例外。在人口数量增长的同时，其外部和内部抑制人口快速增长的作用力也越来越大，阻碍人口增长。从外部来看，随着人口的快速增加，可使用的资源越来越少，人类的生存空间越来越小，环境中的诸多生态因子产生了积累式、渐进式的恶化，最终对人类的生存形成严重的威胁。由这些威胁所引发饥荒、疾病和瘟疫、争夺资源的战争等都将阻碍人口数量的增加。从内部分析，人类为了维持高水平的生活，自觉认识到需要进行自律和自控，自觉认识到维持生态平衡的重要性。

地球究竟能够承载多少人口？不同研究者根据不同统计资料推断，地球陆地表面可以供养 80 亿到 150 亿人口，也有人认为地球还可以供养更多的人口。但所有的研究者都承认，地球上的自然资源对于人口的供养是有限的，如果不对人口数量加以自觉限制，人类将无法维持生存安全和文明延续，人类最终将受到自然规律和生态规律的惩罚。

三、资源压力及生态环境面临的严重问题

由于人口与其他生物类群不成比例的超速增长已经使人类这一特殊的类群在生态系统中达到了一种超级水平，形成了对地球资源的巨大压力，对整个地球环境和生态系统演化趋势产生了最根本的影响。

1. 土地资源压力

土地资源应包括耕地面积、土地生产力、粮食供应和食品安全等方面。地球表面陆地的面积仅占 29%，陆地上的山地、沙漠、冻土等非可耕地又占绝大部分。联合国粮农组织的有关报告显示，全球用于粮食生产的耕地在 1981 年为 4.88×10^7 km^2，是历史最高纪录，到 1996 年只有 4.64×10^7 km^2。从 1950 年到 1996 年，全球人口由 25 亿增加到 58 亿，而人均粮食作物面积则减少了一半。耕地面积的减少仅是问题的一个方面，土地生产力的下降更加剧了问题的严重性。由于气候变异和人类活动在内的种种因素造成的干旱、半干旱甚至半湿润地区的土地荒漠化，由于人为因素（包括砍伐森林、破坏植被、粗放垦殖等）导致的水土流失，由于乱垦滥灌、滥用化肥和农药造成土壤盐碱化以及人类垃圾污染等造成土壤变质等，都降低了土地生产力。

人口增加、可耕地面积减少和土地生产力降低的结果必然是粮食供应不足。如今全球有超过 5 000 万人正在遭受饥荒，7 亿人因长期贫困而营养不良，发展中国家每年有 1 400 万～1 500 万名 5 岁以下的儿童死于贫困、营养不良以及和饥饿相关的疾病。

在 20 世纪 60 年代兴起的绿色革命，是发展中国家仿效发达国家增加粮食生产的尝试，其核心措施是通过密植推广能比以前增产 10 倍的水稻和小麦品种。但是绿色革命的"神奇作物"严重地依赖于以化石能源为基础的化肥和灌溉，日益增长的粮食"部分是由石油做成的"。尽管绿色革命在一些地区提高了粮食产量，但整个世界粮食总产量增长却很少，而且它减少了农作物的多样性。例如，一些原有的可以在一些地区良好生长而不需大量灌溉和施用化肥的小麦品种已经丢失。

2. 水资源压力

水是生命之源，是农业和工业生产的基本条件。虽然地球表面 71% 是水，但其

中 97.5％是咸水，在 2.5％的淡水中，又有 88％被冻结在南极和北极的冰雪中，因此可被人类直接利用的水量是相当少的。全世界人均每天需要消费 8 m³ 水，其中生活用水约占 10％，农业用水约占 65％，工业用水约占 25％。由于人口急剧增加，而淡水资源量不变，水资源危机会越来越严重。管理不善导致水资源的浪费和工业废水、农业废水以及生活废水的大量排放使水质恶化，更加剧了水资源的短缺问题。我国属于贫水国家，全国每年平均降水 648 mm，低于全球平均值（834 mm），尤其是西北部地区大范围严重缺水，严重制约了这些地区的经济和社会发展。

3. 能源危机

人类活动所需要的能源大多数来自化石能源——煤、石油和天然气。这些化石能源的能量来自至少 6 500 万年前（石炭纪以前）古生物固定的太阳能。虽然研究者对于化石能源还能持续多久的问题有分歧，但每个人都意识到能量供应终归是有限的，化石能源消耗完的那一天迟早会到来。

现代农业的生产不仅依靠光照，而且依靠化肥，这些化肥是用化石能源生产的。一个"石油农业"的产量是自然生态下的 10 倍。在我们身体内消费的能源之外，我们还消耗 100～1 000 倍的能源用于工业、交通、取暖、照明和其他活动，即一个城市居民消耗的能源是他所需食物能源的 100～1 000 倍。这部分能源用于房屋、公路、大坝、桥梁、机场的建造以及保证经济运转的大多数商品和服务。能源消耗越多，经济越发达；经济越发达，人们消费的能源就更多。在过去的 50 年里，世界能源消耗增加了近 10 倍，这些能源消耗中，近一半是石油。专家估计，到 21 世纪中叶，全球的石油危机将达到极限。

4. 森林资源减少

森林是地球的"肺"，森林有调节气候、涵养水分、保持水土、防风固沙、防治污染、净化空气、改善环境和保护物种等多方面的功能。自从地球上出现了人类这一特殊的类群，全球的森林面积到 1995 年底减少了 2/3。目前森林的消失还在加速，按照目前的毁林速度计算，亚洲森林在 36 年后将完全消失，世界最大的南美洲亚马孙森林 9％已遭到砍伐，现在平均 5 s 就有相当于一个足球场大小的森林在消失。与森林资源减少同步，全球的草原沙化、退化也十分严重。森林是生态系统的主体，森林消失势必造成水土流失、气候异常、空气浑浊、草场沙化、沙尘暴和旱涝灾害频发。如果情况得不到有效改善，人类将面临毁灭的灾难。"当人类砍伐地球上第一棵树的时候，人类的文明便开始了，当人类砍伐完地球上最后一片森林的时候，人类的文明便宣告结束。"

5. 环境污染加剧

人口过度增长的后果之一是生态环境的污染，其中大气污染和水质污染表现得最为突出。现在有超过 180 种大气污染物，可吸入颗粒物（粉尘）、CO_2、SO_2、CO、NO、NO_2 等大量排放，对人类生存环境危害最严重。目前，全世界每年排入大气层的污染物高达 10^9 t，其中大部分为工业废气、汽车尾气和其他人类活动产生的废气。由于空气污染，人们呼吸困难，多种疾病频发，原本湛蓝的天空变成灰蒙蒙的一片。化石能源大多数是碳氢化合物，燃烧后的主要产物是水和 CO_2。用煤炭和石油来获取能量便直接增加了大气层的 CO_2 含量。大气中 CO_2 浓度上升的一个直接后果就是大气层变暖，即形成温室效应。一般种植绿色植物的温室能让阳光进来，将其转化为热量，热量被温室保留在内部而使温室变暖。大气中 CO_2 捕捉热量的方法与温室类似，大气中的 CO_2 能够阻止地面向空间辐射热量，导致大气层增温，形成温室效应。科学家预料在未来 75 年，日益增加的 CO_2 会引起地球表面温度升高 3 ℃～4 ℃。这样的增加很可能融化极地冰盖而使海平面上升，淹没沿海城市并改变地球气候。没有人明确知道温室效应会产生什么影响，不过大多数人推算，全球变暖将使粮食产量大大减少。除了 CO_2，最有害的化石能源燃烧产物是硫和氮的化合物。随着工业的高度发展，氮氧化物、硫氧化物以更快的速度注入大气层。大气中 SO_2 大多来自煤的燃烧和金属的冶炼。氮氧化物和 SO_2 可在空气流中飘游千里直到溶解到雨水中，由此造成的酸雨会破坏远离污染源地区的生态系统。另外，阳光（紫外光）的能量能使氮氧化物进一步反应生成光化学烟雾，在短时间内，这种光化学烟雾就会影响人的肺和心脏。

近几年工业产生的化学气体中的氯氟碳化合物等被公认为是引起北冰洋臭氧层空洞的罪魁祸首。氯氟碳化合物由碳氢化合物衍生而成，氢原子被氯和氟代替。最典型的物质是氟利昂，被广泛用作冰箱和空调等的冷却剂。臭氧是高活性的三氧原子分子，臭氧层离地面 20～50 km，阻挡了大部分的紫外线，保护生物圈免受紫外线辐射的威胁。在臭氧层变薄的地方，到达地球表面的紫外线增加，增加了 DNA 变异的可能性，还可损伤蛋白质分子。对人类最明显的影响是提高了皮肤癌的发病率。

尽管海洋生态系统也在遭受严重的污染，赤潮频繁出现便是明显的例证，但与之相比，淡水生态系统的污染问题表现得更为普遍和严重。大量的工业废水、农业废水和生活废水未经处理直接排入小溪、江河、池塘、湖泊，造成江河湖泊的富营养化和水生藻类的大爆发，这些藻类水华遮光耗氧，最终杀死水体中的生物。一些化肥、杀虫剂流入江河湖泊对公众健康危害极大，许多化学物质对食物链的影响正在增强。例如，一些湖区鳟鱼体内的汞和农药的浓度是水体中的 1 000 万～1 400 万倍。这些物质进入人体后将增加罹患癌症和其他疾病的可能性，并对大脑结构产生长期的影响。

四、生态平衡和人类社会可持续发展战略

生态系统中的能量流动、物质循环总是不断地进行着，在一定时间内，生态系统内的生物种类与数量相对稳定，它们之间及它们与环境之间的能量流动、物质循环也保持稳定，达到统一协调的状态，这种平衡状态就叫生态平衡。生态平衡是动态、相对的平衡，其主要特征包括：第一，生物的种类和数量保持相对稳定；第二，物质与能量的输入和输出保持相对稳定；第三，物质循环与能量流动保持合理的比例与速度；第四，生态系统具有良好的自我调节能力。

特别需要指出的是，人类需要的生态平衡是对人类的生存与发展有利的平衡。例如，自然的生态平衡初级生产力很低，不能维持人口增长的需要，因此人类建立了更高效的农业生态系统来满足自身对食物和纤维等的需要。这种经人工改造的农业生态系统是不稳定的，它的平衡需要靠人类来维持。

为了维持人工生态系统的高产，大量的化肥、农药和农业机械的制造和使用，形成了大规模的工业和人口的城市化，又引起地球资源和能源的过度开发利用，加剧了环境污染。由此可以看出，控制人类这一特殊类群的数量，即控制人口的过度增长，阻止人工改造的生态系统过度扩张，保持一定比例的自然生态系统和维持全球整个生态系统的平衡对人类是最为有利的。近年来，科学家十分重视多学科交叉的全球变化研究，所谓全球变化是指在一定的自然或人为因素驱动下，通过一系列系统过程的变异，使地球系统状态和功能发生整体或部分改变，从而表现出具有时空变化特征的全球环境特征，全球变化影响着整个地球的可持续性。近几十年全球变化的趋势是地球环境和人类生存环境的恶化，主要表现为温室气体浓度升高、全球变暖加剧、森林和湿地面积剧减、大气和水域污染加剧、生物多样性下降等。全球变化既是人类社会面临的挑战，又是实现可持续发展的基础。

基于对全球变化的认识，为了人类的自身利益和维持全球生态系统的平衡，20世纪 80 年代初，联合国世界环境和发展委员会提出了可持续发展的理论和策略。可持续发展策略强调生态环境与经济的协调发展，追求人与自然的和谐，既要使人类的各种需求得到满足，又要保护生态环境，不对后代人的生存和发展构成危害。其核心思想是建立在生态平衡和持续基础上健康的经济发展，鼓励对环境有利和对环境友好的经济活动，不单纯片面用国民生产总值作为衡量发展的唯一指标，而是

用包括生态环境和维护生物多样性在内的多项指标来衡量发展。

可持续发展是"既满足当代人的需要，又不对后代满足其需要的能力构成危害的发展"，在发展中应坚持公平性原则、持续性原则、系统性原则三个原则。可持续发展策略的内容包括人口、生产和环境保护三个方面的多项政策和行动计划。作为人类萌生的理想和行为规范，可持续发展在未来高度的物质文明、精神文明和政治文明中将成为现实。

练 习

一、填空题

1. 目前人类面临的五大环境问题是_____、_____、_____、_____、_____。

2. 可持续发展是"既满足当代人的需要，又不对后代满足其需要的能力构成危害的发展"，在发展中应坚持_____、_____和_____三个原则。

二、选择题

1. 水稻是重要的粮食作物之一，全球半数以上的人口以水稻为主食。被誉为"杂交水稻之父"的我国科学家袁隆平，用野生水稻与普通水稻杂交，培育出了高产的杂交水稻，为解决人类的粮食危机做出了巨大贡献。袁隆平院士培育杂交水稻利用的是生物多样性中的(　　)。

A. 基因多样性　　　　　　　　　B. 生物种类多样性

C. 生物栖息地多样性　　　　　　D. 生态系统多样性

2. 当代环境问题和资源问题，使生态学的研究日益从以生物为研究主体发展到(　　)。

A. 以动物为研究主体　　　　　　B. 以人类为研究主体

C. 以植物为研究主体　　　　　　D. 以种群为研究主体

3. 臭氧层破坏属于(　　)。

A. 地区性环境问题　　　　　　　B. 全球性环境问题

C. 某个国家的环境问题　　　　　D. 某个大陆的环境问题

三、分析简答题

1. 由中国、美国、瑞士、日本、英国、德国 6 个国家的 25 名国际一流专家组成，以"寻找最后的白鱀豚"为主题的 2006 年长江豚类科考活动于 12 月 13 日结束，该科考队遗憾地宣布：在为期超过 30 天、来回 3 336 km 的考察中未发现一头白鱀豚，这种比大熊猫更珍贵的物种出现的希望已经极为渺茫。白鱀豚主要捕食长江中的鱼类，它处于长江水生生物食物链的顶端，在长江水域中没有任何天敌。白鱀豚的眼很小，它利用声呐信号来寻找食物或识别目标。声呐信号还用于白鳍豚个体之间的联系。

（1）上述材料反映的生态环境问题是什么？

（2）以白鳍豚为例分析该问题产生的原因。

2. 请讨论，我们每一个人为维持生态平衡和可持续发展可以做些什么。